LA
FRANCE EN CHINE

AU

DIX-HUITIÈME SIÈCLE

DOCUMENTS INÉDITS

PUBLIÉS SUR LES MANUSCRITS CONSERVÉS AU DÉPOT DES AFFAIRES ÉTRANGÈRES
AVEC UNE INTRODUCTION ET DES NOTES

PAR

HENRI CORDIER

*Chargé de Cours à l'Ecole des langues orientales vivantes,
Directeur de la Revue de l'Extrême-Orient.*

TOME PREMIER

PARIS
ERNEST LEROUX, ÉDITEUR
LIBRAIRE DE LA SOCIÉTÉ ASIATIQUE, DE L'ÉCOLE DES LANGUES
ORIENTALES VIVANTES, ETC.
28, RUE BONAPARTE, 28

—

1883

DOCUMENTS

POUR SERVIR A L'HISTOIRE DES RELATIONS POLITIQUES
ET COMMERCIALES

DE LA

FRANCE AVEC L'EXTRÊME ORIENT

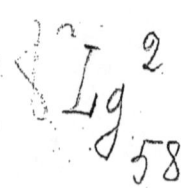

SAINT-QUENTIN. — IMPRIMERIE J. MOUREAU ET FILS

LA

FRANCE EN CHINE

AU

DIX-HUITIÈME SIÈCLE

DOCUMENTS INEDITS

PUBLIÉS SUR LES MANUSCRITS CONSERVÉS AU DÉPOT DES AFFAIRES ÉTRANGÈRES
AVEC UNE INTRODUCTION ET DES NOTES

PAR

HENRI CORDIER

*Chargé de Cours à l'Ecole des langues orientales vivantes,
Directeur de la Revue de l'Extrême-Orient.*

TOME PREMIER

PARIS

ERNEST LEROUX, ÉDITEUR

LIBRAIRE DE LA SOCIÉTÉ ASIATIQUE, DE L'ÉCOLE DES LANGUES
ORIENTALES VIVANTES, ETC.

28, RUE BONAPARTE, 28

—

1883

INTRODUCTION

Cette Collection dont le titre : Documents pour servir à l'histoire des Relations politiques et commerciales de la France avec l'Extrême-Orient, *indique suffisamment le contenu, est la base d'une* Histoire générale de ces Relations, *histoire qui n'est elle-même, qu'un fragment d'un ouvrage plus considérable sur l'ensemble des* Relations des peuples d'Occident avec ceux de l'Extrême-Orient. *Un semblable travail n'avait pas encore été entrepris.*

M. Pauthier *a publié, à l'époque de la guerre de 1860, une* Histoire des relations politiques de la Chine avec les Puissances occidentales (1), *qui n'avait que le mérite de l'actualité: Elle est pleine d'erreurs, insuffisante à tous les points de vue; elle ne saurait même être présentée comme une esquisse destinée à servir à un travail plus important.*

C'est, à part un chapitre du Middle Kingdom *du Dr.* S. Wells Williams (2), *dans lequel il n'est parlé d'ailleurs que d'une manière fort brève d'un certain nombre de puissances occidentales, le seul ouvrage général sur la matière.*

Quand nous disons que l'ouvrage de M. Pauthier est le seul qui existe sur la matière, nous ne parlons naturellement que des ouvrages imprimés, car il existe au Département asiatique du Ministère des

1. Histoire des relations politiques de la Chine avec les puissances occidentales depuis les temps les plus anciens jusqu'à nos jours... par G. Pauthier.... Paris, Didot, 1859, in-8.
2. The Middle Kingdom; a Survey of the Geography, Government, Education,..... Religion, etc., of the Chinese Empire and its inhabitants: With a New Map of the Empire,.... By S. Wells Williams.... New-York, Wyley and Putnam, 1848, 2 vol. in-12.

Affaires étrangères à St. Pétersbourg, un manuscrit inédit de Timkovski, *qui fut ambassadeur à la Chine en 1822, sur les relations de son pays avec cet empire éloigné. Nous-mêmes possédons aux Archives de notre Département des Affaires étrangères, un mémoire manuscrit considérable d'un sieur* P. P. Darrac-Capitaine, *sur les établissements français en Asie et principalement au Bengale. Ce manuscrit, qui forme un volume grand in-folio, est le premier tome d'une série de quatorze concernant les* Indes Orientales, *et ne comprend pas moins de 574 pages consacrées au mémoire du sieur* Darrac, *daté de Chandernagor le 26 Décembre 1822. Il est suivi d'une courte notice sur le Comptoir de* Mahé, *par le même auteur. Ce ne fut qu'en Mai 1840 que le sieur* Darrac *adressa son mémoire au Ministre des Affaires étrangères par la lettre suivante :*

A Son Excellence M. le Ministre des Affaires Etrangères, Président du Conseil.

Monsieur le Ministre,

Me conformant au désir que Votre Excellence m'a manifesté dans la lettre dont elle m'a honoré, sous la date du 15 courant, d'agréer la communication des renseignements que j'ai été à portée de recueillir sur les Établissements que jadis la France forma en Asie, je me fais un devoir de les transmettre à Votre Excellence, en lui adressant ci-joint un ouvrage qui a pour titre : *Mémoire statistique des Établissements français en Asie et principalement de ceux du Bengale.* Ces Établissements nombreux formés en grande partie par Louis XIV, pour l'utilité de la Compagnie des Indes qu'il avait créée, furent placés sous les ordres et dans les attributions de cette Compagnie, et relevaient en partie du Comptoir de Chandernagor ; c'est aussi dans les archives de ce Comptoir, où une recherche minutieuse de plusieurs années, que le pur zèle pour la chose publique me fit entreprendre, que j'ai puisé les documents que ce mémoire renferme et dont presque tous étaient ignorés du Gouvernement français avant qu'ils ne fussent retirés de la poussière où ils étaient enfouis depuis plus d'un siècle. La source où ces documents ont été puisés leur donne un caractère officiel dont l'intérêt devra rejaillir sur les développements et les commentaires que j'ai cru devoir ajouter à leur authenticité.

Ces Établissements qui, dans leur origine n'avaient rapport qu'au commerce et qui étaient étrangers à la politique, sont aujourd'hui du domaine de celle-ci depuis qu'elle a changé de nature et qu'elle est devenue le lien principal des relations des peuples entre eux. C'est par ce motif que j'ai cru devoir adresser à Votre Excellence le mémoire précité (que d'abord j'avais adressé au Ministère de la Marine auquel j'étais attaché), persuadé que je suis, aujourd'hui, que tous les sujets qu'il traite, et principalement les dissertations auxquelles ils ont donné lieu, sont tous du domaine de la polique.

A ce mémoire est d'ailleurs jointe une table analytique des matières qu'il contient et dont la simple lecture pourra fixer le choix de celles qui pourraient être de quelque importance pour le Département des Affaires Étrangères ; et comme ce mémoire n'est, aux développements près qu'il contient, qu'un recueil exact des causes qui donnèrent lieu à ces Établissements, des droits de propriété, des concessions et des priviléges accordés par les princes à leur fondation ; ce mémoire, dis-je, doit être envisagé comme une pièce d'archives propre à être consultée non seulement dans le temps présent, mais encore dans l'avenir, si tant est que les événements, qui de nos jours se succèdent avec rapidité sur toutes les parties du globe ramenaient l'occasion d'y recourir.

En ce qui concerne la Perse, objet spécial de la demande de Votre Excellence, tout ce que j'ai pu trouver à ce sujet est consigné dans les pages 517 jusques à celle 574 dudit mémoire, ainsi que les questions qui se rattachent au commerce avec la ville de Tatta que la Perse avait donnée à la France, et à la route à prendre pour y parvenir, question de haute politique.

Il en est de même de ce qui a rapport aux ambassades

envoyées par Louis XIV à Siam et aux concessions étonnantes qui nous furent accordées dans ce pays ; sujets traités à l'article qui parle de ce royaume.

Puisse enfin ce Mémoire que j'ai l'honneur d'offrir à Votre Excellence, être de quelque utilité au Département confié à votre Administration ; puissé-je être instruit que mes espérances, quant à ce, ne sont point déçues et que le but que je m'étais proposé en travaillant ce mémoire se trouve rempli.

J'ai l'honneur d'être avec un profond respect,
De Votre Excellence,
Monsieur le Ministre,
Votre très humble et très obéissant serviteur,

D'Arrac-Capitaine.

Paris, le 23 mai 1840.
38, Rue des Vieux-Augustins,
Hôtel de Hollande.

On répondit au S. Darrac le 10 juin 1840, pour le remercier et lui annoncer que son Mémoire dont voici le titre exact serait déposé aux Archives des Affaires étrangères :

DES ÉTABLISSEMENTS FRANÇAIS EN ASIE
ET PRINCIPALEMENT
DE CEUX DU BENGALE
MÉMOIRE

Contenant les principaux Événements politiques et commerciaux de la Compagnie française des Indes Orientales depuis son Origine jusqu'à la suspension de son privilége en 1769; les Établissements qu'elle forma en Asie *; les Priviléges attachés à ces Établissements; l'utilité qu'elle en retirait; les motifs qui lui en firent abandonner une partie; les causes qui concoururent à ses succès et à ses revers; l'état du Commerce français de l'*Inde *depuis la suspension du privilége jusqu'en 1793; les vexations et les humiliations qu'il éprouva de la part des* Anglais *au* Bengale *pendant le cours de cette période ; les changements introduits dans l'exercice du commerce et dans la situation politique des Français au* Bengale, *par la déclaration du Conseil de* Calcutta *du 14 avril 1814, par la fausse* *interprétation donnée par le Ministère anglais au dernier traité de paix et par la convention du 7 mars 1815; les Établissements du* BENGALE, *leur statistique, l'inutilité de ces Établissements sous le rapport du commerce, les avantages qui résulteraient de la reprise de possession d'anciens Établissements en* ASIE, *situés ailleurs que dans les possessions de la Compagnie anglaise; le projet du Ministère (après le traité de paix de 1763) de former des nouveaux Établissements indépendants, le développement de ce projet; les raisons, qui dans l'état actuel du Commerce français, militent pour la reprise de cet ancien projet, etc., etc., etc., le tout rédigé sur des Pièces officielles, et envoyé à son Excellence le Ministre de la Marine et des Colonies.*

Par P. P. DARRAC-CAPITAINE.
Chef de la Loge de Dacca.

Chandernagor, 1822.

L'ouvrage du sieur Darrac, *grâce à des recherches dans des documents inédits, offre le plus vif intérêt, et nous croyons que c'est rendre justice à l'auteur que de reproduire ici la table détaillée de son travail en même temps que c'est faire connaître d'une façon générale nos relations avec l'Inde et l'Extrême Orient, moins la Chine.*

TABLE ANALYTIQUE DES MATIÈRES

TRAITÉES DANS CE MÉMOIRE.

PREMIÈRE PÉRIODE DE 1537 A 1720.

Pages.

1537. Tentatives des Français pour faire le commerce de l'Inde, depuis 1537 jusqu'en 1664. — Lettres-patentes accordées à ce sujet. 1

1664. Édit du roi portant création de la Compagnie des Indes Orientales. — Concessions qui lui sont faites 3

1668. Établissement formé à Surate. — Commerce de Surate. — Motifs qui décident la Compagnie à quitter Surate . . 4

1670. La Compagnie veut s'établir à Ceylan. — Les Hollandais s'y opposent et forcent les Français à quitter l'Ile . . . 5

1674. Fondation de Pondichéry et de quelques autres comptoirs. 6

1684. Envoi de M. Duplessis-Matikassin au Bengale pour y former des Établissements. — Fondation de la Loge de Balassor 7

1690. M. Deslandes est envoyé au Bengale. Il fonde la loge de Chandernagor sur un terrain qui lui est concédé . . . 7

Opposition des Hollandais à la construction de la loge que les Français bâtissent à Chandernagor. 8

INTRODUCTION

Guerre entre la France et la Hollande. — Prise de Pondichéry	10
1698. Priviléges accordés par l'Empereur Mogol à la Compagnie. — Traduction du firman (Édit) qui les contient	11
Paravana (Ordonnance) du Nabab (Roi) du Bengale, pour l'exécution du firman de l'Empereur	13
Paravana du Diwan du Bengale, qui autorise la Compagnie à porter les matières d'or et d'argent aux Hôtels des Monnaies du pays pour les convertir en roupies	15
Causes de la décadence de la Compagnie jusqu'en 1698	16
1698. Cession du privilége du commerce de la Chine à une Société de marchands	17
La paix de Ryswick remet la Compagnie en possession de Pondichéry ; elle reprend le commerce de l'Inde qu'elle avait suspendu, et abandonne une partie de ses Établissements	id.
1714. La Compagnie ruinée cède son privilége à une Société de marchands. — Insuffisance des moyens de cette Société pour fournir aux besoins de la France	19

SECONDE PÉRIODE DE 1720 A 1726.

1717. Création de la Compagnie des Indes Occidentales. — Dotation de cette Compagnie. — Réunion de cette Compagnie à celle des Indes Orientales	20
Le gouvernement emprunte 90,000,000 livres à la Compagnie d'Occident. — Nouvelles actions des Compagnies réunies sous la dénomination de Compagnie de l'Inde	22
La Compagnie devient Société financière et spécule sur la fortune publique	23
Elle offre au roi de lui prêter 1,200,000,000 livres pour payer les dettes de l'État	24
Elle est autorisée à former des nouvelles actions pour réaliser ses offres. — Crédit étonnant de la Compagnie. — Résultats qu'eurent ses actions	id.
1720. Répartition de dividendes considérables pour soutenir son crédit. — Chute du système de la Compagnie	25
Le roi est obligé de reprendre les fermes générales et donne en garantie des 90.000.000 livres qu'il avait empruntées la ferme du Tabac et la Loterie	27
1725. Édit du roi qui limite le nombre des actions de la Compagnie, garantit ses priviléges et réduit les prétentions des actionnaires à la valeur de leurs actions	28
Avoir de la Compagnie après le débrouillement de ses affaires. — Sa situation. — Résultats de son commerce pendant cette période	id.
M. Dardancourt est envoyé au Bengale pour y diriger le	

commerce. — Acquisition de l'aldée de Boroguichempour pour la joindre à la loge de Chandernagor. — Firman de l'empereur Foroksier pour la diminution des droits des douanes 31
Paravana du Nabab du Bengale qui ordonne l'exécution de ce firman. 33

TROISIÈME PÉRIODE DE 1726 A 1763.

1726. Orri chargé des finances du royaume, donne une nouvelle activité à la Compagnie. — Envoi de Dumas à Pondichéry. — Le commerce d'Inde en Inde est rendu libre. 37
Acquisitions de Mahé et de Karikal. — Droit de battre monnaie à Pondichéry. — Protection accordée par Dumas à la famille du Nabab d'Arcate. — Reconnaissance de ce Nabab envers la Compagnie . . . . id.
Commerce de la Compagnie sous l'Administration de Dumas. 39
La Compagnie fortifie ses établissements. — Raisons qui obligent à les mettre en état de défense 40
1730. La Compagnie écrasée par ses grandes dépenses est forcée à renoncer au commerce des côtes de la Barbarie et à celui de la Louisiane . . . . id.
Répartition de dividendes excessifs. — Cause qui dérangent les affaires de la Compagnie 41
Le commerce du Bengale prend une nouvelle extension sous M. Diroir. — Augmentation du territoire de Chandernagor. — Établissements qu'il forme au Bengale . . 43
Dupleix remplace M. Diroir au Bengale. — Activité qu'il donne au commerce. — Il fortifie Chandernagor . . . 45
Établissements formés par Dupleix. — Sanad qu'il obtient pour la diminution des droits des douanes. — Traduction de ce Sanad 45
Il fait occuper l'établissement du Pégou. — Il fonde celui de Banderabassy sur le détroit d'Ormuz 49
Dupleix passe à Pondichéry en qualité de Directeur général. — État de l'Inde à cette époque 51
Vues politiques de Dupleix. — Bussy. — Labourdonnais. 52
1751. Concessions du Nabab du Carnate et du Soubab du Décan. 53
Importance de ces concessions. — Moyens de les conserver. 54
Rappel de Labourdonnais. 55
1753. Rappel de Dupleix . . . . id.
Situation des affaires de la Compagnie sous l'administration de Dupleix. 56
La Compagnie est obligée de renoncer au commerce des îles et à une partie de celui de l'Asie . . . . id.

	Elle a recours aux emprunts. — Donation que lui fait le roi. — Règlement des comptes de la Compagnie avec le Gouvernement. — Le roi reprend la ferme du Tabac. — Indemnités accordées à la Compagnie.	57
1749.	Nouveaux emprunts. — Charges de la Compagnie. — Négligence dans son commerce. — Ignorance de sa situation.	58
1752.	Mémoire des Syndics et Directeurs du département des caisses, présenté à la Compagnie	60
	Résultat de l'administration de Dupleix	71
1754.	Envoi de Godeheu dans l'Inde. — Trêve avec les Anglais .	72
1755.	Bussy quitte le Décan par ordre du Soubab. — Honorable retraite de Bussy.	74
	Commerce du Bengale. — Mode employé par la Compagnie pour y exploiter ses priviléges	75
	Tableau des marchandises que la Compagnie y apportait et en exportait.	77
	Causes de la décadence du commerce français au Bengale depuis le rappel de Dupleix.	79
	Les établissements des Anglais au Bengale sont attaqués par le Nabab. — Prise de Calcutta	82
1756.	Le Nabab demande du secours aux Français. — Résultat qu'on devait attendre d'une alliance avec le Nabab . .	83
	Hostilités commencées entre la France et l'Angleterre. — Lettre du ministre de la marine, qui défend d'attaquer les Anglais sur terre. — Doutes sur l'authenticité de cette lettre	84
	Esprit de l'administration française à cette époque. . . .	86
	Arrivée d'une escadre anglaise au bas du Gange. — Correspondance entre l'amiral et le directeur de Chandernagor.	87
	Reprise de Calcutta	88
	Le Nabab renouvelle ses propositions au directeur de Chandernagor. — Avantages concédés par le Nabab à la Compagnie. — Dignités accordées au directeur.	88
	Irrésolution du directeur de Chandernagor	94
	Le Nabab attaque les Anglais. — Il est battu. — Traité qu'il fait avec les Anglais. — Nouvelles immunités qu'il leur accorde.	id.
	Les Anglais méditent d'attaquer Chandernagor. — Manifeste de M. Renaud, directeur.	id.
	Sommation de remettre la place. — Réponse du directeur.	97
1757.	Reddition de la Place. — Capitulation	98
	Les Anglais violent la capitulation. — L'administration française est renfermée dans les prisons de Calcutta . .	101
	Trahison de Mëer-Jaffier. — Traité qu'il fait avec les Anglais.	103
	Bataille de Plassey	104

Liberté des Français détenus à Calcutta. — Ordre de leur embarquement. — Représentations à ce sujet 106
1758. Envoi du comte Lally dans l'Inde. — Peu de moyens mis à sa disposition 108
Prise de Goudelour et du Fort Saint-David 109
Attaque et prise de cette ville. — Abandon forcé de cette place peu de jours après s'en être emparé. 111
1760. Lally se retire dans Pondichéry. — Siège de cette place. — Capitulation 112
Lally accusé de trahison. — Sa mort 115
Eloge de Lally par un Anglais, son contemporain. . . . 116
Progrès des Anglais au Bengale depuis la prise de Chandernagor et de Pondichéry jusqu'à leur restitution en 1765. 117

QUATRIÈME PÉRIODE DE 1765 À 1769.

1763. Traité de paix. — La Compagnie reprend ses établissements. — Secours fournis par le Roi. 122
1764. Emprunt de la Compagnie à ses Actionnaires. — Assurance donnée à ces derniers par l'édit de Compiègne 123
1765. M. Law de Lauriston est envoyé dans l'Inde pour reprendre possession de la portion du domaine qui avait été laissé à la Compagnie par le traité de paix de 1763 126
Acquisition de la Dewanée du Bengale par les Anglais. — Ce qu'était cet office . . . : . . . . id.
Remise des possessions françaises par les Anglais 130
Organisation de l'administration au Bengale. — Réparations des Loges. 131
1766. Fondation des Petites Loges, connues sous le nom de maisons de commerce. 132
Les Anglais attaquent les priviléges de la Compagnie . . 133
1767. Demande d'un partage de tisserands entre les Compagnies privilégiées faite par les Hollandais. — Refus des Anglais. — Motifs qu'ils alléguèrent. 135
Autre demande sur le même sujet faite par les Français — Nouveau refus. — Motifs de ce refus 137
1768. Excès des Anglais contre le commerce des autres Compagnies établies au Bengale 139
Les priviléges de la France sont attaqués de nouveau . . 142
Violation du traité de paix au sujet des fossés de Chandernagor. — Les Anglais les comblent à main armée. — Ordres donnés en cas de résistance de la part des Français. . . 144
Causes qui concourent au mauvais succès de la Compagnie et qui amènent sa chute. 146
1769. Suspension du privilége de la Compagnie. — Le Roi se met au lieu et place de cette dernière. 148

INTRODUCTION

CINQUIÈME PÉRIODE DE 1769 A 1778.

Motifs qui décidèrent le Roi à suspendre le privilége de la Compagnie 149
Le Gouvernement, avant de suspendre le privilége, fait examiner la situation de la Compagnie. — L'abbé Morellet est chargé de ce travail.— Analyse de son rapport. 150
L'écrit de l'abbé Morellet attaqué par MM. Necker, Godeheu et plusieurs Actionnaires. 152
Assemblée du Parlement au sujet de l'arrêt du Conseil d'Etat du Roi, du 13 août, qui suspend le privilége de la Compagnie.— Les syndics de la Compagnie et les députés des principales villes de commerce sont entendus . . . 153
Réponses de MM. les syndics au Parlement. — Argument tiré de leurs réponses pour prouver les vices de l'administration de la Compagnie. . . . . *id.*
Représentations du Parlement au Roi. — Réponse du Roi au Parlement . . . . *id.*
1770. Arrêt du Conseil d'Etat portant création d'un contrat de 1,200,000 l. de rente perpétuelle en faveur de la Compagnie. — Cession au Roi des propriétés mobilières et immobilières de cette dernière. 158
Le Roi reste chargé de toutes les dettes de la Compagnie.— Le capital des Actions est définitivement fixé 159
Liquidation de la Compagnie. — Nomination des Commissaires chargés de cette liquidation . . . . *id.*
Changement que produisit le nouveau système dans l'exercice du commerce et de l'administration 160
1771. Réduction dans les dépenses générales 163
Etat malheureux du commerce dans les deux premières années qui suivirent la suspension du privilége de la Compagnie. . . . . , ... 164
1772. Attaque des Anglais au Bengale contre les comptoirs du Roi et contre le commerce libre de la France 165
Plaintes réitérées portées au ministre de la marine et au Conseil supérieur de Pondichéry à ce sujet 170
1773. Les Anglais demandent le rappel des employés Français Européens qui étaient dans les loges du Bengale. — Réponse à ces prétentions 174
Les Anglais violent le droit des gens sur le territoire français à Dacca. — Ils contestent le droit de juridiction. — Proclamation à ces sujets 176
Les chefs demandent avec menaces le paiement de ce qui leur était dû par la Compagnie. — Délibération du Conseil de Chandernagor à ce sujet. 180
Le Gouvernement cesse de faire directement le commerce

du Bengale à raison des vexations continuelles qu'il y éprouve 183

Le commerce libre s'y soutient malgré les entraves qu'il y éprouve. — Motifs de ses succès. . . . . *id.*

Le plan de l'administration est changé au Bengale . . . 184

1775. Tableau des dettes actives et passives de l'ancienne Compagnie au Bengale, liquidées en vertu de l'arrêt du 29 septembre 1770. 185

1776. Entreprise audacieuse des Anglais sur Chandernagor dont ils s'emparent à main armée dans un temps de paix. — Ils renoncent à cette entreprise. 190

Le Ministère français, vû les humiliations qu'il éprouve au Bengale, conçoit le projet de former un Établissement principal à Tatta sur l'Indus, et de rouvrir l'ancienne route de l'Inde par la mer Rouge. . . . . *Id.*

Envoi d'une Commission pour reconnaître la situation et l'utilité de l'Établissement proposé et la possibilité de mettre à exécution le plan du Ministère 194

1778. Avis de la guerre entre la France et l'Angleterre. — Prise de Chandernagor et de tous les Établissements français du Bengale. 196

Résultats du Commerce français au Bengale depuis la suspension du privilége jusqu'à la paix de 1783. 197

SIXIÈME PÉRIODE DE 1783 A 1792.

1782. Position de l'escadre française et de l'armée de terre dans l'Inde au moment du traité de paix de 1783. — Avantages qu'on devait attendre de cette position dans ce traité 199

1785. Le roi envoie dans l'Inde pour reprendre possession des établissements qui devraient être restitués par ce traité. 201

Création d'une nouvelle Compagnie. — Motifs qui décidèrent cette création. . . . . *Id.*

Objections contre cette création. — Analyse des principaux points attaqués. 205

Avantages qu'avait la Compagnie sur le commerce particulier 209

Restitution de Chandernagor. — Condition préliminaire imposée par le commissaire anglais chargé de cette restitution 214

Prétentions des Anglais relatives au droit du Dostok et à la visite des bâtiments français dans le Gange 215

Convention au sujet de cette visite entre l'agent du roi au Bengale et le conseil de Calcutta 218

Cette convention est improuvée par le Gouverneur général

des établissements français: — Demandes adressées par ce dernier au conseil de Calcutta sur l'inexécution du traité de paix de 1783. 219

Excès des Anglais sur le territoire de la Loge de Dacca. — Ils tirent à boulet sur la corvette du roi, l'*Espérance*, remontant le Gange. — Abandon de cette corvette aux Anglais . . . . *Id.*

Protestation de l'agent du roi au Bengale contre cette entreprise 220

Réponse des Anglais à cette protestation. 223

Nouveaux attentats des Anglais sur le navire l'*Auguste Victor* 224

Le Conseil supérieur de Pondichéry demande à celui de Calcutta l'exécution du traité de paix. — Série des questions qu'il lui adresse à ce sujet. 225

1786. Énumération des établissements dont le ministre ordonne de prendre possession et d'y arborer le pavillon national. 227

Discussion au sujet de la restitution de Chatigan. — Les Anglais exigent la production des titres originaux. . . 231

Refus de l'agent anglais chargé de la restitution de la Loge de Cassimbazard de signer l'acte de restitution de cette Loge parce que cet acte contenait le gissement exact de cette Loge. . . . . *Id*

Le territoire de la Loge de Serempour, dépendante de celle de Dacca, restitué à la France et puis repris par les Anglais. — Nouveaux attentats commis sur le territoire de la Loge de Dacca. — Plaintes à ce sujet portées au Conseil de Calcutta 233

Moyens généraux que l'agent du roi fait valoir contre les excès des Anglais. 235

Convention provisionnelle passée à l'Ile de France entre MM. le vicomte de Souillac et le lieutenant-colonel Cakart [*lisez* Cathcart] 239

Refus des Anglais de l'exécuter. — Analyse de cette Convention. 239

Origine de la juridiction que les puissances établies au Bengale exerçaient dans leurs factories et que la France exerçait dans les Petites Loges ou maisons de commerce 240

Raisons qui décidèrent la Compagnie à former les Petites Loges 244

1787. Ordre réitéré du ministre pour faire occuper les Petites Loges du Bengale et y arborer le pavillon. 246

Les Anglais nient le droit de la France. — Discussions à ce sujet. — Le pavillon français est arboré et aussitôt abattu par ordre des Anglais. 247

Protestation de l'agent du roi contre les insultes faites au pavillon. — Protestation du Gouverneur-général sur le

INTRODUCTION

même sujet.	*Id.*
1788. Discussion au sujet de l'exercice du Dostok et de la juridiction sur le territoire des Loges.	255
La convention du 31 août 1787 met fin aux démêlés des deux nations relatifs aux Petites Loges. — Analyse de cette convention. — Sacrifices faits par la France dans cette convention	262
Cette convention ne fait pas mention de la visite des bâtiments français dans le Gange. — Interprétation de ce silence par le ministère anglais	264
Suppression des douanes anglaises. — Inutilité des Dostoks français	266
Motifs qui amènent la suppression des douanes. — Ce qui résulte de cette suppression pour les établissements français du Bengale.	267
La rade de Chandernagor est abandonnée par suite de la suppression des douanes anglaises. — Mesures prises par l'autorité pour les y ramener.	269
Les établissements du Bengale sont abandonnés par la nouvelle Compagnie. — Elle fait ses achats chez les Anglais à Calcutta.	270
La Compagnie défend à ses capitaines de se servir de pilotes français pour remonter le Gange.— Motifs présumés de cet ordre extraordinaire.	271
Réclamations des Chambres de Commerce des principales villes du royaume contre le système de la Compagnie et contre son privilége.	274
Le roi renvoie aux États-Généraux à statuer sur le sort de la Compagnie	*Id.*
Arrêté de l'agent pour le roi au Bengale qui oblige les bâtiments français qui font le commerce d'Inde en Inde de remonter jusqu'à Chandernagor.	275
1789. Évacuation prématurée de Pondichéry par la Compagnie. Le Gouverneur général en retire la garnison.	277
Ouverture des États-Généraux. — Exposé de l'affaire de la Compagnie. — Nomination et rapport d'une commission à ce sujet.	*Id.*
1791. Le Privilége de la Compagnie est supprimé et le commerce de l'Inde rendu libre. — Le roi reprend les établissements qu'il avait cédés à cette nouvelle Compagnie . .	278
La suppression du privilége de la Compagnie n'améliore pas le sort des établissements du Bengale. — Le gouvernement vient à leur secours. — En quoi consistaient les secours	279
Révolution de Chandernagor. — Renversement de l'autorité légitime.— Enlèvement des archives par les révolu-	

tionnaires. — Ce qui résulte de cet enlèvement. . . . 281
Vente des effets qui se trouvaient dans les magasins de la Compagnie pour subvenir aux besoins du nouveau gouvernement 283
L'Ile de France envoie des commissaires à Chandernagor. — Ils ne sont reconnus ni par Pondichéry, ni par l'agent du roi au Bengale résidant à Calcutta. — Leurs fonctions se bornent à faire adopter une nouvelle constitution à Chandernagor où ils sont accueillis. 284
Les nouveaux commissaires allouent au comité de Chandernagor une somme de 32,000 roupies ou supplément à prendre sur le produit de l'opium dont ils veulent s'emparer. — L'agent pour le roi résidant à Calcutta s'y oppose. — Les discussions relatives à ce sujet. . . 285
1793. Les Anglais s'emparent de Chandernagor dont ils restèrent les maîtres jusqu'à la restitution de 1816. — Situation des habitants pendant l'occupation des Anglais 289

SEPTIÈME PÉRIODE DE 1816 A 1822.

Changements survenus dans l'Inde depuis la prise de Chandernagor en 1793 jusqu'à la reprise de possession de 1816. 290
1816. Envoi d'une Administration dans l'Inde. — Par qui elle est composée. 292
Refus des Anglais de remettre les possessions dépendantes de la ville de Mahé que la France occupait avant la dernière guerre. . . . . *id.*
Déclaration du Conseil de Calcutta relative aux droits à percevoir sur les marchandises venant de l'intérieur du pays et allant dans les factories des nations étrangères établies au Bengale 295
Mise à exécution de cette déclaration. — Fausse application qu'elle reçoit 296
Traité de paix de 1814, commenté par les Anglais. — Réfutation des prétentions du ministère britannique. . . . *id.*
Convention du 7 mars 1815. — Cette convention admet l'existence des priviléges de la France au Bengale, que le ministère anglais prétend n'avoir point été rappelés dans le traité de paix de 1814. 300
L'exercice du Dostok, quoique étant la conséquence de la restitution des établissements du Bengale, n'est point réclamé lors de la reprise de possession de 1816. — Effets fâcheux qui résultent de cette omission 302
Analyse des priviléges que la France aurait eu à réclamer si elle eût été appelée à faire son commerce comme en 1792. — Manières dont s'exerçait à cette époque et aux époques antérieures l'exercice du Dostok 307

Changements que les Anglais voulurent introduire en 1785 dans l'exercice du Dostok. 309
Examen des priviléges que la France a aliénés par la Convention du 7 mars 1815. 310
Commerce du sel.— Comment il était fait.— Ses bénéfices. id.
Opium ; cet article ne fut jamais exploité par la Compagnie. 314
La quantité d'opium que la France pouvait retirer du Bengale était illimitée avant la guerre de 1778 ; depuis, la Convention du 31 août 1787 la fixa à 300 caisses. — Ce n'est que depuis 1789 que le bénéfice de la vente de ces 300 caisses a fait partie des recettes générales du Bengale. — Quel était ce bénéfice. 318
Commerce du salpêtre. — Traité passé entre les Compagnies européennes à Patna en 1744 pour l'achat de cet article. 319
La France n'a retiré aucun fruit de la faculté qui lui était accordée par la Convention du 31 août 1787 et par celle du 7 mars 1815 d'en exporter annuellement 18,000 Mans. — Quelles en sont les causes ? 326
Comparaison des résultats que donnaient l'opium et le sel en 1792 avec ceux que donnent aujourd'hui ces deux articles aliénés par la Convention du 7 mars 1815 ; bénéfices que donneraient aujourd'hui ces deux branches de commerce si elles étaient exploitées comme en 1792 . 327
Statistique des Etablissements français du Bengale et autres, qui relevaient de Chandernagor par ordre de date de leur fondation . . . .

BALASSOR.

Création de cette loge.— Ses priviléges.— Ses dépendances. — Son utilité. 331
Cette loge perd toute son importance par l'établissement de celle de Chandernagor.— Peu de cas qu'en faisait la Compagnie. — Elle est supprimée en 1791 334
Prise de possession de cette loge en 1817 en vertu du traité de paix de 1814. 336

CHANDERNAGOR.

Etablissement de ce comptoir. — Acquisition d'un terrain pour y bâtir une loge 337
Paravanas qui suppléent aux titres originaux. . . . . . id.
Acquisitions de l'Aldée de Boroguichempour par la Compagnie.— Autre acquisition de l'aldée de Chok-Nossyrabat. 339
Tableau de la population de Chandernagor en 1753. . . 343
Etat du comptoir de Chandernagor à l'époque du traité de

INTRODUCTION

paix de 1763	344
Chandernagor est entouré de larges fossés. — Raisons qui en déterminent l'établissement. — Délibération du Conseil à ce sujet.	345
Difficultés qui s'opposaient à l'exécution du plan des fossés — Moyens employés pour aplanir ces difficultés. — Ces fossés sont à peine élevés qu'ils sont abattus à main armée par les Anglais. — Détails à ce sujet.	348
La suspension du privilége de la Compagnie fut funeste à Chandernagor et aux autres Établissements français du Bengale. — Leur décadence depuis cette époque . . .	351
Difficultés élevées au sujet de Goretty lors de la reprise de possession de 1785.	id.
Espérances que fit naître pour Chandernagor et les autres Établissements du Bengale, la création de la nouvelle Compagnie en 1785. — Le système d'égoïsme qu'elle adopta détruisit ces espérances à leur naissance. — Elle abandonne tous les Établissements. — Ce qui résulte de cet abandon	353
Secours du Gouvernement en faveur des habitants de Chandernagor	354
Revenus de Chandernagor depuis la reprise de possession de 1785 jusqu'en 1792	id.
Administration de la justice à cette dernière époque . . .	356
L'occupation de Chandernagor par les Anglais en 1793 fut profitable à cet établissement	id.
La mise à exécution de la déclaration du Conseil de Calcutta du 14 avril 1814, lors de la reprise de Chandernagor en 1816, détruisit les espérances qu'avait fait naître la présence du pavillon français. — Effets funestes de cette déclaration	358
Population présumée de Chandernagor en 1822. — Ses revenus	361

CASSIMBAZARD OU SEYDABAD.

Situation de cette loge ; sa fondation. — Concession de l'aldée de Bamougathy moyennant une rente foncière .	365
Importance de cette loge. — Son commerce	366
Cession de la redevance que payait la Compagnie pour l'aldée de Bamougathy en faveur du musulman Jagoul-Addy. .	id.
Commerce de Cassimbazard avant la guerre de 1756 . . .	367
Jagoul-Addy s'empare du revenu de l'aldée de Bamougathy pendant la guerre de 1756. — Il est forcé à en rendre compte à la reprise de possession de 1765.	id.
Décadence du commerce de Cassimbazard depuis l'acquisi-	

tion de la dewanée par les Anglais et la suppression du privilége de la Compagnie 368
Ce commerce fut nul sous le régime de la Compagnie créée en 1785 369
Propriétés dépendantes de la Loge. — Plan de la Loge. — Réparations qui y furent faites en 1787. — Administration de cette Loge. 370
Les héritiers de Jagoul-Addy s'emparent de nouveau des revenus de l'aldée de Bamougathy pendant la guerre dernière et s'en prétendent propriétaires. 372
Refus des Anglais à remettre ladite aldée au chef de Loge envoyé en 1817 pour en prendre possession; prétextes pour pallier ce refus. — Discussions qui s'élèvent à ce sujet. — Cette affaire est portée devant le Conseil suprême de Calcutta. — Décision de ce dernier en faveur des héritiers de Jagoul-Addy 373
Observations au sujet de la décision du Conseil de Calcutta. 374
Rapport fait à Son Excellence le Ministre de la marine. — Défense au chef de la Loge de prendre possession de cette dernière si l'aldée de Bamougathy n'était restituée. — Cette Loge est encore aujourd'hui au pouvoir des Anglais. 375
Rapports sous lesquels cette Loge doit être envisagée dans l'état actuel des choses 376

LOGE DE DACCA.

Sa situation. — Epoque de son établissement. — Acquisition de divers territoires 377
Construction de la Loge. — Son administration. — Fonds affectés à son commerce . . . . *id.*
Nature des marchandises que la France retirait de cette Loge. — Manières dont se fabriquent les belles mousselines de Dacca 380
Produits que la Compagnie envoyait à cette Loge. . . . 381
Fondation des petits établissements de Serempour, Silhet et Goualpara. . . . . *Id.*
Commerce de Dacca à la reprise de possession de 1765 . . 382
Le droit de juridiction attaché à cette Loge est attaqué en 1786. — Plaintes à ce sujet. 384
Montant des réparations faites à la Loge en 1787. — Administration de cette Loge à cette époque 386
Un chef de Loge est envoyé en 1819 pour prendre possession de cette Loge en vertu du traité de 1814. — Instructions de MM. les Administrateurs généraux au sujet de cette prise de possession 387

XVIII INTRODUCTION

Manœuvres employées par les Anglais pour soustraire au domaine français, lors de la restitution de cette Loge en 1819, la portion qu'il leur convenait de garder. . . . 390
Participation du chef. — Plaintes à ce sujet. — Les limites du territoire français sont posées par le magistrat de Dacca sans la participation du chef de la loge 392
Aveu du magistrat de Dacca qu'il a été fait des soustractions au territoire français. — Ridicules prétextes qu'il emploie pour justifier son refus à remettre le terrain usurpé . . . . *id.*
Objets soustraits au territoire français. 393
Protestation du chef de Loge. — Prise de possession provisoire. — Motifs qui la décidèrent 394
La juridiction française est attaquée. — Excès des autorités anglaises au sujet de cette dernière. — Ordre donné au chef de la Loge par le Gouverneur général en Conseil, qu'il eût à cesser tout acte de juridiction. — Réponse de ce dernier à l'ordre qui lui est communiqué 395
Les Anglais s'emparent de vive force de la juridiction française. — Silence de l'administration à ce sujet 397
Ordre de M. l'Intendant au chef de Loge de quitter la Loge. — Disposition qui fixe sa résidence à Chandernagor, attendant les ordres de Son Excellence le Ministre de la Marine. . . . . *id.*
Réflexions au sujet des prétentions et des excès des Anglais. — Réfutation de ces prétentions 398

LOGE DE PATNA.

Situation de cette Loge. — Epoque à laquelle la Compagnie s'établit à Patna. — Son but en formant cet Etablissement . , ... 401
Quantité de draps dont l'ancienne Compagnie trouvait le débit à Patna. — Produits qu'elle retirait de cette loge . 402
État des possessions dépendantes de la loge de Patna. — Utilité de ces possessions. 403
Toiles que la Compagnie achetait à Patna. — Nombre de tisserands attachés à son service. — Amélioration des toiles de ce pays dus aux soins du chef de cette loge (M. Carwalho) . . . . *id.*
Le débouché des produits français à Patna fut nul depuis le traité de paix de 1763. — La Compagnie a depuis lors envisagé cet établissement comme étant d'un mince intérêt 407
Administration de cette Loge. — Fonds que la Compagnie y envoyait annuellement pour ses achats 408

INTRODUCTION XIX

État de cette Loge à la reprise de possession de Chandernagor en 1816. — Inutilité de cette Loge. . : . . . *id.*

LOGE DE JOUGDIA.

Sa situation. — Époque de sa fondation. — Objets qu'elle fournissait au commerce. — Administration de cette Loge. — Fonds que la Compagnie y employait pour ses achats. 409
Cette Loge est emportée par les eaux de la mer. — Paravana du Nabab qui accorde un autre terrain pour y bâtir une nouvelle Loge. — Acquisition de ce terrain. — Les Anglais s'en emparent de vive force, y détruisent les habitations, abattent et déchirent le Pavillon français. — Plaintes à ce sujet 410
Acquisition d'un nouveau terrain après la reprise de possession de 1785 413
Raisons qui empêchèrent l'administration d'y faire bâtir . 414
Renouvellement du Patta du territoire acquis en 1786. — Le chef de la Loge (M. Gilliot) y forme un Établissement. — État des frais à ce sujet. 415
L'Administration accorde à M. Gilliot la sixième partie du terrain acquis, pour l'indemniser des dépenses qu'il avait faites. — Arrêté du Gouverneur général qui approuve cette cession 416
Le Roi en 1814 nomme un chef à cette Loge. — L'Administration n'a pas jugé devoir la faire occuper. — Elle est inutile au commerce dans l'état actuel des choses. . 417

PETITES LOGES.

Ce qui fut statué à leur égard par la Convention du 31 août 1787 418

LOGE DE CHOPOUR.

Sa situation. — Ses produits. — Son utilité. — Ses dépendances . . . . *id.*

LOGE DE KERPAYE.

Sa situation. — Ses produits. — Son utilité. — Ses dépendances 422

LOGE DE CANICOLA.

Sa situation. — Ses produits. — Son utilité. — Ses dépendances . . . . *id.*

INTRODUCTION

LOGE DE MONEPOUR.

Sa situation. — Ses produits. — Son utilité. — Ses dépendances . . . . *id.*

LOGE DE SEREMPOUR.

Sa situation. — Ses produits. — Son utilité. — Ses dépendances. — Cette Loge dépendante de celle de Dacca n'a pas été réclamée lors de la prise de possession de cette dernière. — Pour quels motifs 424

LOGE DE CHATIGAN OU ISLAMABAD.

Sa situation. — Importance que lui donnaient ses rapports avec les royaumes voisins. — Époque de sa fondation. . 425
Discussions qui s'élevèrent en 1785 au sujet des propriétés attachées à cette Loge. — Titres qui furent produits. . 426
Proposition d'un échange de Chandernagor contre Chatigan faite après le traité de 1763. — Cette proposition ne fut point accueillie par les Anglais 429
L'idée de cet échange est reproduite en 1786. Il n'y est point donné suite. . . . . *id.*
Le territoire de Chatigan d'abord disputé par les Anglais en 1786 est restitué après la Convention du 31 août 1787 qui régla le sort des petites Loges 432

LOGE DE MALDA.

Sa situation. — Ses produits. — Ses dépendances. — Fonds que la Compagnie y envoyait. — Cette Loge fut occupée en 1790 433

ÉTABLISSEMENT FORMÉ AU SILHET.

But que se proposait l'administration en formant cet établissement. — Sa situation. — Ses produits. — Cet établissement fut occupé en 1785 436

ÉTABLISSEMENT DE GOUALPARA.

But de la Compagnie en formant cet établissement. — Sa situation. — Son commerce. — Ses dépendances . . . 437
M. Chevalier est le premier européen qui pénètre dans le royaume d'Assem par Goualpara. — But de son entreprise. — Difficultés qu'il y rencontre. 438
Utilité qui serait résultée pour la France de la prise de possession de tous ces petits Établissements au Bengale qu'elle possédait en 1792 et qui devaient lui être restitués

par le traité de paix de 1814. 441
Projet d'échange proposé par les Anglais en 1817 des territoires dépendant des Loges françaises, contre le territoire anglais qui se trouve entre Chandernagor et la campagne de Goretty 442
Étendue et revenus du territoire anglais proposé en échange 444
A quoi se réduiraient ses revenus si l'échange avait lieu . *id.*
Moyens à employer pour améliorer le sort des habitants de Chandernagor et rendre le commerce français moins dépendant. 445
Objections contre ces moyens. — Réfutation de ces objections. — Avantages qui résulteraient pour le commerce français de la mise à exécution de ces moyens . . . 448
Ces moyens ne peuvent aujourd'hui avoir lieu que par l'intervention du gouvernement. — Facilité qu'il aurait d'en procurer l'exécution. — Avantages qui résulteraient de leur emploi 458
Le commerce du Bengale tel qu'il est aujourd'hui est-il avantageux ou préjudiciable à la France ? Une administration telle qu'elle existe au Bengale est-elle nécessaire pour protéger le commerce ? — Examen de la première question 462
Examen de la seconde question 469
Forme d'administration adoptée par les Anglais au Bengale 472
Mesures que devrait employer la France dans l'hypothèse où elle se déciderait à quitter le Bengale. Avantages qui résulteraient de cet abandon 475
Le commerce français du Bengale est et sera désormais borné au seul article de l'indigo. 479
C'est l'Europe qui fournit aujourd'hui des toileries à l'Asie. — Supériorité des toiles d'Europe sur celles de l'Inde . 480
Le commerce du Bengale relativement aux toileries est anéanti, et cette contrée ne peut plus offrir à l'Europe que quelques produits bruts levés sur son sol 483
Causes qui ont introduit la culture de l'Indigo au Bengale 484

DES ÉTABLISSEMENTS QUE L'ANCIENNE COMPAGNIE AVAIT FORMÉS SUR DIVERS POINTS DE L'ASIE ET QUI RELEVAIENT DE CHANDERNAGOR.

ÉTABLISSEMENT DU PÉGOU.

Sa situation. — Époque à laquelle il fut formé. — Ses pro-

duits. — Son utilité. — Ses dépendances 487
Les Français obligés à quitter le Pégou en 1759. — Motifs qui donnèrent lieu à cet abandon 489
La Compagnie après la reprise de possession de 1765 envoya un commissaire au Pégou. — Nouvelles concessions du roi du Pégou à la Compagnie. — Elle y reconstruit des nouveaux ateliers et y construit des vaisseaux. . . 490
Cet Établissement ne fut point repris lors du retour des Français dans l'Inde en 1785. 492
L'occupation de l'établissement du Pégou serait-elle aujourd'hui avantageuse à la France ? Examen de cette question 493
Propositions de commerce faites par le roi d'Ava et du Pégou à M. Mottet agent pour le Roi à Chandernagor en 1787 497
Les raisons qui amenèrent les propositions du roi du Pégou en 1787 existent avec plus de force aujourd'hui. . . . id.

ÉTABLISSEMENT DE SIAM.

La Compagnie envoie en 1684 un négociateur à Siam . 498
Louis XIV envoie une ambassade à Siam, en 1685. — Le roi de Siam envoie à son tour un ambassadeur à Louis XIV. . . . . id.
Seconde ambassade de Louis XIV à Siam, en 1687. — Traité de commerce conclu entre la France et le roi de Siam. — Concessions importantes et extraordinaires accordées aux Français 499
Révolution de Siam. — Causes de cette Révolution. — Les Français en sont victimes. — Cruautés exercées sur eux. — Ils sont forcés de quitter Siam. — Détails à ces sujets 503
Commerce de la Compagnie avec Siam. 508
La reprise du commerce avec Siam et des établissements dans ce pays seraient-ils aujourd'hui avantageux à la France ? Discussion de cette question. — Solution . . 509
Tentatives réitérées des Anglais pour former des établissements à Siam. — Envoi d'une ambassade anglaise en 1821. 510
Les Siamois ont plus d'intérêt à lier des relations de commerce avec la France, qu'avec l'Angleterre ou la Hollande 511
L'Économie politique du royaume de Siam gagnerait à ce que la France possédât des Établissements dans ce royaume 512
La France de son côté tant à raison de sa position au Bengale, qu'à raison des vues politiques qu'elle pourrait

avoir pour y recouvrer ses droits aujourd'hui méconnus, gagnerait à avoir des Établissements soit à Siam soit au Pégou 513

LA COCHINCHINE.

Commerce de la Compagnie avec la Cochinchine. — Produits de ce pays. — Objets dont on y trouverait le débit. — Un Établissement à la Cochinchine dans les circonstances actuelles ne serait pas d'une grande utilité. . . 514

ÉTABLISSEMENT DE TONQUIN.

Produits de ce royaume. — Objets dont la Compagnie y trouvait le débit. — Ce qu'elle en retirait. — Peu d'utilité dont serait aujourd'hui pour le commerce français un établissement au Tonquin 516

BANTAM

La Compagnie avait aussi un établissement à Bantam. — Situation de ce royaume. — Ses produits. — Causes de la perte de cet établissement 516

TRAITÉS DE COMMERCE ENTRE LA FRANCE ET LA PERSE

Avantages de ces traités 517

ÉTABLISSEMENT DE BANDERABASSY

Sa situation. — Utilité que Dupleix qui forma cet établissement se proposait d'en retirer. — Ses Produits. — Objets d'échange à y porter. 520
Causes qui firent abandonner ce comptoir. 526
Serait-il utile au commerce français dans l'état actuel de choses de reprendre cet établissement ? — Examen de cette question. — Solution. . . . . *Id.*
Projet conçu par le ministère français en 1766 dans l'objet de former des établissements indépendants en Asie et y pénétrer par la mer Rouge en ouvrant le canal de Suez. — Développement de ce projet 529
État du commerce de l'Inde à l'époque où ce projet fut mis au jour. 533
Tatta ; sa situation géographique. — Son commerce et ses manufactures. 535
Produits de Tatta et des provinces environnantes. . . . 537
Produits que la France aurait pû apporter dans ces pays en échange 540
Ce projet fut abandonné à la paix de 1783. — Causes de abandon . . . . *Id.*

Ce projet serait-il aussi utile aujourd'hui et pourrait-il être exécuté avec la même facilité que jadis. — Examen de cette question. 541

Nulle partie de la terre n'offre autant d'avantages que l'Asie pour y coloniser ou y former des établissements. — Causes de la supériorité de l'Asie sur les autres parties du globe 542

La France si elle veut participer d'une manière active au commerce de l'Asie doit se hâter d'y former des établissements indépendants. — Quels en sont les motifs? . . 543

Améliorations qui pourraient être introduites dans la culture du coton de l'Inde. 544

L'établissement de Tatta pourrait encore être utile à la France sous le rapport de la culture de l'indigo.— Avantages qu'offrirait à ce sujet la province du Synde?. . . 546

La culture de l'indigo dans le Synde aurait moins de chances défavorables qu'elle en a au Bengale. . . . 547

Avantages de l'Asie sur l'Afrique et l'Amérique en ce qui a rapport à la culture en grand de l'indigo. . . . 550

Débouché considérable des draps que la France trouverait dans l'établissement de Tatta. 552

Les marchandises anglaises ne pourraient soutenir la concurrence des marchandises françaises apportées dans l'Indostan. — Quelles en sont les causes?. 553

Raisons qui feraient admettre la France dans la province du Synde de préférence aux autres nations européennes établies dans l'Inde. 554

Projet du ministère français de pénétrer dans l'établissement proposé du Synde par la mer Rouge. — Comment se faisait le commerce de l'Asie par la mer Rouge avant la découverte du passage par le cap de Bonne-Espérance. 556

Par quelles nations ce commerce avait-il été exploité?. . 557

Causes de l'interruption du commerce de l'Asie par la mer Rouge. 558

Avantages qui seraient résultés pour la France du passage dans l'Inde par l'ancienne route et par conséquent de l'ouverture du canal de Suez. 560

Avantages qui seraient résultés de cette ouverture pour la Porte ottomane maîtresse de l'Égypte et pour les autres puissances qui ont des ports sur la Méditerranée. . 561

Le plan du Ministère français se trouvant en harmonie avec l'intérêt des principales puissances de l'Europe, n'aurait pu manquer dans son exécution. — Causes qui firent abandonner ce plan. 563

Ce plan n'aurait pu être mis à exécution sans l'adhésion de la Porte ottomane. — Probabilités qui font croire que

cette adhésion avait été accordée. 564
L'exécution de ce plan aurait nécessité un ou plusieurs établissements français en Égypte. — La France serait alors devenue usufruitière de ce pays — Produits de l'Égypte 566
Le projet d'ouvrir la communication de la Méditerranée avec la mer Rouge fut repris en 1797 par l'armée française d'Égypte. — Causes qui le firent abandonner . . 568
L'ouverture du canal de Suez pourrait être exécutée aujourd'hui avec la même facilité qu'à l'époque à laquelle le premier projet fut conçu. — Examen de cette question. — Vues de l'Angleterre sur l'Égypte.— Efforts que doit faire la France pour que l'Égypte ne tombe pas entre les mains de l'Angleterre. 569
Raisons qui font croire que l'Égypte échappera à la Porte. — Intérêt des puissances de l'Europe dans le cas supposé. 570
L'Angleterre si elle était maîtresse de l'Égypte deviendrait puissance exclusive 571
La Russie ayant encore plus de moyens que l'Angleterre deviendrait plus exclusive encore. 572
L'Autriche sans marine ne peut, pour l'avantage de l'Europe, occuper l'Égypte. 573
L'intérêt des puissances de l'Europe méridionale proclame la France comme la seule puissance qui puisse sans danger pour les autres nations ouvrir la communication entre les deux mers et par conséquent occuper l'Égypte. *Id.*
Notice sur le comptoir de Mahé 575

FIN DE LA TABLE.

*On remarquera que l'auteur ne s'occupe que des établissements français. L'*Inde *a donc la plus grande part dans son travail. Voici d'abord le début de son histoire :*

DES ÉTABLISSEMENTS FRANÇAIS EN ASIE
ET PRINCIPALEMENT DE CEUX DU BENGALE

MÉMOIRE

Tentatives faites par les Français pour faire le commerce de l'Inde depuis 1537 jusqu'en 1664; lettres patentes accordées à ce sujet.

Le commerce de l'Asie, auquel les peuples anciens attachèrent une haute importance et, qui depuis fit l'éclat et la splendeur de

Constantinople, d'Amalfi, de Venise, de Gênes, de Florence et du Portugal, fixa en France l'attention de François Ier ; ce prince convaincu des avantages que le commerce de l'Asie avait procuré aux peuples qui l'entreprirent, ordonna par ses édits de 1537 et 1543 d'équiper des vaisseaux pour des voyages de long cours et pour faire le commerce de l'Inde. Mais la rivalité qui exista entre François Ier et Charles-Quint, rivalité qui fut la cause d'une longue guerre entre ces deux princes, empêcha l'exécution de ce projet.

Henri IV, toujours occupé du bonheur et de la gloire de ses sujets médita la résolution de faire participer la France au commerce de l'Inde. Cette résolution eût infailliblement réussi, sans l'horrible attentat qui, en 1610, priva la France de ce grand roi. Néanmoins, quelque temps avant cette époque fatale, plusieurs négociants de Paris réunis obtinrent des lettres-patentes pour le commerce de l'Inde, mais cette association ne fit point usage du privilége qui lui avait été accordé.

1615

En 1615, pendant la minorité de Louis XIII, on créa une compagnie sous le nom de Compagnie des Moluques mais celle-ci ne fit pas non plus d'expédition.

Depuis cette dernière époque jusqu'en 1642 plusieurs armateurs particuliers pénétrèrent dans l'Inde, entre autres le capitaine Lelièvre d'Honfleur et les sieurs Rigault et Beaulieu de Dieppe; ces deux derniers revinrent à différentes reprises avec de riches cargaisons.

1642

Louis XIII voulant mettre à exécution le projet de ses aïeux, accorda en 1642 des priviléges exclusifs à une Compagnie formée par les soins du sieur Rigault pour faire le commerce sur les Côtes orientales de l'Afrique et à Madagascar. L'année d'après, le roi donna à cette même Compagnie des lettres-patentes pour faire le commerce des Indes orientales ; mais le peu de fonds dont elle forma son capital, la mort du cardinal de Richelieu qui en était le fondateur, la politique opposée du cardinal Mazarin, et surtout la jalousie des autres nations européennes établies dans l'Inde furent les causes de la ruine de la Compagnie française. Le maréchal de la Meilleraye la releva un instant, mais il fut également ruiné ; il ne put même conserver le fort Dauphin, établissement que la Compagnie avait formé à Madagascar. Ce fort fut détruit par les naturels.

Déjà à ces époques, le commerce de l'Inde était pour quelques puissances de l'Europe, non seulement un moyen de leur acquérir de grandes richesses, mais encore celui de leur former une marine. Et la France était alors tributaire des Provinces-Unies pour tous les objets qui venaient des deux Indes.

Il était donc dans l'intérêt de la France ; il était de la gloire de Louis XIV de prendre à leur tour une part active au commerce des Indes orientales. Mais instruit que les mauvais succès des premières entreprises étaient dus en partie à la haine et à la jalousie des nations établies dans l'Inde ; que d'horribles attentats avaient été commis par elles sur les vaisseaux français naviguant dans les mers des Indes (1), Louis XIV sentit qu'il ne pouvait se promettre des succès dans ce commerce qu'en employant des moyens appropriés à l'importance de cette entreprise et suffisants pour surmonter les obstacles qu'elle présentait.

1664

Édit du roi qui crée la Compagnie des Indes orientales. — Concessions faites par le roi. — Fonds de la Compagnie.

Une compagnie capable de rivaliser en force et en moyens celles des autres nations ; une compagnie digne d'une puissance comme la France, parut être nécessaire à cet effet. Colbert fut charger d'en poser les bases et d'en diriger les opérations ; ce fut en 1664 que ce ministre présenta le plan d'une compagnie qui fut créée par édit du mois d'août, cette même année.

Cette compagnie à laquelle s'associèrent les plus grands dignitaires et les plus riches négociants de l'État, formée sur un plan régulier, dotée d'abord d'un capital de sept millions fournis par les actionnaires, puis de huit autres millions tirés de la caisse

---

1. Le Hollandais, Jacques Panchras, s'étant emparé en 1616 du vaisseau français la *Magdelaine*, fit pendre l'équipage entier après avoir fait poignarder le capitaine et le lieutenant.
En 1619, les Hollandais s'emparèrent de vive force des cargaisons des vaisseaux l'*Hermitage* et l'*Espérance* dans la baie de Bantan. (Savary, *Parfait Négociant*, tom. Ier., p. 210. [*Note du Manuscrit*]

du roi, devait marcher rapidement au degré de prospérité auquel celles des autres puissances étaient parvenues.

En outre des secours que le roi fournit à cette compagnie, il lui accorda par l'article 46 de sa charte une prime de 50 ¹, pour chaque tonneau de marchandises qu'elle exporterait du royaume, et s'obligea à l'indemniser des pertes qu'elle pourrait faire pendant les dix premières années de son établissement.

Nous ne relevons dans la suite de son texte que ce qui est relatif à l'Extrême Orient. *Ainsi à la page 17 :*

1698

Cession faite par la Compagnie à une société de Marchands du privilége du Commerce de la Chine.

Le commerce de la Chine exigeait des forts capitaux, des grands armements et beaucoup de temps ; cette branche était au-dessus des forces de la Compagnie ; n'ayant pas les moyens de l'exploiter elle céda le privilége de ce commerce à des riches négociants qui s'en chargèrent sous la condition de lui payer 15 o/o sur les marchandises de retour ; elle fit en conséquence un traité le 4 janvier 1698. Ce traité fut homologué par arrêt du Conseil d'État du 22 du même mois. Ces négociants donnèrent à leur association le nom de *Compagnie de la Chine*.

Par cette cession, la Compagnie se trouva réduite au commerce de l'Inde *proprement dite*........

Puis à la page 49 :

Dupleix fait occuper l'établissement français du Pégou.

Les soins de Dupleix se portèrent aussi sur l'établissement que l'ancienne Compagnie avait à Siriam dans le royaume du Pégou, et auquel elle attacha de l'importance, tant qu'elle eut des bâtiments à envoyer dans l'Inde ; le besoin de cet établissement se fit de nouveau sentir à l'époque à laquelle Dupleix arriva à Chandernagor, car, la liberté du commerce d'Inde en Inde nécessita la construction de plusieurs bâtiments et l'emploi d'une grande quantité de boisage indépendamment de ceux nécessaires au chantier de Chandernagor et aux magasins de Pondichéry ;

le Pégou offrait plus qu'aucun autre lieu, des avantages sous ces derniers rapports, il offrait encore plusieurs autres objets au commerce français et consommait de son côté plusieurs produits nationaux (1).

Dupleix fut admis à reprendre possession de l'établissement de Siriam et du chantier de construction, il y fit des grandes réparations, et y bâtit des magasins ; c'est au Pégou où fut construite la majeure partie des vaisseaux qu'avait Dupleix. Celui-ci ne cessa de faire le commerce dans ce royaume tant qu'il resta dans l'Inde.

Où il parle incidemment de la Chine et du Pégou, mais à partir de la page 486 commence la partie du mémoire consacrée à des établissements français autres que ceux de l'Inde proprement dite.

Nous reproduisons également cette portion du travail de M. Darrac, qui est absolument neuve et qui, malgré des erreurs qui seront rectifiées dans notre propre publication, offre le plus vif intérêt et mérite d'être connu de ceux qui s'occupent de l'histoire de l'Asie Orientale.

DES ÉTABLISSEMENTS QUE LA COMPAGNIE DES INDES AVAIT FORMÉS SUR DIVERS POINTS DE L'ASIE. — DES MOTIFS DE LEUR FORMATION. — DE LEUR IMPORTANCE ET DES CAUSES QUI LES ONT FAIT ABANDONNER.

Après avoir donné la statistique des Établissements français du Bengale, avoir démontré l'intérêt qu'ils présentaient à l'ancien commerce et l'inutilité dont ils sont pour le commerce actuel, je donnerai la description des Établissements qui dépendaient de l'Administration du Bengale, situés sur divers points de l'Asie, dont quelques-uns ont été abandonnés après la guerre de 1756, et d'autres occupés de nouveau depuis la paix de 1763. Je passerai ensuite à ceux qu'il était dans la politique et le projet de la France d'établir pour agrandir son commerce, à l'époque où l'attitude de la marine française sous Louis XVI, pouvait lui offrir une protection puissante. Je finirai en examinant si dans l'état actuel des choses tous ces Établissements ou partie d'iceux, peuvent ou non être utiles à la France, et dans le cas de l'affir-

1. Voir à ce sujet l'art. Pégou à la page 487 de ce mémoire. [*Note du Manuscrit*] — Voir page XXX.

mative, la manière dont lesdits Établissements devraient être occupés.

J'observerai avant d'entrer en matière que les Établissements dont il est question avaient été fondés avant la prise de Chandernagor en 1757, et que les papiers de la Compagnie tombèrent avec cette place au pouvoir des Anglais qui se refusèrent à les remettre à la reprise de possession de 1765 (1) et que dans ce cas il est impossible de produire les titres originaux en vertu desquels avaient été formés ces Établissements, mais il y sera suppléé par d'autres pièces authentiques tirées, tant des archives de Chandernagor que de divers auteurs. Les avantages que la Compagnie retirait de ces Établissements ne peuvent non plus être exactement constatés, mais l'on peut assurer sous ce dernier rapport que la Compagnie attacha une grande importance à ces Établissements dans leur origine, et qu'elle ne les abandonna que pour des cas fortuits. Sa politique comme puissance territoriale dans l'Inde la porta de préférence à donner ses soins aux Établissements qu'elle forma sur le continent de l'Inde où elle avait des relations plus directes et d'où elle pouvait tirer des secours au besoin.

Celui de ces Établissements que la Compagnie reprit après la paix de 1763 et auquel elle attachait le plus d'importance et qui en même temps se trouva le premier dans l'ordre de leur fondation est l'Établissement du Pégou.

ÉTABLISSEMENT DU PÉGOU

Le Pégou. — Sa situation. — Ses produits. — Établissement de la Compagnie au Pégou. — Ce qu'elle en retirait.

La Compagnie s'établit au Pégou après avoir formé l'établissement de Balassor et à peu près à la même époque où elle fonda Chandernagor. Le Pégou est situé sur le golfe du Bengale à la distance de 700 milles Est de Chandernagor, entre les royaumes de Siam et d'Aracan (2). Le Pégou est arrosé par la rivière de son nom et le Menankiou. Ces deux rivières fertilisent les terres

---

1. Voir à ce sujet la lettre du Conseil de Calcutta à M. Law, rapportée page 130 de ce mémoire [*Note du Manuscrit*].
2. Les royaumes d'Ava, d'Aracan et du Pégou ont été réunis en un seul depuis la conquête de ces derniers royaumes par les Birmans en 1758 et sont gouvernés aujourd'hui par le même souverain [*Note du Manuscrit*].

par le limon que les débordements périodiques y laissent. C'est à cet engrais qu'est due la quantité de riz que le Pégou produit et ses excellents paturages. Le Pégou fournissait aux premières époques de l'Établissement de la Compagnie des dents d'éléphants, des gommes et surtout des gommes laques, du musc, de la cire, de l'huile de bois, des cuirs secs et des cornes de buffles; des pierres précieuses comme rubis, saphirs, topazes, etc., mais un tout autre avantage que la Compagnie retirait du Pégou était le bois de construction dont le pays abonde surtout en bois de tek (1). C'est du Pégou que la Compagnie tirait tout le boisage nécessaire aux charpentiers de Chandernagor et aux magasins de Pondichéry. La grande quantité de charpentiers qu'on trouve au Pégou et le bas prix de leur journée (2) la décida à y établir des ateliers de construction. Dans cet objet elle obtint du prince du pays un local dans Siriam, port situé sur le Menankiou à 330 milles Sud d'Ava, avec des priviléges et le droit de mettre le pavillon. La Compagnie y fit construire des grands magasins à chaux et sable; elle introduisit même dans le pays, au moyen des ouvriers qu'elle y envoya de la côte de Coromandel, la manière de faire les briques, inconnue chez ces peuples. C'est dans ces ateliers que furent construits les vaisseaux que M. Dupleix employa dans le commerce d'Inde en Inde, de la mer Rouge et de Manille. C'est aussi de ces chantiers qu'elle tirait les bois tout taillés pour des bâtiments qu'elle voulait faire construire à Chandernagor. On peut voir à ce sujet la lettre de M. Brunau, résidant au Pégou, à la date du 5 septembre 1753, par laquelle il annonçait au Conseil de Chandernagor l'envoi du Boot *l'Oiseau*, chargé de boisages et doublages, en prévenant le Conseil par la même lettre qu'il venait de faire lancer à l'eau le vaisseau la *Favorite*. Une autre lettre du même Brunau au Conseil de Chandernagor en date du 10 décembre 1755, par laquelle il annonçait l'envoi du boisage préparé pour le vaisseau le *Fleury*, chargé sur le *Diligent* qui venait d'être construit au Pégou.

1. Le bois de tek ressemble beaucoup à celui du chêne dont il a la dureté et le brin sans en avoir la pesanteur ; le bois de tek est le plus propre à la construction des bâtiments, car il résiste à l'action de l'eau salée infiniment plus qu'aucune autre espèce de bois [*Note du Manuscrit*].
2. On a au Pégou 5 charpentiers pour le poids d'une roupie en matière d'argent, ce qui revient à 10 sols par ouvrier [*Note du Manuscrit*].

La prise de Chandernagor qui suivit de près l'époque de cette dernière lettre, dut sans doute influer sur le sort de l'Établissement du Pégou tant que Pondichéry était au pouvoir de la Compagnie ; mais une autre cause survenue quelque temps après la prise de Chandernagor, changea la destinée de l'Établissement de Siriam.

Les Français en 1759 sont forcés à quitter le Pégou. — Motifs qui y donnent lieu.

Les Birmans, princes du pays, qui depuis longtemps disputaient au roi du Pégou ses droits à l'occupation de ce trône firent une incursion dans les États de ce dernier et s'en emparèrent. Les Français établis à Siriam prirent parti dans ces affaires et se déclarèrent en faveur du roi du Pégou, mais étant trop faibles pour pouvoir agir par eux-mêmes ils demandèrent du secours à Pondichéry. Pondichéry à cette époque, 1759, était dans la pénurie de troupes ; la guerre contre les Anglais absorbait toutes ses ressources en hommes et en argent. Cependant le Conseil de Pondichéry voulant sauver les Français établis au Pégou, envoya une Gabarre et un vaisseau de transport pour en cas de non-succès pouvoir ramener les Français. Ces deux bâtiments arrivèrent la même année au Pégou, au bas de la rivière de Rangoun, mais ils trouvèrent les Birmans établis dans la ville de ce nom. Ceux-ci députèrent auprès du commandant de ces bâtiments un de leurs chefs avec des présents pour prier le commandant de rester neutre dans cette guerre ; le commandant, soit qu'il eût des ordres d'agir, soit qu'il les prit sur lui, renvoya les députés et les présents et fut s'embosser près la ville de Rangoun où il jeta quelques boulets.

Les Birmans n'ayant point de moyens de défense contre le canon dont ils ne connaissaient même pas l'usage firent à la hâte des radeaux chargés de goudron et autres matières inflammables et les firent dériver sur les bâtiments français qui prirent feu. Les équipages dont les secours furent inutiles durent se jeter dans des bateaux et gagner à la nage la rive la plus proche. La totalité de l'État-Major et une partie de l'équipage furent massacrés. La partie qui échappa à la mort fut faite esclave et conduite à Ava où le roi Birman se retira après avoir soumis tout le pays. Les chantiers et magasins des Français dans Siriam furent détruits. Les Hollandais qui a cette époque avaient aussi un Établissement au Pégou et dont la conduite parut suspecte aux Birmans, en furent chassés et n'ont point cherché depuis à s'y établir.

Envoi d'un Commissaire au Pégou en 1766. — Concessions faites par le Roi de ce pays. — Reprise des Établissements de la Compagnie. — Celle-ci y fait construire des vaisseaux.

A la prise de possession des Établissements de l'Inde en 1766, le Conseil supérieur de Pondichéry envoya le sieur Lefèvre au Pégou avec ordre de demander en arrivant dans ce pays de parler au Roi, faire les diligences à ce sujet auprès des grands, et remettre au Roi les lettres et présents dont il était porteur, et lorsqu'il parviendrait auprès du Roi lui proposer en premier lieu : de relâcher tous les prisonniers français détenus au Pégou ; secondement, de faire un traité de commerce sur l'ancien pied et avec les mêmes priviléges dont les Français jouissaient au Pégou, sans être assujettis à aucun droit à l'exception des présents d'usage selon les circonstances ; le sieur Lefèvre devait aussi, si ce qu'il demandait lui était accordé, faire en sorte d'obtenir la permission de planter le pavillon français sur un terrain qui lui serait accordé, etc., etc.

La mission du sieur Lefèvre eut en grande partie un heureux succès. On en voit les résultats dans la lettre que le sieur Lefèvre écrivit au Conseil de Pondichéry sous la date du 28 avril 1768 par laquelle il disait avoir été bien accueilli par le Roi et que celui-ci avait répondu à ses demandes : « Qu'à la vérité les Fran-
« çais jouissaient autrefois du droit de franchise, mais que ce
« droit ne leur avait pas été accordé dans le temps du règne des
« Birmans ; mais que pour le terrain demandé il donna des
« ordres : 1°. Pour qu'il en fût donné un à la pointe de Rangoun de
« 80 bamboux de long sur 50 de large (le bambou contient 12 de
« nos pieds) ; 2°. que je pouvais arborer le pavillon français, avan-
« tage qui n'a point été accordé à aucune nation, excepté la nôtre,
« depuis la conquête des Birmans ; 3°. que notre nation serait
« libre de construire des vaisseaux sur son terrain sans payer les
« coutumes auxquelles les autres nations sont soumises ; 4°. qu'il

« accordait les prisonniers français, et qu'ils étaient libres du
« moment de ma demande ; 5°. qu'il permettait à la nation d'avoir
« sur son territoire trente maisons de chrétiens sans payer les
« droits usités (c'est-à-dire gratis). L'ordre me fut délivré par le
« premier ministre, concernant les 5 articles que le Roi accordait
« à la nation, lequel est demeuré en dépôt au bureau du
« sieur Grégoire, dépositaire de tout ce que le Roi accorde aux
« nations étrangères. J'espère que, si le Conseil a lieu d'être
« satisfait de moi, il voudra bien me renvoyer au Pégou, pour
« y être résidant de la Compagnie ; je me propose, Messieurs,
« moyennant cent fusils par an d'obtenir les vaisseaux sans être
« assujettis à aucun droit (les vaisseaux paient 10 o/o de leur
« valeur aux douanes). »

Malgré l'état malheureux auquel le traité de 1763 avait réduit la Compagnie, celle-ci crut devoir relever des magasins et ses chantiers au Pégou, mais les vexations, les entraves que son commerce éprouva au Bengale, par suite des entreprises des Anglais et de la souveraineté qu'ils avaient usurpée dans ce royaume, furent des causes qui durent nécessairement porter atteinte à la prospérité de l'établissement du Pégou, dont la principale utilité était l'article des boisages et des constructions. Cette utilité dut suivre la marche du commerce de la Compagnie qui, comme on l'a vu fut chaque jour en déclinant. Cependant quoique l'Établissement du Pégou ne fût pas dans un état d'activité égal à celui dans lequel il avait été avant la guerre, il fut néanmoins utile à la Compagnie. Parmi les constructions qui y furent faites on cite le vaisseau le *Lauriston* de 1,500 tonneaux que M. Chevalier y fit construire. Ce vaisseau fut en grande partie gréé à Chandernagor où il remonta. Il était en bois de tek, ainsi que sa mâture et percé pour 50 canons. Il fut construit à deux fins, pour le commerce et pour la guerre. Aussi pendant la guerre de 1778 ce bâtiment armé se mit en ligne en rade de Pondichéry. Il combattit avec l'escadre commandée par M. de Tronjoly et soutint le feu avec beaucoup plus d'avantage qu'aucun des autres bâtiments quoique celui-ci eut été le plus exposé (1); il était commandé par M. Lefèvre de Saint-Malo.

---

1. Le tek outre l'avantage qu'il a sur les autres bois de ne se laisser attaquer que très peu par l'eau salée, possède encore celui de résister plus que tout autre à l'action du boulet. Le vaisseau le *Lauriston* en reçut

Cet Etablissement ne fut point occupé à la reprise de 1785.

La guerre de 1778 paralysa l'établissement du Pégou. Il dut même être abandonné faute d'utilité après que les Établissements français de l'Inde furent tombés aux mains des Anglais.

Cet établissement ne fut point réoccupé à la reprise de possession de 1785. Depuis cette époque le temps a tout détruit et il n'existe plus aujourd'hui que quelques traces de cet établissement. Le seul objet qui soit resté sur pied est le monument qui fut élevé par les Français envoyés en 1766 sur l'emplacement où furent égorgés l'état-major et partie de l'équipage des deux bâtiments envoyés de Pondichéry au secours du roi de Pégou en 1759. Ce monument élevé à la mémoire de ces victimes se voit encore aujourd'hui 1822 à l'entrée de la rivière de Rangoun.

Voilà les rapports sous lesquels l'établissement du Pégou a dû être envisagé relativement à l'ancien commerce de l'Inde.

L'Occupation de l'ancien établissement du Pégou serait-elle aujourd'hui utile à la France ? Discussion de cette question.

Examinons actuellement si à raison des changements qui sont survenus dans le commerce du Bengale depuis la Révolution française jusqu'à présent, il serait utile aux intérêts du nouveau commerce et à ceux de l'État de faire occuper de nouveau cet établissement dans le cas où la jouissance des priviléges de l'ancienne Compagnie fussent de nouveau accordés au commerce actuel.

Pour arriver à ces connaissances nous analyserons en premier lieu soit les produits que le Pégou peut fournir au commerce français et ceux que celui-ci pourrait à son tour fournir à ce royaume ; 2°. l'avantage qui pourrait résulter pour la balance du commerce français de cet échange de produits.

Les produits que le Pégou et royaumes réunis pourraient fournir au commerce français sont ainsi que suit : gomme laque estimée la meilleure de l'Inde, cuir sec, dents d'éléphants quel-

---

une quantité considérable et ne fut point percé. On a observé aussi au dernier bombardement d'Alger que les vaisseaux anglais construits en bois de tek ont beaucoup moins souffert que ceux construits en bois de chêne. [*Note du Ms.*]

ques pierres précieuses et du coton, couleur de Nanquin (1).

Les articles que le Pégou prendrait du commerce français sont ainsi que suit : galons d'or et d'argent, franges et crépines de même ; velours et satins de préférence à ceux de Chine ; bonnets de laine rouge, jaune et bleu ; quincaillerie, armes à feu de gros calibres ; vases à fleurs en verre et porcelaine ; draps (2) et toute espèce de ferrures propres à la construction des bâtiments et de l'argent en lingots (3).

Le commerce du Pégou offrirait à la France plus particulièrement que tout autre partie de l'Asie un système d'échange en marchandises et sous ce rapport ce commerce ne serait point aussi désavantageux à la France que celui du Bengale et de la Chine ; les raisons qui feraient admettre ces échanges respectifs, sont prises de ce que les objets que fournit le Pégou sont des produits du sol bruts, cette espèce de produits ne nécessitant pas pour leur exploitation de grandes avances comme les produits industriels du Bengale et de la Chine ; le commerce peut par conséquent y être fait avec beaucoup moins de numéraire ou de matière d'or ou d'argent que dans les deux autres parties (4), et que d'un autre côté le Pégou n'ayant que très peu de manufactures a besoin de tirer de l'étranger tous les objets de luxe, et la majeure partie de la grosse ferrure servant à la construction des bâtiments.

Il est cependant à croire que le commerce du Pégou et des royaumes réunis d'Ava et d'Aracan, borné seulement aux produits du sol de ces royaumes (le bois excepté) ne pourrait être bien avantageux au commerce français dans le moment actuel, parce qu'une partie des objets que ces pays fournissent, tels que : cuirs secs, dents d'éléphants, suif, coton, pierreries, la France les retire avec autant d'avantages des autres parties du monde, la

---

1. C'est du Pégou que les Chinois tirent le coton coloré pour fabriquer les beaux Nanquins. Ceux qu'ils fabriquent avec du coton blanc sont inférieurs en qualité et en couleur aux premiers. [*Note du Ms.*]

2. Il faut des draps pour ce pays à deux couleurs unies, rouge d'un côté et bleue de l'autre. [*Note du Ms.*]

3. Il n'y a point d'argent monnayé au Pégou. L'argent et l'or coupés par morceaux sont les signes en usage dans ce pays. [*Note du Ms.*]

4. Quoique le commerce du Pégou admette un système d'échange en marchandises, il ne faut pas pour cela croire que tout le commerce se fasse par ce moyen ; il faut au moins la moitié ou le tiers en matières d'or et d'argent pour pouvoir trafiquer avec avantage dans cette partie, tandis que le commerce du Bengale et de la Chine en emploient onze-douzièmes à peu près. [*Note du Ms.*]

Lak-dije exceptée, dont les Anglais font une branche de commerce considérable et que le commerce français ne prend qu'en bien petite partie.

Rapports sous lesquels l'Établissement du Pégou pourrait être aujourd'hui utile à la France.

Mais, si comme anciennement, la France redevenait puissance territoriale dans l'Inde, ou que, pour d'autres causes qui pourraient survenir, le commerce français dût prendre de l'agrandissement dans les mers des Indes, dans ce cas l'Établissement du Pégou deviendrait nécessaire à la marine française ; l'utilité que celle-ci en retirerait serait aussi profitable au commerce.

Il est encore un cas d'une autre importance où l'Établissement du Pégou pourrait devenir utile à la France ; ce cas n'est point à la vérité présumable, mais il est cependant dans l'ordre des choses possibles. Ce serait celui où la France voudrait augmenter sa marine et se trouverait en guerre avec les puissances du Nord de l'Europe et avec la Porte ottomane ; dans ce cas, dis-je, la France, réduite aux seules ressources de ses forêts ne pourrait plus fournir à ses ateliers des boisages nécessaires à de nouvelles constructions, ni même aux réparations de sa marine existante ; c'est alors que l'Établissement du Pégou pourrait être utile à la France. Je vais plus loin et je suppose que même dans l'état actuel des choses l'Établissement du Pégou serait utile à la France sous le rapport de ses constructions. Pour construire au Pégou la France n'aurait besoin que d'envoyer des constructeurs et quelques charpentiers-maîtres : elle trouverait dans ce royaume à former des chantiers commodes et à peu de frais ; des boisages qui surpassent en beauté et en durée tous ceux connus jusqu'à ce jour ; ces boisages, elle les trouverait à moitié meilleur compte de ce qu'elle les paie en France (1). Elle y trouverait une grande quantité de charpentiers-ouvriers à deux tiers meilleur marché

---

1. Je ne puis préciser ici la valeur des différentes pièces de construction qui toutes varient suivant leur dimension, mais pour apprécier par aperçu la valeur des boisages au Pégou, j'ai pris la valeur des pièces de bois répandues dans le commerce qui sont communément de 15 à 18 pieds anglais de long sur un diamètre variable, d'un pied et demi à 3 pieds dont e prix est par pied cube de demi-roupie 1 fr. 30, tandis que les poutres de Stettin ou de Memel, des mêmes dimensions sont communément en France au prix de 2 fr. 50 centimes. [*Note du Ms.*]

qu'en Europe (1). A ces avantages s'en joindrait un autre plus conséquent, celui d'avoir des constructions en bois de tek, dont la solidité et la durée sont à l'épreuve du temps. Ce dernier avantage, le bas prix des matériaux et celui de la main-d'œuvre compenserait bien au delà les dépenses que la France pourrait faire pour l'envoi de ses gréments et de ses constructeurs (2), soit qu'elle voulût faire confectionner ses constructions au Pégou, ou soit que pour ménager de l'occupation à ses ouvriers en France et y retenir une partie du numéraire elle voulût se borner à faire équarrir et tailler au Pégou les pieds nécessaires à ses constructions et les faire assembler sur ses chantiers en France, à l'instar de ce que la Compagnie pratiquait dans certaines circonstances. Ce dernier moyen, coûteux au premier coup d'œil, serait compensé et au delà par les avantages plus haut cités.

Il est donc hors de doute que l'Établissement du Pégou dans les cas supposés, serait d'une grande utilité pour la France. Il est même à croire que dans l'État de choses la reprise de cet Établissement lui serait avantageux.

Admettant actuellement que pour les raisons plus haut citées l'Établissement du Pégou dut être repris, il reste à savoir si la demande de cette reprise serait admise, et si la présence des Français serait préjudiciable à cette puissance.

Nouvelle proposition faite par le roi d'Ava et du Pégou à M. Mottet, agent pour le Roi au Bengale en 1787 pour lier des opérations commerciales entre ce royaume et la France.

Pour résoudre cette question il n'y a qu'à se rappeler le respect et la vénération que les Pégouans portaient jadis au nom français; l'accueil qui leur fut fait en 1766 par les nouveaux souverains Birmans contre lesquels ils avaient pris les armes quelques

---

1. Le prix de la journée du charpentier-ouvrier est de 5 journées à la roupie ce qui équivaut à 10 fr. ou 50 centimes. L'ouvrier européen fait sans doute plus d'ouvrage dans la journée; mais il ne travaille pas aussi longtemps dans le jour. [*Note du Ms.*]

2. Les frais d'établissement ne sont pas calculés. Ils seraient bien peu conséquents si la France devait se borner à un petit nombre de constructions. Les ateliers qui se trouvent montés dans le pays pourraient servir à cet usage; mais si la France voulait y établir un atelier constant et durable les dépenses qu'elles feraient dans cet objet seraient compensées par les produits qu'elle en retirerait. [*Note du Ms.*]

années avant, et plus particulièrement encore la demande faite de nos jours par le roi des trois royaumes d'Ava, d'Arakan et du Pégou à M. Mottet, agent français, à Chandernagor, d'une liaison de commerce avec la nation française. La pièce qui prouve l'existence de cette demande est une lettre de M. Mottet à M. Billon, chef à Chatigan, 22 décembre 1787, ainsi conçue : « J'apprends que les Birmans se sont emparés du royaume d'A-« rakan et qu'ils veulent lier commerce avec les Européens ; j'en « étais instruit auparavant par une lettre que j'ai reçue du roi « des Birmans, par laquelle il me marque qu'il envoie un peti « bâtiment à Chandernagor chargé d'ivoire et me demande en « échange des fusils, de la poudre et des munitions de guerre. »

Les motifs qui déterminent la proposition du roi d'Ava en 1787 existent avec plus de force aujourd'hui.

Les raisons qui guidaient à cette dernière époque les démarches du roi de Pégou pour établir des rapports d'intérêt et d'amitié avec la France existent avec plus de force encore aujourd'hui, par l'espoir que la présence des Français au Pégou ferait disparaître (par la concurrence) la tyrannie que le monopole exclusif du commerce anglais exerce sur ce pays qui n'est plus fréquenté par aucune autre nation européenne (1) et qui se voit réduit pour maintenir ses relations commerciales à traiter uniquement avec les ennemis de son indépendance contre lesquels ils sont constamment en mesure. Ces raisons portent à croire que les Français seraient bien accueillis par les Pégouans si la politique de la France la portait à s'y établir.

Il est cependant naturel de croire que si l'occupation de l'Établissement du Pégou avait lieu, les Anglais verraient d'un œil jaloux les Français s'établir dans un pays limitrophe de leurs États, dans un pays puissant, constamment armé pour se défendre d'une invasion dont il est depuis longtemps menacé. Les Anglais s'opposeraient sans doute de tout leur pouvoir à cet Établissement, surtout s'il avait pour objet la construction des bâtiments. On demandera peut-être de quel droit ? Pas d'autre

---

1. Les Hollandais avaient aussi un Etablissement au Pégou, mais ils n l'ont point repris depuis la nouvelle dynastie des Birmans. [*Note du Ms.*]

que celui dont ils font constamment usage dans l'Inde, *du droit du plus fort* : il ne m'appartient point de juger du mérite de ce droit ; c'est au Gouvernement français qui seul tient la clef de ses ressources à mesurer quelle est l'étendue et quelle peut être la durée d'un semblable droit ; mais je crois que l'occupation proposée de l'Etablissement du Pégou est un sujet qui mérite d'être approfondi par le Gouvernement français.

Siam.

La Compagnie envoie un négociateur à Siam en 1684.

Ce fut en 1680 [sic] que le chevalier Forbin fut envoyé à Siam. Mais, quoique bien accueilli par le Gouvernement, il ne put obtenir la faveur qu'il était chargé de demander, celle de former des Etablissements dans le royaume ; il obtint, cependant, que les bâtiments français y seraient admis pour y faire le commerce, à l'instar de quelque autre nation.

Le séjour que fit à Siam, M. le chevalier Forbin, fut employé à faire connaître et considérer sa patrie. Ce qu'il en dit détermina le roi de Siam à établir des relations commerciales avec la France. M. Deslandes, un des Directeurs de la Compagnie, le même qui fonda Chandernagor, fit un traité avec le Gouvernement de Siam pour l'exploitation de tout le poivre qui se récolterait dans ce royaume.

Louis XIV instruit des bonnes dispositions du roi de Siam lui envoie une ambassade en 1685. Le roi de Siam envoie à son tour une ambassade à Louis XIV.

L'année d'après (1685) Louis XIV, instruit des bonnes dispositions du roi de Siam, pressé d'ailleurs par les Jésuites qui désiraient pénétrer dans ce pays, se détermina à envoyer une ambassade à Siam pour s'assurer des intentions du roi et de l'intérêt que présentait à la France des rapports commerciaux avec cette puissance. Cette ambassade fut composée de M. de Chaumont et de six Jésuites.

Le roi de Siam à son tour envoya une ambassade à Louis XIV. Elle fut accompagnée par M. de Chaumont. Cette ambassade quoique de pure étiquette était néanmoins propre à servir les intérêts de la France, car les offres les plus avantageuses relatives à un traité de commerce furent faites de la part du roi de Siam.

Désirant mettre à profit ces bonnes dispositions, Louis XIV envoya l'année d'après (1687) une seconde ambassade à Siam, composée de MM. La Loubère et Ceberet, 12 jésuites et plusieurs officiers de toutes armes et quelques troupes que le roi de Siam avait demandées. L'objet de cette ambassade était celui de négocier un traité de commerce.

Seconde ambassade envoyée par Louis XIV. — Traité de commerce conclu entre les plénipotentiaires du roi de Siam et de la France.

Les envoyés du roi arrivèrent à Siam vers la fin de l'année 1687. Ils y furent accueillis avec les distinctions et les honneurs que les mœurs, la religion et les usages du pays pouvaient permettre. Un traité de commerce fut conclu à la grande satisfaction de la France entre les commissaires respectifs des deux souverains. On ne peut mieux juger des avantages qui devaient en résulter que par la lecture de ce traité.

« TRAITÉ DE COMMERCE AVEC LE ROI DE SIAM (1) LE TRAITÉ
« CONCLU ENTRE MM. DE LA LOUBÈRE ET CEBERET, ENVOYÉS
« EXTRAORDINAIRES DE SA MAJESTÉ TRÈS CHRÉTIENNE ET LES COM-
« MISSAIRES DU ROI DE SIAM PORTE.

ARTICLE 4.

« Que le roi de Siam accorde à la Compagnie française le
» libre commerce dans ses royaumes et dépendances, aux
» exemptions des droits d'entrée et de sortie. C'est à savoir que
» toutes les marchandises que ladite Compagnie chargera et
» apportera dans ses propres vaisseaux ou à fret, elle aura le
» privilége de les vendre et de les acheter avec les personnes que
» son intérêt lui dictera sans nul empêchement quelconque, sous
» quelque prétexte que ce soit. Sa Majesté donne les droits
» d'entrée et de sortie à la Compagnie, avec exemption de visite,
» et les officiers de la Compagnie donnant seulement une décla-
» ration par écrit de ce que les vaisseaux portent.

1. Les trois premiers articles de ce traité ont été si fort maltraités par les vers que je n'ai pu les déchiffrer. Mais j'ai cru apercevoir que ces articles n'étaient que de style formant le préambule du traité. [*Note du Ms.*]

Article 5.

« Le roi de Siam accorde la juridiction civile et criminelle à
» la Compagnie sur les Français ou autres de quelque nation
» qu'ils soient qui seront serviteurs de ladite Compagnie, et
» pour les causes tant civiles que criminelles entre des Français
» et quelque individu d'une autre nation, non attachée à la
» Compagnie, elles appartiendront à la justice de sa Majesté
» de Siam, mais sa Majesté accorde à l'Officier de la Com-
» pagnie qui a la commission du roi de France une place et
» voix définitive dans la justice de sa Majesté où cette cause se
» terminera.

Article 6.

« Le roi de Siam accorde à la Compagnie une résidence à
» Joussalem ou tel autre lieu de son district avec les mêmes
» priviléges spécifiés dans l'article 2 et de plus sa Majesté
» accorde l'entier commerce de Calin à ladite Compagnie, à
» l'exclusion et aux défenses expresses aux autres nations de le
» transporter sous peine de confiscation et la Compagnie
» demeure obligée de porter les marchandises nécessaires pour
» le commerce et pour les besoins des habitants du susdit Gou-
» vernement et ses districts, de sorte qu'ils ne soient pas obligés
» de chercher d'autres moyens de remédier à leurs besoins.

Article 7.

« Le roi de Siam donne la permission à la Compagnie de
» France d'établir des résidences ou factories qu'elle jugera à
» propos pour son commerce, en quelque lieu que ce soit de
» son royaume avec les mêmes priviléges qu'aux articles précé-
» dents.

Article 9.

« Le roi de Siam donne libéralement à ladite Compagnie de
» France la propriété entière de quelque île commode distante
» de dix lieues au plus du port de Merguy pour la fortifier, y
» bâtir et en user selon ses intentions et ladite Compagnie
» s'oblige devant Dieu, de ne s'en servir jamais contre les droits
» et les intérêts dudit Roi, accordant toute souveraineté et justice

» et tout le reste qui peut contribuer à rendre la Compagnie
» absolue dans ladite île, et sa Majesté sachant le plan et le nom
» de ladite île, donnera patente du don entier de ladite île pour
» lui et ses successeurs (1).

Article 12.

« Le roi de Siam ratifie et confirme le traité et priviléges qu'il
» a accordés à la Compagnie au sujet du poivre de Siam et ses
» dépendances dans la forme dont il fut convenu avec M. Deslan-
» des en 1684 . . . .
. . . .

« Davantage que pour empêcher toutes sortes de disputes qui
» pourraient s'élever entre les officiers des magasins du roi et
» ceux de la Compagnie, tout le poivre, que le roi de Siam a
» accordé par les susdits priviléges à la Compagnie, sera gardé
» dans un magasin, lequel sera fermé à double clef, l'une des-
» quelles sera entre les mains des officiers des magasins du roi,
» et l'autre des officiers de la Compagnie. Et de ce traité on fera
» trois copies et d'une même teneur, savoir : trois en siamois,
» trois en français et trois en portugais, et au pied de chacune
» seront signés les sus-nommés commissaires avec leur seing et
» cachet ordinaire comme on voit ci-dessous. Passé à la cour de
» Louvo le 8 du croissant de la première lune de l'année 323 1/2
» qui est le 11e de Décembre 1687. Signé, etc.

Concessions importantes faites par le roi de Siam aux Français.—
Honneurs qu'il leur accorda.

Indépendamment des avantages de ce traité le roi de Siam remit
aux Français : 1º. la forteresse de Bankok bâtie à l'embouchure
du Menam. Cette forteresse était par sa position et ses dépendances le lieu le plus propre à servir d'entrepôt à toutes les
marchandises que la Compagnie aurait tirées de l'Asie ou y aurait
apportées ; 2º. le port de Mergui, le premier du royaume, et qui,
par sa situation entre les deux golfes, offrait une communication
facile et rapprochée avec le Bengale et les royaumes d'Ava,
d'Arakan et du Pégou ; enfin, par un excès de confiance et de

---

1. Il n'y a point de document sur la désignation de cette île, mais tout porte à croire que c'est l'île de Roi située au bas de la rivière de Merguy et citée par M. Daprès dans ses instructions sur la navigation des Indes orientales. [*Note du Ms.*]

haute considération le roi voulut que sa garde d'honneur fût composée des Français.

Un traité qui, d'un côté, offrait au commerce français le débouché de tout ce que le royaume de Siam pouvait consommer, et qui, de l'autre, lui assurait, pour ainsi dire, l'exportation exclusive des produits de ce pays; un traité où le souverain consentait à se dépouiller d'une partie des attributs de la souveraineté, et qui laissait à la disposition des Français la principale clef de son royaume devait sans doute être envisagé par la France comme un traité du plus grand intérêt et dont les résultats eussent été incalculables si la révolution survenue peu d'années après ces concessions n'eût renversé de fond en comble un si brillant édifice.

La révolution de Siam, soit qu'elle ait été occasionnée par la jalousie qu'inspira le crédit et le pouvoir des Français, ou qu'elle soit due uniquement à l'ambition de l'usurpateur du trône, eut des conséquences si funestes pour le commerce français, que je crois à propos d'en donner ici une légère esquisse, d'autant encore que ce sont les Français qui ont joué un des principaux rôles dans cette révolution.

RÉVOLUTION DE SIAM

Révolution de Siam. — Motifs de cette révolution. — Les Français en sont victimes. — Cruautés exercées envers eux. — Ils sont forcés à quitter Siam.

Le crédit immense dont les Français jouissaient à Siam, les priviléges qui leur furent accordés, les concessions extraordinaires qui leur furent faites ont de quoi étonner, si l'on ne considère ces avantages que comme ayant été faits dans l'intérêt seul du commerce; mais cet étonnement cesse lorsqu'on considère l'origine du crédit étonnant que la France acquit dans le royaume de Siam. Ce crédit fut dû au changement de religion d'un favori du roi nommé Constance Phaulkon, que les Jésuites, qui l'avaient converti, disposèrent en faveur des Français.

L'événement qui amena M. Constance à Siam, tient plus du roman que de l'histoire. Il est d'ailleurs inutile de le rapporter dans cette courte analyse. Il suffira de savoir que M. Constance Phaulkon, né à Céphalonie d'un noble Vénitien et d'une dame grecque, en sa qualité de secrétaire du premier barcalon du royaume, approchait journellement de la personne du roi et ne tarda pas par son esprit et ses manières à gagner la confiance royale, au point que le premier barcalon étant venu à mourir, le roi voulut le remplacer par M. Constance ; mais celui-ci craignant d'indisposer les mandarins contre lui, refusa cette dignité, mais il n'en continua pas moins à être investi de la confiance du roi et même à diriger ses volontés. Il se contenta de la place de secrétaire du conseil. Ce fut M. Constance qui de concert avec les Jésuites rédigea le traité de commerce avec la France et qui fit accorder aux Français toutes les immunités dont ils jouissaient à Siam.

Les Jésuites avaient autant d'ascendant sur l'esprit de M. Constance que ce dernier en avait sur l'esprit du roi. Ceux-ci le mirent en usage pour engager le roi à changer de religion. Le roi se refusa constamment à cette demande, mais comme il était sans enfant, les Jésuites lui firent adopter par la voie de M. Constance le fils d'un mandarin du pays qu'ils avaient élevé dans la religion chrétienne, espérant introduire cette religion dans l'État lorsque le prince adoptif serait sur le trône ; et comme le roi était infirme et avancé en âge et que l'occasion de mettre leur projet à exécution pouvait se présenter d'un moment à l'autre, ils demandèrent des troupes et des vaisseaux au roi de France et à la Compagnie pour se trouver en mesure à tout événement.

L'arrivée de ces troupes quoique en petite quantité, ouvrit les yeux des grands du royaume, qui virent bien que ces troupes et ces vaisseaux n'étaient point venus pour soutenir le commerce de la Compagnie. Cette circonstance décida le premier ministre, Opra Pitrachard, de mettre à exécution le projet que depuis longtemps il méditait avec plusieurs autres mandarins, celui de s'emparer du trône et d'en exclure les héritiers présomptifs. Un moment lucide pour l'accomplissement de ce projet se présenta, ce fut celui où le roi tomba malade au mois de mai 1688. Dès que Pitrachard qui était aussi gouverneur de Siam et de Lobo en fut instruit, il introduisit, le 26 mai au soir, un grand nombre de troupes dans le château de Louvo, s'empara de la personne du roi, de son fils adoptif et de deux frères du roi. Il leur fit accroire à tous qu'il y avait une conspiration et que c'était pour les sauver qu'il prenait ses mesures.

M. Constance instruit de la maladie du roi se rendit au palais accompagné de MM. Beauchamp, Fréteville, Forbin, Vaudrille et de Luisse, mais à peine y furent-ils entrés qu'ils furent tous saisis et renfermés dans un appartement.

Opra Pitrachard fit venir M. Constance et lui dit d'un ton impératif d'aller dire aux officiers français détenus avec lui, que la découverte d'une conspiration contre le roi avait nécessité leur arrestation, et que le fil de la conspiration n'étant pas encore bien découvert il était prudent qu'ils restassent détenus jusqu'à ce que la conspiration fût connue.

La garde du roi de Siam était ordinairement composée de Français, mais quelques jours auparavant Opra Pitrachard l'avait envoyée à Talapson, maison de campagne du roi, où il avait réuni une grande quantité de troupes pour contenir celle-ci. C'est aussi à Talapson qu'Opra envoya les officiers français qu'il avait fait arrêter au château. Il fit mettre M. Constance à la torture pour l'obliger à déclarer les complices d'une conspiration qui n'existait pas. Le lendemain il fit couper la tête au fils adoptif du roi, et la fit suspendre au col de M. Constance en forme de cravate, et fit remettre celui-ci à la torture où il expira.

Opra Pitrachard voulait mettre la couronne sur sa tête, mais redoutant les droits des frères du roi il médita la résolution de se défaire d'eux comme il s'était défait du fils adoptif du roi. A cet effet, il les engagea, attendant que les affaires fussent apaisées, de se rendre à Talapson, là où ils seraient en sûreté. Mais ces malheureux princes n'arrivèrent même pas. Ils furent assassinés en chemin par des troupes qu'Opra avait postées à cet effet; celui-ci voulut aussi faire mourir tous les chrétiens et dans ce dessein il ordonna que tous les Portugais se rendissent dans une île qu'il désigna. A l'égard des Français il n'osa les attaquer de front, mais il médita le projet de les attirer dans un piège qu'il leur tendit, principalement à ceux qui étaient à Bankok et à Mergui qui ignoraient tout ce qui se passait à Siam.

Maupey, un des ministres du roi et un des ambassadeurs qui l'année précédente avait été en France fut député par Opra Pitrachard vers M. de Fargès [des Farges], général des troupes françaises qui commandait à Bankok pour lui demander de la part du roi de se rendre auprès de celui-ci. Comme M. de Fargès avait reçu dans d'autres circonstances des invitations de cette nature, il n'aperçut pas la supercherie ; il se rendit à Siam escorté d'une garde d'honneur qu'Opra lui avait envoyée. A son arrivée à Siam M. de Fargès reçut la visite d'Opra, qui lui dit que le roi avait fait mourir M. Constance pour des fautes qu'il avait faites dans l'administration et qu'il voulait le mettre à sa place, et il ajouta que le roi était engagé dans une guerre contre les Cochinchinois et qu'il était nécessaire qu'il fit venir la garnison de Bankok et celle de Mergui à Siam.

M. de Fargès vit trop tard le piège que le ministre lui tendait. Il répondit à Opra qu'à la vérité le roi de France avait envoyé des troupes au roi de Siam pour le soutenir et le défendre, que le roi pouvait en disposer, mais qu'il croyait prudent qu'il fût lui-même chercher la garnison de Bankok parce que les officiers ne se détermineraient point de quitter leur poste d'après un ordre écrit. Opra Pitrachard y consentit, mais retint en otage les deux fils de M. de Fargès que celui-ci avait amenés avec lui. Il força également le général français à écrire à M. de Bruham [du Bruhant], gouverneur de Mergui, pour qu'il eut à se rendre à Siam avec les troupes qui étaient sous ses ordres. M. de Fargès en écrivant contrefit si bien son écriture et conçut sa lettre en des termes si extraordinaires que M. de Bruham comprit que cette lettre n'était pas de M. de Fargès et n'y obéit point. M. de Fargès partit pour Bankok.

Dans ces entrefaites MM. de Targis, Fréteville, Vaudrille, Luisse et de Bresley qui étaient renfermés à Talapson conçurent le dessein de s'évader pour se soustraire au sort qu'ils redoutaient. Ils sortirent en effet de Talapson et s'enfuirent vers Siam pour prévenir les autres Français de ce qui se passait. Mais Opra ayant envoyé un détachement de cavalerie à leur poursuite ils furent atteints avant d'arriver à Siam. Les officiers français mirent l'épée à la main et étaient résolus de mourir en se défendant, mais sur la promesse qui leur fut donnée par les mandarins qui commandaient ces troupes, qu'ils étaient venus pour les protéger ils mirent bas les armes. Le lendemain, ils furent dépouillés et attachés aux queues des chevaux et furent traînés ainsi en triomphe à Lobo. M. de Bresley mourut au milieu de ce traitement ; les autres le suivirent de près.

M. de Fargès à peine arrivé à Bankok s'aperçut qu'il y allait être attaqué. N'ayant que trois cents hommes avec lesquels il devait défendre deux forts mal fortifiés il fit sauter l'un d'eux (le petit) et se fortifia dans l'autre. Ses mesures n'étaient pas encore terminées qu'il se vit assiégé par une armée de 60,000 hommes à laquelle il résista pendant deux mois et qu'il repoussa avec de grands succès dans les différentes attaques qui lui furent faites. Opra Pitrachard qui perdait journellement du monde, voyant ses troupes se décourager et désespérant de venir à bout de son entreprise offrit une capitulation à M. de Fargès qui, de son côté, se voyant à la veille de devoir céder à des forces aussi considérables accepta la capitulation proposée.

Cette capitulation portait que M. de Fargès s'embarquerait avec la troupe qu'il commandait et généralement tous les Français qui avaient été faits prisonniers à Lobo et à Siam et qu'à cet effet Opra Pitrachard lui donnerait deux frégates appartenant à la Compagnie et un vaisseau de guerre français dont il s'était emparé et qu'il y ajouterait un vaisseau de soixante-quatorze canons appartenant au roi de Siam que celui-ci avait fait construire pour l'envoyer en France. C'est sur ces quatre bâtiments que tous les Français furent embarqués pour Pondichéry où ils arrivèrent dans le mois de février 1688 [1689].

De son côté M. de Bruham était assiégé dans Mergui par une armée de 12,000 hommes. N'ayant avec lui que 50 hommes et trois officiers et ayant à défendre une grande ville, une forteresse ouverte de toutes parts, il crut prudent de s'emparer d'une frégate appartenant au roi de Siam pour pouvoir assurer sa retraite. Enfin après soixante-dix jours de tranchée ouverte, prêt à être pris, il s'embarqua sur la frégate et arriva à l'établissement français de Siriam dont le royaume de Pégou et de là il se dirigea sur Pondichéry.

Par cette fatale révolution la Compagnie fut privée pour toujours des établissements qui paraissaient lui promettre d'immenses avantages. L'état de gêne dans lequel elle se trouva ne lui permit pas à la reprise de ses possessions de l'Inde en 1765 de demander à renouer l'ancien traité de commerce. Cette époque du reste était trop rapprochée de la catastrophe qu'elle avait éprouvée à Siam, pour qu'elle eût tenté d'y revenir quand même ses moyens le lui auraient permis. A la reprise de possession de 1785 la nouvelle Compagnie ne fit non plus aucune tentative pour commercer à Siam, de sorte que les établissements que les Français y formèrent n'ont plus été repris depuis l'époque fatale qui les obligea à sortir de ce royaume.

Commerce de la Compagnie à Siam.

Le commerce que l'ancienne Compagnie faisait à Siam consistait en écaille, dents d'éléphants, peau de buffle et de tigre, bois de teinture, calin et poivre, ces deux derniers objets en assez forte quantité pour former des cargaisons entières.

La Compagnie trouvait à Siam le débit de petits miroirs, de franges et crépines en or et argent, galons ; bonnets de laine rouge pour les marins ; armes à feu, quincaillerie, des ferrures propres aux constructions maritimes. Le commerce de Siam qui n'a eu qu'une courte durée, mais brillante à la vérité, était d'autant plus avantageux à la France qu'il roulait principalement sur des objets d'échange, avantage qu'elle n'avait pas ni à la Chine ni au Bengale. Aussi la perte des établissements de Siam fut envisagée par la Compagnie et par le gouvernement comme une perte réelle et irréparable.

Il reste maintenant à examiner si dans l'état actuel de choses le commerce français de l'Inde étant anéanti il conviendrait à l'intérêt du gouvernement de renouer ses anciens rapports avec Siam et si dans le cas de l'affirmative les Siamois auraient de leur côté un intérêt à y consentir.

Le commerce de Siam et des établissements dans ce royaume vu l'état actuel du commerce au Bengale serait-il avantageux à la France ? Discussion de cette question résolue affirmativement.

Il a été dit plus haut que les besoins réciproques rapprochaient et liaient les peuples entre eux et que le meilleur système de commerce est celui qui s'établit sur les échanges respectifs des produits nationaux. Partant de ces principes on peut affirmer que le royaume de Siam produisant aujourd'hui avec la même abondance les objets qu'il produisait à l'époque où la Compagnie y était établie, et que ces objets, (le poivre surtout et le calin) étant des articles que la France consomme en grande quantité et qu'elle retire de l'échange, Siam serait un pays propre à y former un Établissement d'autant qu'il fournirait principalement ces deux articles au commerce français avec plus d'avantages que la côte de Malabar et la Chine dont elle les retire ordinairement, et que la France trouverait encore à Siam le débit d'une infinité d'objets qu'elle ne trouve pas en Chine, et que le commerce exclusif des Anglais prohibe à la côte de Malabar ; ces objets seraient les mêmes que la Compagnie y envoyait anciennement ; et à ceux-là on peut ajouter ceux que l'état de civilisation de ces peuples, le luxe qui s'est introduit chez eux, et les besoins que celui-ci fait naître rendent aujourd'hui nécessaires au pays ; un autre article qui serait utile à la France et qui, faute de cause était négligé par l'ancienne Compagnie est l'extraction du coton-couleur de Nankin que Siam produit en abondance, et que les Chinois retirent de ce pays. L'introduction en France de cette matière première mettrait les fabriques françaises en possession de la fabrication des Nankins dont la qualité et la couleur égaleraient les Nankins de la Chine dont le principal mérite est dû à l'emploi de cette espèce de coton, et la France pourrait alors prohiber l'introduction des Nankins étrangers comme elle a prohibé les toiles et tissus de toute espèce. Les Anglais qui envisagent avec intérêt le plus petit coin de la terre quand il peut être utile à leur commerce ont plus que jamais senti l'importance d'un rapprochement et d'une liaison d'intérêt avec le royaume de Siam et ils cherchent depuis longtemps à s'y établir. La crainte que quelque puissance européenne ne cherchât à s'établir à Siam après la paix de 1814, engagea la Compagnie anglaise à prévenir toute tentative à ce sujet, et à renouveler ses instances auprès du gouvernement siamois. Elle envoya, en conséquence, à Siam en 1816 le capitaine Canning dans l'objet de faire un traité d'alliance et de commerce avec ce peuple. Mais cette première tentative n'eut point de succès, tant les peuples de l'Asie redoutent l'alliance des Anglais.

Nouvelles tentatives des Anglais faites pour former des établissements à Siam. Envoi d'une ambassade anglaise en 1821.

L'envoi de quelques frégates françaises en Chine et à la côte de l'Est en 1820 et 1821, l'appréhension où étaient les Anglais qu'elles avaient été envoyées pour entretenir des relations commerciales avec les puissances de la côte de l'Est engagea la Compagnie anglaise à faire de nouvelles tentatives auprès du roi de Siam, et, à cet effet, elle lui envoya, en 1821, une nouvelle ambassade avec plus de solennité que la première. Voici comment s'exprime à ce sujet le *Journal de Calcutta* du 23 mai 1821.

» Le nouveau navire, nommé le *John Adam*, qui fit voile de
» Calcutta, mardi 20 du courant [lisez 21 nov.], va, nous appre-
» nons, à Siam et dans d'autres endroits de la côte de l'Est.
» L'ambassade est composée des personnes suivantes :
» John Crawford Esqr., agent du Gouverneur-général spécia-
» lement chargé de la mission, Mme. Crawford qui accompagne
» son époux avec son enfant ; le capitaine Dangerfield de l'armée
» de Bombay, second agent du Gouverneur-général ; M. Fynlay-
» son, chirurgien et naturaliste et le lieutenant Rucherford, com-
» mandant l'escorte.

» Cette ambassade doit se rendre à la cour de Siam et à celle
» de la Cochinchine, dans la vue d'étendre ou d'ouvrir un com-
» merce avec des pays qui possèdent une grande population,
» dont la civilisation est très avancée, avec des avantages natu-
» rels de la plus grande importance.

» Deux savants accompagnent cette ambassade qui n'est pure-
» ment que pour favoriser le commerce et nullement dans des
» vues politiques, etc., etc., etc.

» Novembre 1821. »

L'ambition de la Compagnie anglaise n'a d'autre motif que de s'emparer de tout le commerce des côtes de l'Est de l'Asie et d'en exclure toute autre puissance européenne.

Les Siamois ont plus d'intérêt à lier des relations de commerce avec la France qu'avec l'Angleterre et la Hollande.

Les raisons qui du côté du gouvernement siamois détermineraient un traité de commerce ou du moins des relations commerciales avec la France, de préférence avec les autres puissances établies en Asie, seraient prises dans les avantages que la présence des Français procurerait à ce royaume, soit à raison de la concurrence qu'ils établiraient pour l'exportation des denrées du pays en général, soit encore en raison du débouché de certains produits que le commerce français pourrait employer et que les nations européennes qui font directement ou indirectement le commerce de Siam comme l'Angleterre et la Hollande n'exportent pas, si ce n'est à des prix très modiques. Ce ne seront certainement pas ni la Compagnie de Hollande, qui donneront de l'importance à la culture du poivre à Siam. Ces deux puissances sont au contraire intéressées à voir cette culture s'anéantir à Siam, puisqu'elles-mêmes sont propriétaires des pays qui fournissent cette denrée avec abondance. Il en est de même de plusieurs autres articles que ces puissances ont abondamment chez elles et qu'elles n'exploitent pas par ailleurs. Ainsi sous ces derniers rapports la présence des Français à Siam s'accorderait avec l'intérêt bien entendu de ce royaume.

Le souvenir de ce qui s'est anciennement passé entre ce peuple et la France n'est aujourd'hui qu'une vieille plaie cicatrisée dont le temps a fait disparaître jusqu'à la trace.

L'intérêt et le commerce font aujourd'hui toute la politique des puissances de l'univers, et là, où l'un ou l'autre de ces deux mobiles se montre tout le reste se tait et cède à ces deux considérations. La preuve en est que, dans les guerres de 1758 et 1778, les bâtiments français ont trouvé des vivres et rafraîchissements dans le port de Mergui qui leur fut ouvert.

L'Economie politique du Royaume de Siam gagnerait à ce que la France possédât des établissements dans ce royaume.

L'économie politique du royaume de Siam gagnerait encore sous un autre point de vue à la présence des Français par l'introduction dans ce pays de la culture de l'indigo, dont le succès ne pourrait être douteux d'autant que le royaume de Siam est un des pays du monde le plus propre à la culture de l'indigo, d'abord par la prodigieuse fertilité de son sol, qui est due à la couche épaisse de limon que dans ses débordements lents et périodiques y dépose le Menam qui traverse et inonde tous les bas pays.

D'un autre côté, par la quantité considérable des buffles apprivoisés et surtout des bœufs que le pays renferme et qui y sont si nombreux, qu'ils suffiraient pour labourer dix fois plus de terre que celle qui est en culture dans le royaume de Siam. La cause de cette étonnante quantité de bestiaux est en partie due à la vénération qu'ont les Siamois pour ces animaux et à leur croyance à la métempsycose qui les empêchent de manger rien de ce qui a vie. Aussi les bestiaux, qui d'ailleurs se reproduisent avec une étonnante facilité, n'y meurent pour autre cause que de vieillesse.

La population de Siam, occupée à la culture des terres, est comme toutes celles des pays habités de l'Inde, où il n'y a point de manufactures, beaucoup plus abondante que ne comportent les besoins de l'agriculture, ce qui laisse un grand nombre de bras inutiles et sans emploi. Ainsi, sous ce second rapport, l'occupation des établissements du Pégou et de Siam par des Français relevant, si l'on veut, des autorités de Chandernagor ou du Consulat de Calcutta, si ce dernier était établi, serait non seulement utile au commerce, mais encore à la marine française par le nombre de matelots qu'employaient les voyages de long cours et par les connaissances nautiques que ces voyages seuls peuvent procurer : considérations que leur importance doit faire passer par-dessus beaucoup d'autres.

La France, de son côté, sous les rapports politiques de ses droits et de ses possessions au Bengale, gagnerait à avoir des établissements au Pégou et à Siam.

Mais c'est surtout sous le point de vue politique, relativement au Bengale, que les établissements de Siam et du Pégou seraient utiles à la France. Leur importance est telle qu'elle devrait être un motif décisif pour déterminer l'abandon des Établissements français du Bengale, où la France, comme nation, est humiliée, et où son commerce est entravé. La seule objection qui pourrait être faite en opposition à cet abandon ne pourrait être fondée que sur l'espérance que la France peut un jour reprendre la jouissance de ses priviléges au Bengale, que la force seule lui a ravis, et que pour cet objet elle dut conserver ses Établissements, comme une pierre d'attente propre à réaliser ses espérances,

C'est particulièrement sous ce dernier rapport que les Français établis au Pégou et à Siam, pays rapprochés et limitrophes du Bengale pourraient bien plus avantageusement servir les intérêts et les espérances de la France, que ne le feraient les Français établis au Bengale, ou renfermés dans les cachots de Calcutta, ce qui ne manquerait pas d'arriver à la première nouvelle de rupture avec la France ou ses alliés. Vainement, pour éviter cette destinée, invoqueraient-ils le traité de paix de 1816. Ce traité, que les Anglais ont à plusieurs reprises violé dans un temps de paix, l'observeraient-ils dans celui où cette paix serait rompue ? Non ; le passé doit mettre en garde pour l'avenir.

LA COCHINCHINE.

Commerce de la Compagnie avec la Cochinchine.

Le commerce de la Cochinchine fut suivi par l'ancienne Compagnie, mais seulement jusqu'à la guerre de 1756. Les Français y jouirent d'une grande considération, mais ils n'y possédèrent jamais ni établissements, ni priviléges. Les marchandises que la Compagnie retirait de la Cochinchine étaient de la soie, du vernis, du thé commun, du bois d'aloès, de la cannelle fine. Elle apportait en échange, outre des piastres, une petite quantité de draps. Le commerce de la Cochinchine se faisait au moyen des petits bâtiments destinés au commerce des côtes, qui entreposaient les marchandises à Pondichéry. Le commerce de la Cochinchine, peu important pour la Compagnie, ne fut plus suivi depuis la guerre de 1756.

Un Établissement à la Cochinchine dans l'état actuel de choses ne serait plus que d'un mince intérêt. — Produits de ce pays. — Marchandises qu'on pourrait y apporter.

Un Établissement à la Cochinchine dans l'état actuel de choses, en supposant même qu'il fût concédé, ne pourrait pas être d'un grand avantage pour la France. La seule utilité que le commerce en retirerait, ce serait celle de s'y procurer les approvisionnements dont pourraient manquer les bâtiments qui vont en Chine, parce qu'on les trouve plus abondamment à la Cochinchine et à bien meilleur compte qu'à Macao ou à Manille. Dans ce cas, les bâtiments pourraient y charger de la soie, du vernis, du sucre, qui y est à meilleur compte que dans tout le reste de l'Asie, des dents d'éléphants, de l'écaille, du poivre, de la cannelle et des muscades. Les Français pourraient

y laisser en échange des draps dont les naturels font usage pour faire leurs longues robes et leurs bonnets; voir le rapport de M. le chevalier Fabre, qui y résidait en 1740 et années suivantes en qualité de provéditeur, et qui parlant des usages des Cochinchinois, s'exprime ainsi : « Les gens de qualité sont ordinaire-
» ment vêtus de soie ou de drap d'Europe, qu'ils estiment beau-
» coup plus que les autres étoffes; le rouge et le vert sont leurs
» couleurs favorites; ils portent les bonnets de même étoffe que
» la robe. »

Il est même à croire que les bâtiments français y trouveraient le débouché d'une partie de vins et eaux-de-vie (1), d'autant que les peuples de ce pays sont partie idolâtres, partie chrétiens, partie suivant les dogmes de Confucius, ces trois religions ne défendent pas l'usage des liqueurs spiritueuses, le peuple même y fait usage des liqueurs fortes, telles que l'arrac, et il s'enivre souvent (2).

Le vin ne sert pas seulement à la boisson de quelques chrétiens fortunés qui se trouvent à la Cochinchine et aux idolâtres de ce pays, mais il sert encore dans les cérémonies religieuses des Grands. Voici ce que raconte à ce sujet M. le chevalier Fabre :
« Pendant, dit-il, que j'étais dans le pays, le septième roi monta
» sur le trône. Le prince alla d'abord dans la Pagode des tom-
» beaux des rois, où il fit des sacrifices en l'honneur de tous les
» dieux du royaume et des génies de ses ancêtres; on égorgea
» des victimes de toute espèce, après quoi le roi, s'étant prosterné
» et ayant invoqué les esprits de ses ancêtres, les invita à venir
» se rafraîchir; après un temps convenable qu'on leur laissa pour
» manger, les vivants dînèrent à leur tour; il y avait des urnes
» de terre et de porcelaine remplies de vin, etc., etc., etc. »

Les rapports des navigateurs qui fréquentent actuellement la côte de l'Est et les îles voisines, assurent que les mœurs et les habitudes n'ont point changé, que le luxe, quoique fondé sur les anciens usages, y a beaucoup augmenté et qu'en raison inverse le commerce y est déchu de son ancien état; qu'il est fait aujourd'hui par les Chinois et les Cochinchinois qui sur des bâtiments

---

1. En effet, la maison Balguerie et Cie., de Bordeaux, qui envoie depuis quatre ans en Cochinchine, y a trouvé le débit d'une partie de ses vins que le roi de ce pays a achetés. [*Note du Ms.*]
2. D'Après. — *Instructions de la navigation des Indes orientales*, page 449. [*Note du Ms.*]

du pays portent les produits de ce royaume à Sumatra, Java, Manille et Macao, d'où ils rapportent les objets qui leur sont nécessaires. Mais tout ce qui vient d'être dit n'est pas suffisant pour déterminer un établissement dans le pays, pas même une agence, dans le sens où elle existait en 1740.

TONQUIN

Établissements de Tonquin. — Produits de ce royaume. — Objets dont la Compagnie y trouvait le débit. — Peu d'utilité dont seraient aujourd'hui ces établissements.

La Compagnie française avait des Établissements qu'elle n'occupa plus depuis la guerre de 1756. Le principal comptoir était à Néam, port sur la Châle, ville assez considérable et peuplée en partie de Chinois. Les objets que ce pays fournissait au commerce français étaient de la soie, du musc, de petites étoffes de soie qu'on fabrique en grande quantité en Chine, des bois de teinture et quelques drogues de médecine. Le commerce de Tonquin ne se faisait qu'en échange d'or ou d'argent.

Le commerce de Tonquin dans l'état actuel de choses et même dans toutes circonstances ne pourrait qu'être préjudiciable à la France.

BANTAM

Établissement de Bantam. — Sa situation. — Ses produits. — Causes de la perte de cet Établissement.

Outre les Établissements que la France possédait à la côte de l'Est, elle avait encore un comptoir très important sous le rapport du commerce des épiceries à la côte septentrionale. Bantam était le principal. Cette ville est située à 53 milles de Batavia. La sûreté et l'étendue de son port qui est envisagé comme un des plus beaux de l'Inde y avait attiré plusieurs nations d'Europe qui y possédaient des établissements, telles que la France, l'Angleterre et le Portugal. Bantam fournissait la majeure partie du poivre qui était exporté par ces puissances. Les Hollandais dont le principal Établissement était voisin de Bantam, se voyant traversés dans cette partie de commerce par les autres nations, profitèrent de la circonstance où deux d'entre elles étaient engagées dans la guerre de succession pour déclarer la guerre au roi de

Bantam et s'emparer de ses États, ce qui eut lieu vers l'an 1710. Depuis cette époque les étrangers ne furent admis à Bantam qu'avec la permission des Hollandais, qui comme on le pense ne l'accordaient point facileme nt

Aussi lorsqu'après la paix d'Utrecht, la France voulut reprendre son établissement de Bantam en fut-elle déçue. Cette circonstance détermina la Compagnie à faire l'acquisition de Mahé sur la côte de Malabar, d'où elle retirait depuis la partie du poivre que lui fournissait auparavant l'Établissement de Bantam.

On trouve dans le récit de M. Lebrun, envoyé de la Compagnie à Bantam des détails curieux sur ce pays. M. Lebrun fut introduit auprès du roi en 1706.

A ces établissements que la Compagnie forma dans les mers des Indes et qui dépendaient de l'administration du Bengale, on doit ajouter celui de Banderabassy sur le golfe Persique qui relevait aussi de Chandernagor. Mais avant d'en donner la description, il est à propos de mettre au jour les moyens préparés par le Gouvernement pour établir avec la Perse des relations commerciales et rendre profitables les établissements que la Compagnie pouvait former dans cet empire.

. . . .

Après avoir rendu justice à un laborieux historien, avoir épuisé avec trois ou quatre indications la liste des ouvrages généraux traitant des relations de l'Extrême Orient *avec l'Occident, nous passerons un examen rapide des ouvrages particuliers traitant le même sujet.*

Les Portugais *qui sont arrivés dès 1514 en Chine ont eu à leurs débuts des historiens comme* Barros, Castañheda, Faria y Sousa.

Ils ont dernièrement commencé, sous la direction de M. Biker, *une série de documents tirés des Archives du ministère des affaires étrangères de Lisbonne* (1). *Une foule de mémoires sur* Macao, *mais point*

1. Supplemento a Collecção dos Tratados, Convenções, Contratos e Actos publicos celebrados entre a Corôa de Portugal e as mais potencias desde 1640, coordenados pelo Visconde de Borges de Castro, e continuação por Julio Firmino Judice Biker. Tomo XV. *Lisboa, Imprensa nacional,* 1878, in-8.

Memoria sobre o Estabelecimento de Macau, escripta pelo Visconde de Santarem. — Abreviada Relação da Embaixada que el Rei d. João V mandou as imperador da China e Tartaria. — Relatorio de Francisco

d'ouvrages d'ensemble. Un Suédois (1) *a écrit en anglais une histoire des Portugais en Chine; il s'est servi de* Barros *et* Castañheda *pour les commencements de son ouvrage dont la fin laisse grandement à désirer.*

Pour l'Espagne, *en dehors de la littérature des missions, rien* (2).

Pour la Hollande, *dont les établissements en Asie furent si florissants au dix-septième siècle et dont la puissance qui devait disparaître devant celle des Anglais avait éclipsé celle des Portugais, il nous faut pénétrer dans cette masse énorme, extrêmement intéressante d'ailleurs, de relations de voyages dont* M. Tiele (3) *nous a donné une description si exacte et si savante, et qu'il serait nécessaire de coordonner dans une œuvre définitive.*

Les Russes *ne nous ont presque rien laissé, et c'est principalement par les récits d'étrangers attachés à leurs ambassades que nous connaissons leur histoire : le Moldo-Valaque,* Nicolas le Spathar (4), *le Suédois* Lange (5), *l'Anglais* John Bell (6), *l'Allemand* Adam

de Assis Pacheco de Sampaio a el-Rei d. José I dando conta dos successos da embaixada a que fôra mandado à côrte de Pekim no anno de 1752. Pubblicaçao feita por Julio Firmino Judice Biker..... *Lisboa, Imprensa national,* 1879, in-8.

1. Contribution to an historical sketch of the Portuguese Settlements in China, principally of Macao, of the Portuguese Envoys & Ambassadors to China, of the Roman Catholic Mission in China and of the Papal Legates to China. By A. L. [jungstedt] Knt. (One hundred Copies struck off for distribution). *Macao : China,* 1832, pet. in-8.

Nouvelle édition. *Boston ; James Munroe,* 1836, in-8.

2. Cf. *Bibliotheca Sinica,* col. 329 et seq.

3. Mémoire bibliographique sur les Journaux des Navigateurs néerlandais réimprimés dans les collections de De Bry et de Hulsius, et dans les collections hollandaises du XVII⁰ siècle, et sur les anciennes éditions hollandaises des Journaux de Navigateurs étrangers; la plupart en la possession de Frederik Muller à Amsterdam. Rédigé par P. A. Tiele.... *Amsterdam, Frederik Muller,* 1867, gr. in-8.

4. Relation curieuse de la Moscovie, de La Neuville. *La Haye,* 1699, pet. in-12. — Emile Legrand, Bibliothèque grecque vulgaire, III. *Paris, Maisonneuve,* 1881, in-8.

5. Journal de la Résidence du sieur Lange, agent de Sa Majesté Impériale de la Grande-Russie à la Cour de la Chine, dans les années 1721 et 1722. *Leyde,* 1726, in-8.

6. Travels from St. Petersburg in Russia to diverse parts of Asia,

Brand (1), *etc. Cependant nous avons vu que* Timkovski, *qui a écrit un récit de son ambassade* (2), *a laissé un ouvrage général sur les relations de son pays avec la Chine et on vient de publier en un volume le recueil des traités conclus entre les gouvernements Russe et Chinois de 1619 à 1792* (3). *Sans parler de* Muller (4) *et de* Coxe (5), MM. *de* Sabir (6), *en* France, *et* Ravenstein (7), *en* Angleterre, *nous ont raconté les agissements des Russes sur l'*Amour, *tandis que M.* Fr. v. Hellwald (8), *nous a donné le récit de leurs campagnes dans l'*Asie centrale.

L'histoire des Anglais *se trouve renfermée dans celle de leur* East-India Company, *sur laquelle il existe une immense littérature.* Mr. Montgomery Martin, *dans son ouvrage sur la Chine* (9),

In two volumes. By John Bell, of Antermony. *Glasgow : Printed for the Author by Robert and Andrew Foulis, Printers to the University.* M.DCC.LXIII, 2 vol. in-4.

1. Relation du Voyage de Mr. Evert Isbrand, Envoyé de Sa Majesté Czarienne à l'Empereur de la Chine en 1692, 93 et 94, par le Sieur Adam Brand ; avec une lettre sur l'état présent de la Moscovie. *Amsterdam. J. L. de Lorme*, 1699, in-8.

2. Voyage à Péking, à travers la Mongolie en 1820 et 1821, par M. G. Timkovski; traduit du russe par N***, revu par M. J. B. Eyriès ; publié, avec des corrections et des notes, par M. J. Klaproth. *Paris, Dondey Dupré,* 1827, 2 vol. in-8.

3. Recueil des traités conclus entre les gouvernements russe et chinois de 1619 à 1792, formé d'après les documents conservés aux Archives du Collége des Affaires Etrangères à Moscou, par Nicolas Bantyche Kamensky, de 1792 à 1803, publié à l'occasion du troisième centenaire de l'annexion de la Sibérie, par V. M. Florinsky, avec des notes de l'éditeur. *Kazan,* 1882, in-8 [en russe].

4. Sammlung Russischer Geschichte, von F. G. Muller.

5. Archdeacon William Coxe. Account of the Russian discoveries between Asia and America.... *London*, 1780, in-4.

6. Le Fleuve Amour, Histoire, Géographie, Ethnographie, par C. de Sabir, *Paris,* 1861, in-4.

7. The Russians on the Amur ; its Discovery, Conquest, and Colonisation. With a description of the Country, its inhabitants, productions, and commercial capabilities ; and Personal accounts of Russian Travellers. By E. G. Ravenstein. *London, Trübner,* 1861, in-8,

8. Die Russen in Centralasien von Friedrich von Hellwald. Neue Ausg. *Augsburg,* 1878, in-8.

9. China ; political, commercial, and social ; in an official Report to Her Majesty's Government. By R. Montgomery Martin.... *London, James Madden,* 1847, 2 vol. in-8.

a donné une esquisse intéressante des relations de son pays avec la Chine, relations qui remontent au temps de la reine Elisabeth. Le Record Office *a publié trois volumes de* Calendars of State Papers (1), *relatifs aux* Indes Orientales, *à la* Chine, *au* Japon, *etc., mais ils ne vont qu'à l'année 1624. On en attend la suite avec impatience.*

L'histoire des autres puissauees, beaucoup plus moderne, offre un nombre encore plus restreint de documents.

Quand nous avons commencé à réunir les matériaux nécessaires à notre histoire des relations de la France avec l'Extrême Orient, nous n'avons pas tardé à nous apercevoir que cette partie, si intéressante pourtant de l'histoire de nos relations d'Outre-Mer avait été singulièrement négligée ; que si certains points étaient suffisamment connus, l'ambassade du Chevalier de Chaumont *à* Siam, *par exemple, d'autres l'étaient inexactement, comme les négociations de l'évêque* d'Adran, *et d'autres enfin étaient à peu près ignorées : la fondation de notre* Consulat de Canton.

Il fallait donc, avant de songer à écrire notre ouvrage, en réunir les matériaux pour servir de pièces justificatives.

Nous avions en France trois dépôts principaux d'Archives à visiter : les Archives nationales, *les* Archives du Département de la Marine et des Colonies *et les* Archives du Département des Affaires étrangères.

Les Archives nationales *contiennent un grand nombre de pièces relatives aux pays de l'Extrême Orient. La plus grande partie de ces pièces, néanmoins, concerne l'histoire des missions et ne rentre pas dès lors dans le cadre de notre publication actuelle. Les autres ayant rapport à nos* Compagnies de Commerce, *seront intercalées dans les volumes de notre collection.*

Le dépôt des Archives de la Marine et des Colonies *est, à*

---

1. Calendar of State Papers, Colonial Series, EAST INDIES, CHINA and JAPAN. 1513-1616, 1617-1621, 1622-1624, preserved in Her Majesty's Public Record Office, and elsewhere. Edited by W. Noël Sainsbury, Esq.... *London, Longmans....* 1862, 1870, 1878, 3 vol. gr. in-8.

notre point de vue, de beaucoup le plus riche. Quoiqu'il ait été déjà exploré, il ne l'a pas été systématiquement. Si, pour l'histoire de l'Inde il a servi à produire différents ouvrages, notamment le Dupleix, *de* M. Bionne (1), *et celui de* M. Hamont (2), *pour l'Extrême Orient, je ne vois guère que l'article de la* Biographie universelle *sur l'Evêque d'Adran qui y ait été directement puisé.*

Nous avions été déjà autorisé, en 1877, à dresser aux Archives du Département des Affaires étrangères *un Catalogue de pièces relatives à la Chine. Nous fîmes le relevé de six volumes dont nous aurons l'occasion de parler à nouveau.*

Depuis lors, ce riche dépôt, trop longtemps fermé, a été ouvert aux travailleurs, grâce à un arrêté ministériel du 6 Avril 1880. Nous ne faisons ici que rendre justice à ceux qui ont été chargés de mettre à exécution les projets du ministre en disant qu'ils ont interprété l'arrêté avec une largeur de vues, un esprit libéral et un sens pratique qui leur fait le plus grand honneur. Il est impossible de trouver plus de bonne volonté, plus de désir d'encourager les études historiques que chez M. le Chef de la division des Archives ; qu'il nous soit permis de lui témoigner toute notre gratitude pour l'accueil si gracieux qu'il a bien voulu nous faire. Ajoutons que l'on ne saurait rencontrer plus de courtoisie et d'obligeance qu'à la salle des communications. On sent que tout le personnel de choix qui dirige le dépôt est animé du désir d'être utile à la science en favorisant les recherches des historiens.

On peut diviser les Documents relatifs à l'Extrême Orient conservés dans ce dépôt en deux groupes :

1°. Documents renfermés dans des cartons ;

Nous n'avons pas à nous occuper de ceux-ci en ce moment.

2°. Documents classés et reliés.

Nous diviserons ceux-ci en trois séries.

I

Six volumes *in-folio, reliés en veau plein brun, ayant pour titre général :* Indes Orientales, Chine, Cochinchine.

1. Dupleix... par Henry Bionne. Paris, Maurice Dreyfous, 1881, 2 vol. in-8.

2. Dupleix, d'après sa correspondance inédite, par Tibulle Hamont... Paris, Plon, 1881, in-8.

Ces volumes renferment des documents relatifs aux possessions françaises des Indes Orientales, à l'Ile de France *et quelques pièces sur la* Cochinchine (Evêque d'Adran). *Ces dernières pièces complètent un dossier volumineux dont la plus grande portion se trouve au Dépôt des Colonies. Il sera prochainement mis sous presse. Des pièces relatives à la* Chine, *le plus grand nombre concernent la* Compagnie des Indes Orientales *et le* Consulat de Canton.

Ce sont celles que nous publions aujourd'hui. Les autres intéressent l'histoire ecclésiastique de la Chine *et nous en avons déjà donné quelques fragments* (1). *Elles feront d'ailleurs partie, plus tard, d'une autre série de* Documents pour servir à l'histoire ecclésiastique de l'Extrême Orient, *qui aura pour complément un Dictionnaire bio-bibliographique des missionnaires dans* l'Indo-Chine, *la* Chine, *le* Japon, *etc.* : Asia Christiana Orientalis.

II

Trois volumes, *petit in-folio, reliés en chagrin vert plein, qui contiennent des Documents relatifs à l'histoire ecclésiastique de la Chine ; ces documents ne renferment rien de nouveau et nous ne les avons pas, par suite, publiés dans l'une ni dans l'autre de nos collections de documents ; en voici d'ailleurs le détail.*

I. Chine, 1556 a 1735. — *Cultes.*

Contient :

1. Note sur la prédication de l'Evangile de Jésus-Christ à la Chine. (2 pages, 1 feuillet).

2. Sur les difficultés et obstacles à la prédication de l'Evangile à la Chine vers la fin du seizième siècle et au commencement du dix-septième. (14 pages).

Une note au commencement indique que c'est un « Extrait de l'histoire de Dⁿ. Inigo de Guipuscoa, imprimée à La Haye en 1736. Liv. 5, p. 109. »

3. Portrait gravé du Cardinal de Tournon.

4. Sur les accusations contre les Jésuites au sujet du culte de Confucius, et des autres cérémonies de la Chine permises par des Religieux aux Chrétiens de cet Empire (505 pages chiffrées comprenant la première partie du travail).

Une note indique que ce travail a été fait dès 1735 par « N. L. Le Dran, premier commis des affaires étrangères et chef du dépôt de ce ministère. »

---

1. *Cf. Revue de l'Extrême Orient*, nᵒˢ 1, 2 et 3.

II. CHINE, 1711 A 1735. — *Cultes*. II.

Sur les accusations etc., *ut supra* (487 p. c. comprenant la seconde partie du travail), plus 1 feuillet contenant une note sur les Missions chrétiennes à la Chine.

III. CHINE, 1720. — *Relation*. III.

Giornale della Legazione di M. Carlo Mezzabarba Patriarca d'Alessandria in Cina (607 pages chiffrées).
Remis au dépôt des affaires étrangères en 1749. — Voir la *Bibliotheca Sinica*, col. 410.

III

Quatorze volumes in-folio, reliés en veau plein, ayant pour titre général : Indes Orientales. *La plupart des pièces contenues dans ce recueil sont relatives aux possessions françaices de l'Inde, dont nous n'avons pas à nous occuper.*

Un certain nombre cependant concernent la Chine, *le* Siam *et le* Pégou. *Elles trouveront naturellement place dans notre collection.*

*
* *

La collection que nous publions aujourd'hui renferme donc les documents relatifs à la Compagnie des Indes Orientales *et au* Consulat de Canton. *Ils s'étendent depuis le mois d'Octobre 1770 jusqu'au mois de Septembre 1814. On n'ignore pas que la* Compagnie des Indes Orientales, *créée en 1664, avait absorbé une* Compagnie de Commerce à la Chine, *fondée en 1660. Mais ce n'est qu'en 1698 que s'ouvrit le commerce de la* Chine *par suite de la cession du privilége de la* Compagnie des Indes Orientales *pour ce pays au sieur* Jourdan.

Une autre Compagnie de la Chine, *créée en 1713, ne fit aucun usage de son privilége. Ce n'est qu'en Mai 1719 que s'opéra la fusion des différentes Compagnies de Commerce sous le nom de* Compagnie des Indes.

Nous aurons donc à donner dans un autre volume les documents concernant les anciennes Compagnies et la Compagnie des Indes *depuis*

1719 jusqu'à 1770. Ces pièces se trouvent aux Archives nationales *et surtout aux* Colonies. *Quelques-unes ont été imprimées au dix-septième et au dix-huitième siècle.*

L'année dix-sept cent soixante-dix marque la suspension du privilège de la Compagnie des Indes Orientales. *Le* Comptoir de Canton *est, pendant les années suivantes, géré pour le Roi par l'ancien* Conseil de Direction *de la* Compagnie *dans cette ville.*

De même que le Roi avait érigé en Consulat le Comptoir que la Compagnie des Indes *avait à* Surate, *il érige, le 3 Février 1776, le* Comptoir de Canton *en un* Consulat, *dont le premier titulaire est le sieur* Vauquelin, *et dont le dernier gérant est M.* de Guignes, *fils de l'illustre Orientaliste.*

Naturellement les événements de la Révolution et de l'Empire n'étaient guère propices au développement des établissements d'Outre-Mer et nous verrons les pièces si nombreuses pour les années 1780-1790 diminuer jusqu'à ce qu'elles soient réduites à cinq pour l'année 1806, à sept pour 1807, à deux pour 1808, à une seule pour 1809, à une seule également pour 1810 ; rien pour les années suivantes, jusqu'au mois de Septembre 1814, où nous trouvons une pièce renfermant quelques notes sur le commerce de la France avec la Chine. *C'est avec cette dernière pièce que nous terminerons ces deux volumes. Avec le volume qui contiendra les pièces antérieures à 1770, nous formerons donc dans notre Collection une série de trois volumes pour la* Chine. La Cochinchine *ne demandera pas moins de deux volumes. Il faut compter un volume pour les Royaumes de* Pégou *et de* Siam. *En ajoutant à ces six volumes deux autres de supplément pour les pièces qui n'auraient pas trouvé place sous les titres précédents (*Japon, Malaisie, *etc.), cette collection comprendra donc huit volumes environ, dont les matériaux sont déjà accumulés en grande partie et dont l'impression pourrait être facilement terminée dans deux ans, si éditeur et imprimeurs voulaient bien y mettre autant d'énergie que nous.*

*
* *

Cet ensemble de documents permettra d'apprécier le rôle de la France *dans l'Extrême Orient, rôle que nous ferons ressortir d'ailleurs dans notre* Histoire générale. *Peu de nations ont eu autant d'occasions favorables que la France, peu de nations cependant en ont aussi peu profité.*

Ce sera, tantôt un ministre comme Constance *qui recherchera notre alliance à* Siam, *tantôt un guerrier comme* Dupleix *qui élévera un empire aussi gigantesque que peu durable ; ce sera l'*évêque d'Adran *qui nous ouvrira les portes de la* Cochinchine, *ce sera* Francis Garnier *qui, par un coup de main hardi, avec* 181 *hommes, nous donnera le* Tong-King.

Nous verrons mettre à néant, soit par l'incurie de ministres incapables, soit par indifférence de la mère patrie, soit par la crainte de l'étranger, tous les avantages que la politique, le génie, la propagande religieuse, le patriotisme nous avait forcés un moment d'accepter. Nous verrons comment nous avons laissé dépérir l'œuvre puissante d'hommes généreux et enthousiastes avec une légèreté que les évènements ne peuvent excuser. L'histoire se répète, et aujourd'hui qu'une politique vacillante, ignorante de la tradition, appuyée sur des documents incertains, menace de renouveler les errements anciens, nous croyons faire œuvre de bon citoyen en jetant un peu de lumière sur des faits trop peu connus du public.

Henri CORDIER.

Paris, 8 Août 1882.

LA

FRANCE EN CHINE

AU

DIX-HUITIÈME SIÈCLE

INDES ORIENTALES, CHINE, COCHINCHINE

VOL. I.

1660-1772, 96 pièces.

1-1. **Déclarations du Roy**, L'une, Portant établissement d'une Compagnie pour le Commerce des Indes Orientales. L'autre, en faveur des Officiers de son Conseil & Cours Souveraines intéressées en ladite Compagnie, & en celle des Indes Occidentales. Registrées en la Cour de Parlement le premier Septembre 1664. En la Chambre des Comptes le 11. dudit mois et an. Et en la Cour des Aydes le 22. ensuivant. A Paris, Par les Imprimeurs ordinaires du Roy. M. DC. LXIV. Avec privilège de Sa Majesté. Br. in-4, pp. 36 (1).

1. Pièce imprimée que nous indiquons simplement parce qu'elle est le point de départ de la collection et donne la date (1664) de la création de la Compagnie des Indes orientales; toutefois la première Compagnie française à privilège exclusif pour le commerce de l'Inde fut formée en 1604.
Il y a eu trois Compagnies de Chine :
1° En 1660, réunie à la Compagnie des Indes en 1664.
2° En 1697, tombée pendant la guerre pour la succession d'Espagne.

(1664)

2-2. Lettre de Messieurs des Missions étrangères au Pape, sur les idolatries et les superstitions chinoises. Br. in-4, pp. 99, s. l. n. d. *A la fin,* p. 99 : A Paris, ce 20 Avril 1700.

Pièce imprimée. — Voir notre *Bibliotheca Sinica,* col. 387.

3-3. Prière pour l'Église de la Chine. Br. in-4, pp. 33, s. l. n. d.

Indiquée *Bibliotheca Sinica,* col. 397.

3° En 1713, ne fait aucun usage de son privilège.

« En 1698, on voit s'ouvrir le commerce de la Chine. Le sieur Jourdan obtient de la Compagnie, avec beaucoup de peine, la permission d'y envoyer un vaisseau, à condition qu'il payeroit cinq pour cent du produit des retours. Il expédia un vaisseau qui partit en 1698, et qui revint en juillet 1700 avec une riche cargaison.....

Ce succès ayant encouragé le sieur Jourdan, il forme une compagnie pour le commerce de Chine, à laquelle la Compagnie des Indes céda cette partie de son privilège exclusif pour 25,000 livres, et à condition que la nouvelle compagnie ne pourrait commercer dans aucune autre partie de l'Inde, ni même relâcher dans ses comptoirs.

Cette dernière clause étoit bien dure, puisqu'elle imposait aux vaisseaux de la Compagnie de Chine, la nécessité de faire un voyage de huit à neuf mois sans aucune relâche dans aucun établissement national.....

C'est vers ce même temps que la Compagnie des Indes, qui depuis son origine n'avait fait aucun usage de son privilège exclusif au commerce de la mer du Sud, le céda à une compagnie qui s'engagea à ne faire aucun commerce dans les mers Orientales, ni à la Chine ni au Japon. » (*Mémoire sur la situation actuelle de la Compagnie des Indes* par M. l'abbé Morellet, 2ᵉ éd., Paris, Desaint, 1769, pp. 17-18.)

Nous donnons dans l'appendice le texte des articles et conditions convenus entre les directeurs de la Compagnie et le sieur Jourdan.

Au mois de mai 1719 s'opéra la réunion des compagnies d'Occident, de celle des Indes et de celle de la Chine sous le nom de *Compagnie des Indes* (*Ibid.*, p. 22). C'est de cette dernière compagnie dont il est parlé dans les dépêches au commencement de notre ouvrage.

(1700)

4-4. Discours de Notre Très-Saint Père le Pape Benoît XIV, sur la mort précieuse de Pierre Martyr, Religieux de l'Ordre de Saint Dominique. Traduit du latin en françois. A Paris, chez Babuty... [et] Quillau. M. DCC. XLVIII. Avec approbation et privilège du Roy. Br. in-4, pp. 23.

Pièce imprimée. — Voir *Bib. Sinica*, col. 576-577.

5. Nouvelles de la Chine, extraites de diverses Lettres écrites de ce Pais là sur la fin de l'an 1729, et au mois de Janvier 1730. Ms. de 22 p. in-4.

Cette pièce n'est pas numérotée.

6-59. Extrait de la Délibération du Conseil de Direction de Canton (1) du 17 Octobre 1770.

Ce jour, le Conseil s'est assemblé pour terminer l'affaire dont il a été question, dans l'assemblée tenue hier au soir, concernant la lettre de MM. Dumont, Trollier, de Vigny et Montigny du Timeur, dont ils ont demandé l'enregistrement.

Le Conseil, à l'exception de M. de Robien, ayant été d'avis de porter sur les Registres de Délibération la Lettre de M^{rs}. Dumont et autres ; il a été arrêté qu'elle seroit transcrite à la suite de cette Délibération dans tout son contenu et leur a écrit à ce sujet la Lettre cy-après :

1. Les affaires de la Compagnie royale des Indes Orientales étaient gérées à Canton par un conseil de direction composé en 1770 de MM. Thimotée, de Robien et Clouët. La Compagnie avait été longtemps sans avoir de comptoir sédentaire à Canton ; chaque expédition conduisait en Chine et ramenait en France les subrécargues et autres employés nécessaires. Voir Morellet, *l. c.*, p. 202.

(1748-1770)

Copie de la Lettre de M^rs. Dumont, Trollier, Vigny et de Montigny du Timeur, du 16. Octobre. 1770.

Messieurs,

« Le marchand chinois Tan-ankoa (par défaut de
» connoissances des usages européens), n'ayant pû se
» persuader (que vous qui composez actuellement le
» Conseil de Direction pour la Compagnie des Indes
» de France à Canton, êtes les seuls chargés de ter-
» miner et diriger toutes les affaires généralement quel-
» conques, qui peuvent la concerner) exige que le Billet
» que vous lui avez consenti au nom de la Compagnie,
» en renouvellement de celui du Conseil en date du
» cinq Janvier de cette année, soit signé de nous, en
» forme de cautionnement.

» Nous (quoique nous regardant, et n'étant que des
» particuliers dans ce Païs, et conséquemment incom-
» pétents) pour le bien de la chose, et empêcher les
» évènements désagréables que pourroient occasionner
» les poursuites du marchand Tan-ankoa, et par une
» suite de notre attachement aux intérêts de la Com-
» pagnie, voulons bien consentir à lui donner dans la
» forme suivante la satisfaction qu'il désire :

    » Sur les demandes vives que le marchand
    » Tan-ankoa (par défaut de connoissances des
    » coutumes Européennes) nous a fait de signer
    » le présent Billet, Nous soussignés, pour mettre
    » fin à une affaire qui devenoit de jour en jour
    » plus sérieuse, et empêcher que la Nation ne
    » fut troublée tant dans son honneur que dans
    » son commerce, avons consenti à signer comme

» caution le présent, bien persuadés que la
» Compagnie, ou telle autre personne qui
» viendra commercer dans ce païs feront hon-
» neur à cette dette au moment de son échéance.
» Signé : Dumont, Trollier, Vigny, Montigny
» du Timeur.

» Nous vous prions, Messieurs, de vouloir bien
» inscrire sur votre Registre des Délibérations cette
» Lettre dans tout son contenu.

» Nous avons l'honneur d'être, etc. Signé : Dumont,
» Trollier, Vigny, de Montigny du Timeur. »

Lettre du Conseil à M$^{rs.}$ Dumont, Trollier, Vigny et Montigny du Timeur, en réponse à la leur du 16 du courant.

A Canton, le 17 Octobre 1770.

Messieurs,

Nous avons reçu la Lettre que vous nous avez fait l'honneur de nous écrire le 16 du courant, par laquelle vous nous faites part que le marchand chinois Tanankoa (par défaut de connoissance des usages européens) a exigé que le Billet que nous lui avons consenti au nom de la Compagnie en renouvellement de celui du Conseil en date du 5 Janvier de cette année, soit signé de vous en forme de cautionnement.

Sur la demande que vous nous faites, Messieurs, d'insérer votre Lettre dans le Registre de Délibération, nous n'avons pas crû devoir nous y refuser; et nous vous prévenons qu'elle y a été transcrite dans tout son contenu. Nous avons l'honneur d'être très parfaitement, etc. Signé Thimotée, Clouët et Costar.

Vu par Nous, Directeurs de la Compagnie des Indes, les dits jour et an.	Pour Extrait conforme au Registre des Délibérations du Conseil de Direction de Canton, déposé au Bureau de l'Inde.
STE-CATHERINE DERABEC DE MÉRY-DARCY (1).	A Paris, ce 9 Mars 1779. DOREZ.

7-69. Copie de la Lettre de la Compagnie des Indes, écrite à MM. de Montigny du Timeur et Vigny, le 5 Août 1771.

Nous avons reçû, Messieurs, la Lettre que vous avez écrite à la Compagnie le 28 du mois dernier, ainsi que celle de Canton, le 15 Janvier de la présente année, conjointement avec MM. Dumont et Trollier.

Pour le moment, nous ne pouvons rien vous dire de positif sur les arrangements qui seront pris au sujet de la dette de la Compagnie, dont vous avez bien voulu être caution. Ce dont vous devez être assurés, Messieurs, c'est que l'Administration mettra cet objet sous les yeux du Ministre, et qu'elle appuyera fortement sur la nécessité de remplir un engagement aussi sacré : nous sentons trop bien les conséquences qui résulteroient du non payement de cette dette (indépendâment du

---

1. Il y avait en 1770 cinq directeurs de la Compagnie des Indes : *De Rabec* et *De Méry d'Arcy*, anciens employés de la compagnie, l'un comme commis au Bengale, l'autre comme subrécargue; *Le Moine* et *Risteau*, négociants de Rouen et de Bordeaux; *de Sainte-Catherine*; on n'avait pu s'entendre en 1769 sur le choix du sixième directeur, les préférences se partageant entre M. *Mabille*, conseiller au Conseil souverain de l'Ile de France, et M. *de Mondion*, commissaire de la marine du Roi.

(1770-1771)

préjudice qu'il vous causeroit) pour ne pas donner toute notre attention à un objet aussi important.

Nous sommes, etc.

    Signé : De Méry-Darcy et Lemoyne.

Vu par Nous, Directeurs de la Compagnie des Indes, les dits jour et an.	Pour copie conforme au Registre déposé au Bureau de l'Inde.
Ste-Catherine Derabec	A Paris, ce 9 Mars 1779.
De Méry-Darcy.	Dorez.

8-88. *Lettre à Monseigneur de Boynes, Ministre de la Marine à la Cour, en France.*

Monseigneur,

Nous profitons de la première occasion qui se présente du départ d'un $V^{au.}$ anglais pour avoir l'honneur de vous accuser la réception de vos ordres en date du 6 $X^{bre.}$ 1771. Ils nous sont parvenus par le $V^{au.}$ le *Duc de Penthièvre*, arrivé en Chine le 25 aoust, et les $V^{aux.}$ le *Massiac*, et le *Duc de Duras*, arrivés le 15 et 16 de septembre dernier. Nous nous y sommes conformés, Monseigneur, dans tous les points ainsi que nous ne manquerons pas de vous en faire le détail par ces vaisseaux.

Nous prenons la liberté pour ce moment de nous borner aux points essentiels.

$M^{r.}$ Thimotée a pris la Direction le sept septembre quelques jours après son arrivée de Macao.

Les dettes de la Nation dans cette place ont été entièrement éteintes le vingt-deux du même mois de septembre.

Après tous les frais du Comptoir, et nos appointements payés il se trouvera en caisse le 31 décembre

(1771-1772)

1772 environ trois mille huit cent, et quelques piastres pour le courant de l'année 1773.

Le commerce des trois V^{aux.} le *Duc de Penthièvre,* le *Massiac,* et le *Duc de Duras* s'exploite dans le hang de la Comp^{ie.} à leurs frais ; il y joint des vieux meubles, et ustensiles de commerce du Comptoir en conformité de vos ordres, et jusqu'ici la paix et l'harmonie paroissent avoir dicté la conduite de Messieurs de l'État major, et Équipage de ces Vaisseaux.

Il y a eu, Monseigneur, dans cette Rade cette année treize vaisseaux anglois d'Europe, deux de Bengale, un de Bombaye, trois hollandois — le quatrième ayant péri à l'atterage de la côte de Chine, il a été remplacé par un petit vaisseau portugais acheté à Macao — deux suédois, deux danois, une frégate portuguaise d'Europe, et les trois vaisseaux françois.

Nous sommes avec respect,
Monseigneur,
Vos très humbles et très obéissants serviteurs,

THIMOTÉE,
DE ROBIEN,
CLOUET.

A Canton, le 20 9bre. 1772.

9-94 *Lettre à Monseigneur de Boynes.*

MONSEIGNEUR,

En conséquence des ordres que vous nous avez donné par votre lettre en date du 6 X^{bre.} 1771, nous avons l'honneur de vous adresser par cette seconde quelques réflections sur la position des Nations européennes en Chine, et particulièrement celle de la nation française, réflections succinctes vû les circonstances que nous avons déjà eu l'honneur de vous mettre sous les yeux et que nous espérons que vous voudrez bien prendre en considération.

Les Nations européennes établies dans l'Empire de la Chine jouissent de cet avantage plutôt à titre de faveur qu'à titre de droit réel, elles n'ont aucune permission expresse du gouvernement qui constate leur résidence, qui assure leurs droits. Elles ne sont comptées que comme des Etrangers que la loi tollere, et auxquels elle n'accorde que très peu ou pour mieux dire aucune portion ; elles n'ont aucun droit réel à la justice distributive, asservies aux lois générales, si elles ne troublent pas l'économie la tranquilité est leur partage, mais si quelque malheur inopiné heurte, nous ne disons pas les Loix fondamentales, mais les usages, ou la coutume, c'est alors que les loix déployent toute leur rigueur et qu'elles payent cher un instant de repos; resserré dans les limites les plus étroites, comment faire valoir sa cause, réduit à traiter avec un petit nombre de négocians (1)

---

1. *Les hanistes.* — On n'ignore pas que l'empereur de la Chine accordait le privilège exclusif de commercer avec les Européens à un certain nombre de marchands qui répondaient au chef de la douane chinoise de tous les individus arrivés en Chine. L'assemblée de ces douze marchands dits *hanistes* en français, *hong merchants* par les Anglais, présidée par le chef de douane [*Hou-Pou*] se nommait *Co-hang*.

Félix Renouard de Sainte-Croix, qui voyageait au commencement de ce siècle, nous a conservé les noms des douze marchands de cette époque :

« 1ᵉʳ PANQUEKOIS : mandarin à bouton bleu foncé, il ne fait plus comment élever la voix, soit pour se défendre, soit pour réclamenser la justice ; pour parvenir à se faire entendre des Tribunaux, il faut se servir du Chef de l'ancienne Compagnie Chinoise, d'interprètes qui malheureusement ne sont que trop souvent des avocats vendu au despotisme et qui pour le plus léger intérêt déguisent, et trahissent la vérité.

Les Européens ont un lieu marqué pour leur résidence qu'ils ne peuvent excéder sans une permission expresse d'affaires ; mais il a toujours deux parts dans celles de la compagnie anglaise.

2° Maukois : idem, part dans la compagnie anglaise.
3° Conséquois : idem, c'est un des meilleurs.
4° Nouyqua : mandarin à bouton de cristal.
5° Ponqua : mandarin à bouton bleu clair ; fait beaucoup d'affaires, dans ce moment surtout, avec les Américains.
6° Leyqua : mandarin à bouton de cristal de roche.
7° Cheonqua : idem.
8° Honqua : idem.
9° Puanqua : idem.
10° Manhop : mandarin à bouton d'or ; il était autrefois soldat de mandarin.
11° Lokqua : mandarin à bouton d'or.
12° Mansching : idem.

Après avoir donné les noms des hanistes, je dois vous parler de la manière de traiter avec eux.

Lorsqu'il arrive un bâtiment d'une compagnie, les hanistes en préviennent le chef de la douane, et en répondent tour à tour ; ils s'accordent entre eux pour le chargement, d'après les demandes faites en général par le chef de la compagnie, ils se partagent ensuite les profits, à raison des marchandises qu'ils ont fournies. Le haniste qui s'est engagé pour le navire, est responsable de tout ce qui peut se faire de contraire aux lois chinoises.

On leur fait souvent payer des sommes considérables pour la moindre infraction ; et quelquefois leur tête est menacée. C'est ce qui est arrivé au haniste *Maukois* pour le *Neptune*, vaisseau

(1772)

du gouvernement. Les extortions pécuniaires surpassent toute croyance; un Européen ne peut faire un pas que l'argent à la main. Les Chinois au service des Nations payent des contributions exorbitantes pour avoir le droit de remplir leur devoir; toutes ces vexations sont revetues d'une formalité qui met le concussionnaire à l'abri de la justice dans le cas où l'on pourroit y prétendre; nous n'aurions pas la témérité de nous avancer aussi loin si nous n'avions

de la compagnie anglaise. » (*Voyage commercial et politique aux Indes Orientales*, Paris, 1810, t. III, pp. 100-101.)

Le nombre de ces marchands a varié suivant les époques; il était de dix en 1777, de douze en 1793, de quatorze en 1808 et de treize en avril 1834, époque à laquelle finit le monopole de l'East-India Company. « We remark, that as early as 1702, an attempt was made to restrict the trade to one person, on the part of the Chinese, to be called the « emperor's merchant ». It was found, in the course of a year or two after, that this individual had no money or means of trade, and that he followed a sort of dog-in-the-manger policy, not being able to trade himself nor willing to permit the trade of others. The English determined not to advance money, and the imperial merchant, was obliged to permit the trade of other merchants, on paying over to him 5,000 taels for each ship. These others showed an equal disposition to trade on their own account. The foreigners resisted this, and the consequence was that in 1720 the merchants resolved themselves into the « Co-Hong ». The foreigners still resisted the monopoly, and petitioned the viceroy, who undertook to abolish the Co-Hong; but it continued in existence, notwithstanding the continued protests of the foreign merchants, until it was *nominally* dissolved in 1771, by the efforts of the head merchant Pankequa, who asserted that it cost him 30,000 l. which sum the Company's supercargoes repaid to him. We say *nominally* dissolved, for in 1777 we find an imperial edict declaring that the business of foreigners must be done with the *ten* Hong merchants and the system of « security merchants », with variations, continued to 1843.» (R. B. Forbes, *Remarks on China and the China trade*, pp. 36-37.)

(1772)

des preuves au soutien. M^rs. de Robien et Clouët composant le conseil pendant l'hivernage, sentant la nécessité absolue d'apporter l'économie la plus scrupuleuse dans les dépenses, ont malgré toutes les précautions qu'ils ont prises excédé de beaucoup la somme accordée par Sa Majesté pour l'entretien de ce Comptoir : les états détaillés et circonstanciés que nous envoyons à la Compagnie font foi de ce que nous avons l'honneur de vous dire ; M. de Robien a cru devoir sacrifier ses intérêts particuliers au bien général il ne s'est réservé aucun recours que la voie des représentations ; c'est à vous, Monseigneur, de juger de leur justice. Pardonnez nous cette digression : nous la croyons analogue au sujet que nous traitons dans ce moment.

Si quelque affaire inopinée survient, la Nation est prise à parti; à peine a-t-elle le droit de défence, il faut qu'elle satisfasse, nous ne disons pas à ce que la justice exige, mais au caprice du juge : cessation de commerce, fourniture de vivres, et même subsistance interrompue, il faut à force d'argent racheter le droit d'existence.

Pour donner une idée complète des vexations auxquelles les Européens sont assujetis il faudrait des commentaires, un officier qui refusera de se laisser rançonner, un Particulier vexé d'une manière odieuse dans son commerce qui réclame la justice, voila une petite partie des motifs qui troublent la tranquilité d'une Nation, qui met des entraves à ses opérations, des frais exagérés, des impots arbitraires, des retards dans la délivrance des passeports, voila ce qui révolte, et révolteroit bien plus si leur continuité n'en avoit pas fait une espèce d'habitude.

(1772)

Voila Monseigneur, une partie des inconvénients auxquels toutes les Nations Européennes sont sujettes, foibles et puissantes. La Nation française les a partagés pendant l'existence de la Compagnie, mais nous ne pouvons vous dissimuler, Monseigneur, qu'après la cessation du commerce de cette Compagnie accréditée vis à vis des Chinois, et qui, pendant le cours de deux années n'avoit pas satisfait à une dette ruineuse tant par les intérêts que par la perte du crédit quelle entraine nécessairement, les difficultés ont augmenté à son égard. Les Chinois qui, pendant l'existence de la Compagnie, étoient assurés d'un commerce stable, ménagoient la nation par intérêt, dans la circonstance présente ils s'éloignent, et où il n'étoit besoin que d'un espoir de commerce, il faut présentement certitude pour en obtenir une apparence de considération.

Nous sommes avec respect,
Monseigneur,
Vos très humbles et très obéissants serviteurs,

THIMOTÉE,
DE ROBIEN,
CLOUET.

A Canton, le 31 X^{bre}. 1772.

10-95. *Lettre à Monseigneur de Boynes.*

MONSEIGNEUR,

Nous avons reçu les trois lettres que vous nous avez fait l'honneur de nous écrire le 6 X^{bre}. 1771, par les V^{aux}. le *Penthièvre,* le *Duras,* et le *Massiac;* nous avons communiqué vos ordres à M. Thimotée

11-96. La Compagnie des Indes s/c. *courant tant au Passif qu'à l'Actif a*
et Clouët, *le h*

DOIT

	PIASTRES	
PASSIF		
Pour Dépôt fait par le Cong-hang en 1765 et 1766 à la Caisse de ce Comptoir pour l'exécution des gravures représentant *les Victoires de l'Empereur de la Chine* (1) 20000 Taels faisant la piastre à 7^m 1^c 8 caches, au Passif...	27855	2/16
ACTIF		
Pour ce qui s'est trouvé ce jour 8 7bre 1772 en caisse en espèces des fonds réservés par le Conseil pour la subsistance et le maintien du Comptoir depuis l'arrêté du Compte du 31 X^bre 1771.................................	802	9/16
Pour les fonds chargés à Cadiz sur le V^au le *Duc de Duras*, par ordre de Mgr. Le Controleur Général à la consignation du Conseil pour la liquidation des dettes de la Compagnie des Indes dans cette place...................	56400	»
Pour les fonds chargés à Cadiz par ordre de Mgr de Boynes, Ministre de la Marine, sur le V^au le *Duc de Duras* à la Consignation du Conseil pour le maintien du Comptoir pendant le courant de deux années...................	8000	»
Pour la lettre de change de M. Thimotée à la Consignation du Conseil qu'il a payée ce jour 5 décembre 1772.	6000	»
Piastres cy.............	99057	11/16

Nous, Soussignés, composant le Conseil de Direction de Canton certifion la somme de quatre-vingt-dix-neuf mille cinquante-sept Piastres onze seizièm de trois mille huit cent Piastres deux seizièmes à l'Actif du présent Compt vingt-quinze Piastres huit seizièmes. Fait septuple à Canton, le 31 X^bre 1772

1. Voir note page 16.

ONSEIL DE DIRECTION DE CANTON *composé de* MM. THIMOTÉE, DE ROBIEN,
mbre *1772*.

AVOIR
PASSIF
PIASTRES

Par les avances faites par le Conseil en 1766 à Don Remigio de Laguna, sur le bois de sibomar, qu'il devoit apporter des Manilles suivant son Billet en date du 7 8bre 1766 cy.................................... 4000 »

Par les frais remboursés à M. Patcheco pr le compte de M. Remigio de Laguna suivant son Billet en date du 25 9bre 1768.... 47 8/16

Par l'Inventaire des Meubles du Comptoir suivant l'État en date du 15 Xbre de 1900 Taels, la piastre à 7m 4c cy.......... 2567 9/16

Par l'Inventaire des Effets de Marine en magasin suivant l'État en date du 15 Xbre de 255 taels, la piastre à 7m 4c 344 9/16

Par la solde et balance du présent compte au Passif cy................... 20895 8/16   27855 2/16

ACTIF

Pour le Payement fait aux divers Créanciers de la Compagnie des Indes le 22 7bre, 14 8bre et 15 du même mois de cette année, pour solde totale et générale de toutes ses dettes dans cette place suivant l'État du 15 Xbre 1772 cy......... 65959 12/

Par le Payement de la subsistance et appointements des Employés du Comptoir suivant l'État en date du 15 Xbre 1772 cy.. 1442 11/16

Par ce qu'il reste ce jour en Caisse pour le maintien et la subsistance des Employés du Comptoir à commencer du 1er janvier 1773 et pr solde à l'Actif.................... 3800 2/16

Piastres cy............ 99057 11/16

ent Compte-Courant véritable dont le Débit et le Crédit montent chacun à
lequel il appert que la Compagnie des Indes est Créancière de la somme
itrice au Passif pour solde de la somme de vingt mille huit cent quatre-

THIMOTÉE.
DE ROBIEN,
CLOUËT.

qui sensible aux bontés dont Sa Majesté l'a honoré a accepté la place qu'elle lui a confié. Le mauvais état de la santé de M. Thimotée ne lui ayant pas permis de s'occuper essentiellement des affaires de ce comp-

1. Note. — Il s'agit ici de la fameuse suite d'Estampes que nous avons décrite col. 265-266 de notre *Bibliotheca Sinica* :
Conquêtes de Kien long. Suite des Seize Estampes représentant les Conquêtes de l'Empereur de la Chine, avec leur Explication.
« L'année 30me de son Règne l'Empereur de la Chine Kien-Long, donna un Décret daté du 13 Juillet 1765, par lequel il ordonna qu'il seroit envoyé en France seize Dessins, des Victoires qu'il avoit remportées dans le Royaume de Chanagar et dans les Pays Mahométans voisins, pour être gravés par les plus Célèbres Artistes. Ce Décret fut accompagné d'une Lettre de recommandation du Frère Joseph Castilhoni datée aussi de Pékin le 13 Juillet 1765, et adressée au Directeur des Arts, avec les quatre premiers Dessins : le tout fut remis à Mr. le Mis. de Marigny alors Directeur de l'Académie Royale de Peinture par Mr. de Mery d'Arcy le 31 X^{bre} 1766. les autres Dessins arriverent l'Année suivante. La Direction générale de ces Gravures fut confiée à M. Cochin Secrétaire-Historiographe de l'Académie qui employa à leur exécution huit Graveurs des plus connus en ce genre. Cet Ouvrage ne fut entièrement terminé qu'en 1774. et les Planches avec cent Exemplaires qu'on en tira, furent envoyés à la Chine, il n'en fut réservé qu'un très-petit nombre pour la Famille Royale et la Bibliothèque du Roi, ce qui a rendu cette suitte de la plus grande rareté. Ces Estampes portent 2. Pieds 9. Pouces de longueur sur 1. Pied 7 Pouces de hauteur : elles furent imprimées pour l'Empereur de la Chine et pour le Roi, sur du Papier fabriqué exprès : nommé Grand Louvois ayant 3. Pieds 4. Pouces 1/2. de longueur sur 2. Pieds 6. Pouces 1/2 de hauteur. » (Extrait de la notice publiée par Helman avec la suite d'estampes gravées par lui ; *vide infra*.)
Ces estampes gravées sous la direction de C. N. Cochin fils avaient pour dessinateurs les missionnaires suivants : 1. Jean Denis Attiret, S. J ; 2. Jean Damascene, Augustin déchaussé ; 3. Joseph Castilhoni, S. J., 1765 ; 4. N. — 5. J. Castilhoni, 1765 ; 6. J. Damascene ; 7. Le même, 1765 ; 8. Ignace Sichelbarth, S. J., 1765 ; 9. N. — ; 10. N. — ; 11. J. Damascene ; 12. Le

(1772)

toir il s'en est déchargé sur M. de Robien qui dans cette circonstance se trouve conjointement avec M. Hay chargé de l'exploitation du commerce des vaisseaux le *Duras* et le *Massiac* et de leur expédition pour France.

même ; 13. Le même ; 14. J. D. Attiret, 1764 ; 15. Le même, 1763 ; 16. N. —.

Les graveurs étaient :

1. L. J. Masquelier ; 2. J. Aliamet ; 3. J. P. Le Bas 1771 ; 4. Augustin de St Aubin, 1773 ; 5. Le Bas, 1769 ; 6. Franc. Denis Née, 1772 ; 7. A. de St Aubin, 1770 ; 8. B. L. Prevost 1769 ; 9. Le Bas, 1770 ; 10. Prevost 1774 ; 11. P. P. Choffard, 1772 ; 12. N. de Launay, 1772 ; 13. Choffard ; 14. Le Bas, 1774 ; 15. Aliamet ; 16. Le Bas, 1770.

On trouvera au Cabinet des Estampes de la Bib. nat. un ex. magnifique de cette suite (O_9^e) ; il est relié aux armes de France avec les *Batailles de Pierre le Grand*, en 4 pièces.

Dans l'œuvre de Cochin, j'ai vu une eau-forte de l'estampe 13 de Choffard.

Outre l'exemp. cité, on trouvera également à la Bib. nat., dans l'œuvre de Le Bas et des autres graveurs, les planches qui leur sont dues.

Brunet dit en parlant de cette suite (V. col. 1178) :

« Suite devenue rare, parce que les pl. ont été envoyées à la Chine, après que l'on en eut tiré quelques épreuves. Vend. bel exemp. *mar. r. tab.* avec un vol. in-4, d'explications ms. 476 fr. Hue de Miroménil ; et en feuilles 176 fr. de Cotte ; 145 fr. Tolosan.

La copie de ces gravures exécutées dans un moins grand format par Helman, en 1785, a peu de valeur. Un exempl. relié (23 fr. Busche) avec une brochure intitulée :

« Précis historique de la guerre dont les principaux événements sont représentés dans les 16 estampes gravées à Paris pour l'empereur de la Chine, sur les dessins que ce prince a fait faire à Pékin. Paris, 1791, in-4. »

La réduction de ces 16 estampes faites par Helman, graveur du Duc de Chartres, et élève de Le Bas, est d'une exécution bien inférieure ; elle a été publiée en 4 livraisons de 4 Pl. chacune ; Helman a fait graver au bas de ses Planches, les titres et les expli-

Ces deux points capitaux réunis demandant chacun en particulier l'étude d'une seule personne il ne nous est pas possible, Monseigneur, de satisfaire aussi amplement que nous en avons toute la bonne volonté à vos demandes, nous osons espérer que vous voudrez bien prendre en considération cette position critique et ne pas imputer à négligence ce en quoi nous n'aurons pas rempli vos ordres aussi exactement que nous le désirons.

Nous avons cru, Monseigneur, devoir interpréter l'article de la lettre que vous nous avez fait l'honneur de nous écrire en faveur du commerce, en nous livrant entièrement à tout ce qui pouvoit lui procurer des satisfactions, et nous nous en sommes tellement occupés après avoir éteint toutes les dettes de la Compagnie dans cette place ainsi que vous en jugerez par le tableau cy-inclus de la situation actuelle du comptoir, que nous nous bornerons pour ce moment dans

---

cations tels qu'ils étaient écrits en manuscrit au bas de chaque Estampe, dans les Appartements du Roi.

Les grandes Pl. de Cochin n'ont pas ces explications et on y supplée, en collant au bas, des titres qui ont été gravés en petits carrés par Helman pour former la table générale qui sert de frontispice à sa suite.

— Parlant de la Bibliothèque de la famille *Fan* à Ningpo, le Dr. Macgowan écrit (*Journ. of the N. C. B. R. Asiatic Soc.*, No. II, May 1859, p. 173) :

« The family was induced to open the building, by Sir J. Bowring, a few years ago. On that occasion they displayed with much pride some engravings about which there are various exaggerated rumours. Those prized sheets are said to be masterpieces of Chinese art, equalling anything which foreigners exhibit. The praise was not wholly unmerited ; but a scarcely perceptible inscription, in one corner, showed the sheets to be a gift from Louis XVI, to Kienlung, for whom they were engraved to illustrate the campaign against the Kalmucks in 1756. »

(1772)

notre seconde lettre à quelques réflections succinctes sur la position en général des Nations européennes en Chine et particulièrement sur celle de la Nation française, réflections susceptibles d'une étendue beaucoup plus considérable mais exigeant un loisir que la fin d'une expédition ne donne pas.

Le peu de tems que le tumulte des affaires laisse à M. de Robien dans ce moment ne lui permettant pas de multiplier les pièces au soutien de l'administration des affaires de ce comptoir nous ne les envoyons qu'à la Compagnie, nous bornant à ne vous en remettre sous les yeux que l'esprit, bien persuadés que MM. les Directeurs prenant en considération la position où nous nous trouvons ils ne manqueront pas de vous les faire connaître suivant vos ordres.

Il n'y a eu cette année dans cette Rade que treize vaisseaux anglois d'Europe, 2 de Bengale et 2 de Bombaye, 2 suédois, 2 danois, 1 frégate portugaise de Lisbonne et 3 hollandois, le quatrième a péri à la côte et a été remplacé par un petit vaisseau dont le conseil hollandois a fait l'emplette à Macao.

En conséquence des ordres que vous nous avez donné nous avons procuré aux personnes préposées par les armateurs des V^{aux}. le *Penthièvre,* le *Duras* et le *Massiac* pour gérer leur expédition, tous les meubles et ustensiles de commerce de la Compagnie ; les états majors des trois vaisseaux ont été logés dans le hang de la Compagnie, et le loyer ainsi que les réparations faites pour l'entretien de la maison ont été payés par le commerce proportionnellement. M. de Robien nous ayant informé par sa lettre du 12 de ce mois au Conseil qu'il avoit des ordres positifs d'entamer après le départ des vaisseaux de cette expédi-

(1772)

tion des opérations de commerce pour les vaisseaux qu'il attend l'année prochaine, sur la proposition qu'il nous a fait d'assurer au propriétaire du hang français le loyer pour l'année 1773, nous avons cru devoir lui en abandonner la jouissance en réservant au Conseil les appartements nécessaires au maintien du Comptoir ; sa demande nous a paru d'autant plus juste que tous les événements sont à ses risques ; nous avons cru entrer dans l'esprit des ordres qu'il vous a plu de nous donner en déchargeant Sa Majesté d'un loyer que des circonstances imprévues peuvent rendre onéreux au Comptoir.

Le bon ordre établi parmi les équipages françois tant dans la rade que sur l'Isle de Wampou par M[r]. Dordelin commandant, très bien secondé par M[rs]. Caro et Villepirault a fait régner la plus parfaite tranquilité tant vis-à-vis du gouvernement chinois que vis-à-vis des Nations Européennes.

Nous sommes avec respect,
  Monseigneur,
Vos très humbles et très obéissants serviteurs,

      THIMOTÉE,
      DE ROBIEN,
      CLOUET.

A Canton, le 31 X[bre]. 1772.

(1772)

INDES ORIENTALES, CHINE, COCHINCHINE

VOL. II.

1773-1781, 153 pièces.

12-4. *Lettre à Monseigneur de Boynes.*

Canton, le 20 9bre. 1773.

1^a. Via par le V^{au}. anglois, le *Duke de Kinston*.

MONSEIGNEUR,

Les premiers Vaisseaux anglois qui partent pour Europe nous procurent l'honneur de vous annoncer la réception des ordres que vous nous avez adressés par le V^{au}. le *Brisson* en date du 31 8bre 1772, et l'heureuse arrivée des différents vaisseaux particuliers qui sont venus cette année faire le Commerce en Chine.

Le V^{au}. le *Castries*, Capitaine M. Winslow, venant de la côte Malabar est arrivé ici le 23 Juillet.

Le V^{au}. le *Dauphin*, Cap^{ne} M. de la Briselaine, est arrivé le 29 août ayant passé aux Isles de France.

Le V^{au}. le *Beaumont*, Cap^{ne} M. Omerat, a mouillé ici le 3 septembre ayant fait le même Voyage.

Le V^{au}. le *Duc de Praslin*, commandé par M. de

Clouard, Lieutenant des V^{aux}. du Roy, venant de la côte Malabar et Coromandel est arrivé le 16 7bre.

Le *Brisson*, Cap^{ne}. M. Bertaud, venant de La Rochelle et de l'Isle de France le 20 7bre.

Et le V^{au}. la *Catherine*, commandé par M. Duclos Guyot, Cap^{ne}. de Brulot, venant de l'Isle de France le 30 du même mois.

Le prix modique des Marchandises de ce pays pendant le cours de cette expédition nous fait espérer que ces Vaisseaux feront une vente avantageuse en Europe, et ce qui nous confirme encore dans cette opinion est le petit nombre de V^{aux}. anglois qui sont destinés pour y faire leur retour.

Le chargement de plusieurs de ces vaisseaux est déjà très avancé, nous comptons qu'il y en aura plusieurs d'expédiés du 10 au 20 X^{bre} nous espérons aussi que tous les autres seront en état de partir du premier au 15 janvier au plus tard.

Nous avons aussi l'honneur de vous faire part, Monseigneur, que le commerce s'est fait ici avec beaucoup de tranquilité, le bon ordre que M. le Chev^r. de Clouard a maintenu en rade de Wampou, et les soins que M^{rs}. les Capitaines ont pris à contenir leurs équipages ont fait régner une parfaite union entre nous et toutes les nations Européennes.

Il y a eu cette année en rade de Wampou 19 Vaisseaux anglois. De dix qui étoient expédiés d'Europe, 9 seulement retourneront en Angleterre, la destination du dixième a été changée : il est parti dans les premiers jours de ce mois pour Batavia, sans chargement, d'où il doit se rendre à Bombaye et 8 vaisseaux particuliers sont destinés pour leurs divers comptoirs de l'Inde.

(1773)

La nuit du 25 7bre. dernier il arriva un évènement très-facheux en rade de Wampou, le feu prit à bord d'un Vaisseau anglois destiné pour Bombaye, ce V^{au}. fut entièrement brulé et une partie de son équipage a péri dans les flammes. L'incendie fut si vive que malgré les services que l'on apporta il ne fut pas possible d'y remédier, heureusement que la cargaison étoit à terre.

Il y a eu encore cette année en rade 4 vaisseaux hollandois, 1 suédois et 2 danois.

Nous nous réservons d'entrer dans des plus grands détails dans les lettres que nous aurons l'honneur de souscrire par nos vaisseaux.

Nous sommes avec le plus profond respect,
    Monseigneur,
        Vos très humbles et très obéissans Serviteurs,

THIMOTÉE,
DE ROBIEN,
CLOUËT.

13-5. *Lettre à Monseigneur de Boynes.*

Canton, le 20 N^{ovbre}. 1773.

1^a. Via par le V^{au}. anglois, le *Duke of Kingston*, Cap^{ne}. Snow.

MONSEIGNEUR,

J'aurois eû l'honneur de vous écrire par les vaisseaux de l'année dernière pour vous remercier de la manière obligeante avec laquelle vous avez bien voulu me nommer à la place de Chef du Comptoir de

(1773)

Canton en Chine, et pour vous demander la continuation de vos bontés, si la maladie grave que j'ai eue pendant toute l'expédition ne m'en eût empêché. Je vous prie de croire assez de ma reconnoissance pour être persuadé que je n'aurois pas négligé cette occasion de vous la témoigner.

Je n'entre dans aucun détail, Monseigneur, au sujet des vaisseaux qui sont venus ici cette année ayant l'honneur de vous en informer dans la lettre du Conseil.

M. le Chevalier de Clouard à son retour en France pourra vous rendre un compte exact de mon zèle à lui être utile. J'ai tout lieu d'être flatté de la confiance que M. son frère et lui ont bien voulu m'accorder pour la gestion du V^{au}. le *Duc de Praslin*, ainsi que de celle que m'a témoigné M. de la Rochette qui m'a associé à lui pour gérer conjointement celle des V^{aux}. le *Brisson* et la *Catherine*.

Permettez moi, Monseigneur, de vous faire un exposé de ma situation actuelle en ce païs et d'y joindre un État de mes services. Je crois d'autant plus nécessaire de vous le présenter que j'ai tout lieu de penser que des personnes mal intentionnées et jalouses de la confiance que vous avez bien voulu me témoigner auront cherché à me desservir auprès de vous pendant ma maladie. Celle que la Compagnie m'a accordé en toute occasion, et celle dont vous avez bien voulu m'honorer détruira aisément toutes les insinuations qui naissent naturellement de l'envie.

J'ose espérer que les notes et les informations plus particulières que vous voudrez bien prendre de ma conduite, soit de la Compagnie que je sers depuis

(1773)

1750, soit de M. Boutin (1) et de M. de Villevault, anciens Commissaires du Roy à la Compagnie, seront des preuves suffisantes pour me conserver votre estime et votre bienveillance.

Permettez moi aussi de vous faire part que depuis vingt-trois années que je suis au service de la Compagnie que j'ai passées en grande partie dans un païs aussi éloigné et où les Européens sont si resserés par le Gouvernement chinois, ma fortune n'est point avancée. J'espérois qu'en 1770 la Compagnie auroit eû égard aux représentations que je lui ai faites pour jouir des dix mille livres d'appointements qu'elle allouait au Chef; j'en ai rempli la place par la démission de M. Trollier et je n'ai joui que de 4000 l., qui sont à peine suffisants pour subvenir aux dépenses que la décence exige de faire vis-à-vis des Nations Européennes et de la Chinoise.

Je prends aussi la liberté de vous représenter, Monseigneur, que je désirerois que Sa Majesté voulût bien m'accorder le Brevet de Commissaire de la Marine. J'ose espérer que vous voudrez bien prendre en considération mon peu de fortune, la longueur du temps que j'ai sacrifié hors de ma patrie et mes services dont vous pourrez vous procurer des attestations certaines. Je vous observerai de plus que ce qui me porte à vous faire cette demande est la qualité de mes fonctions qui sont exactement celles de Commissaire de la Marine. Ce titre en outre, que Sa Majesté a accordé à l'Isle de France à plusieurs des anciens serviteurs de la Compagnie, ne peut que me donner de la considération auprès de toutes les na-

---

1. M. Boutin, intendant des finances, ayant la Compagnie des Indes dans son département.

(1773)

tions et m'assurer un État. Je vous prie, Monseigneur, de m'accorder la continuation de vos bontés et d'être persuadé que ma reconnaissance sera sans bornes.

Je suis avec le plus profond Respect,
Monseigneur,
Votre très humble et très obéissant serviteur,

THIMOTÉE.

14-6. *Lettre à Monseigneur de Boynes.*

Canton, le 11 X^{bre}. 1773.

Par le V^{au}. le *Castries*.

MONSEIGNEUR,

Nous avons eû l'honneur de vous écrire le 20 du mois dernier par le premier Vaisseau anglois qui est parti pour Europe et de vous accuser la réception des paquets que vous nous avez adressés par le Vaisseau le *Brisson* en date du 31 8bre. 1772.

Le Vaisseau le *Castries* qui part pour France nous procure l'occasion de vous annoncer l'heureuse arrivée de six vaisseaux particuliers français qui sont venus cette année faire le commerce à Canton.

Le Vaisseau commandé par M. Winslow venant de la côte Malabar est arrivé ici le 23 juillet.

Le Vaisseau le *Dauphin*, commandé par M. de la Briselaine, est arrivé le 29 août ayant passé aux Illes de France.

Le *Beaumont*, commandé par M. Omerat, a mouillé le 3 7bre. ayant fait le même voyage.

Le Vaisseau, le *Duc de Praslin*, commandé par

M. le Chev^r. de Clouard, Lieutenant des Vaisseaux du Roi, venant de la Côte Malabar et de Coromandel, est arrivé le 16 7bre.

Le *Brisson*, Capitaine M. Bertaud, venant de La Rochelle et de l'Isle de France le 20 7bre.

Et le Vaisseau la *Catherine*, commandé par M. Duclos Guyot, Capitaine de Brulot, freté à l'Isle de France par M. de La Rochette est arrivé à Wampou le 30 du même mois.

Nous avons tout lieu de croire que ces six vaisseaux destinés pour faire leur retour en France y feront une vente avantageuse, les marchandises étant à très bon compte cette année et de bonne qualité, et n'y ayant que neuf vaisseaux anglois destinés pour retourner en Europe.

Le chargement des susdits vaisseaux est très avancé et il y en aura plusieurs d'expédiés, du 20 au 25 de ce mois et les autres seront en état de partir du 1er au 15 janvier au plus tard.

Nous avons aussi l'honneur de vous faire part que le commerce s'est fait ici avec la plus grande tranquilité et n'a éprouvé aucun évènement désagréable. Le bon ordre que M. le Ch^r. de Clouard a maintenu en rade de Wampou, secondé des soins de MM. les Capitaines ont fait régner l'harmonie entre nous et toutes les Nations Européennes.

Il y a eû cette Expédition en rade de Wampou 33 vaisseaux dont 4 hollandois, 2 danois, 1 suédois, 6 françois et 19 anglois. De dix qui étoient expédiés d'Europe, neuf seulement retourneront en Angleterre, la destination du dixième a été changée. Il est parti pour Batavia les premiers jours du mois dernier pour se rendre de là à Bombaye, et huit vaisseaux

(1773)

particuliers sont destinés pour leurs divers Comptoirs de l'Inde.

La nuit du 25 7bre. dernier il arriva un évènement très-facheux en rade de Wampou; le feu prit à bord d'un vaisseau anglois destiné pour Bombaye ; ce V^au fut brulé entièrement et une partie de son Équipage a péri dans les flammes. L'incendie fut si vive que malgré les prompts secours que l'on apporta il ne fut pas possible d'y remédier, heureusement que la cargaison était à terre.

Nous sommes avec le plus profond respect,
Monseigneur,
Vos très humbles et très obéissants serviteurs,

THIMOTÉE,
DE ROBIEN,
CLOUËT.

15-7. — *Comptoir de Canton, 1773.*

ÉTAT DES PAYEMENTS FAITS PAR LE CONSEIL DE DIRECTION AUX CI-APRÈS DÉNOMMÉS TANT POUR LEURS APPOINTEMENTS QUE POUR LEUR SUBSISTANCE CALCULÉS SUR LE PIED DE 48 L. 10^s POUR 6 TAELS 5 MA. ET DE 7^m. 1^c. 8^c. POUR UNE PIASTRE.

SAVOIR :

	Piastres.	Piastres.
A M. *Thimotée*,		
Pour ses appointements de 1773 à raison de 4000 livres tournois.	746 10/16	
Pour les 2/3 de la dépense de table et de loyer de maison tant pour M. Clouët que pour lui 6000 l. t.	1119 15/16	1866 9/16
A reporter.		1866 9/16

(1773)

	Piastres.	Piastres.
Report.		1866 9/16

A M. *De Robien*,

Pour ses appointements de 1773 à raison de 2000 liv. tournois. . . 373 5/16

Pour le tiers de la dépense de table et loyer de maison, cy 3000 liv. tournois faisant. 559 15/16   933 4/16

A M. *Clouët*,

Pour ses appointements de 1773 à raison de 1500 liv. tournois faisant.   280 »

Piastres. .   3079 13/16

Nous soussignés composant le Conseil de Direction certifions le présent état véritable montant sauf erreur ou omission à la somme de trois mille soixante-dix-neuf piastres treize seizièmes. Fait quadruple.

A Canton, le 15 Décembre 1773.

THIMOTÉE,
CLOUËT, DE ROBIEN.

16-8. — *Comptoir de Canton.*

Inventaire général des Meubles et autres Effets appartenant à la Compagnie des Indes de France pour les besoins du Comptoir à Canton.

[Cet inventaire, daté du 15 X^{bre}. 1773, s'élève à Taels 1857. 4^m. 1^c].

17-9. — *Comptoir de Canton.*

Inventaire des Effets de Marine restant en Magasin comme suit :
[Cet inventaire, daté du 15 X^{bre} 1773, s'élève à Taels 240].

18-10. Par le V^{au}. le *Beaumont*.

Canton, le 25 X^{bre}. 1773.

[Répétition de la pièce 5 (voir page 23) du 20 9bre. 1773, avec une ou deux transpositions de phrases.]

(1773)

19-13. *La* Compagnie des Indes, *son Compte av*

DOIT

	PIASTRES
Payé pour appointements et subsistance du Comptoir suivant l'État envoyé à la Compagnie en date du 15 X^bre 1772	1442
Payé pour Idem suiv^t l'État en date du 15 X^bre 1773...	3079
Payé pour l'entier acquittement des dettes de la Compagnie dont les fonds ont été pris sur les 8000 piastres que Mgr de Boynes a envoyées pour le maintien du Comptoir..	2757
	7279
Pour les Meubles appartenants à la Compagnie restants au Comptoir en périclitation pour balance	2500
Pour le montant des Effets de marine idem en périclitation pour balance	324
Qu'il reste en caisse pour le Compte de la Compagnie..	3242
Qu'il reste en caisse pour le Comptoir d'envoy de Mgr de Boynes..	3477
Piastres................	16824

Nous Soussignés composant le Conseil de Direction de Canton certif somme de seize mille huit cents vingt-quatre piastres cinq seizièmes.

(1773)

:IL DE DIRECTION DE CANTON *pour l'année 1773.*

AVOIR

	PIASTRES	
Pour autant reçu par le V^{au}. le *Duc de Duras* pour le maintien au Comptoir d'envoy de Mgr. de Boynes.........	8000	»
Pour la remise du Con-hang a valoir sur les gravures pour l'Empereur de la Chine, exécutées à Paris par ordre de la Compagnie...	6000	»
Pour le montant des Meubles à la Compagnie suiv^t l'inventaire du 15 X^{bre}. 1773 suivant l'estimation	2500	»
Pour le montant des Effets de marine suivant l'Inventaire du 15 X^{bre}. 1773 suiv^t l'estimation.................	324	5/16
Piastres..............	16824	5/16

ésent compte véritable dont le Débit et le Crédit montent chacun à la :uple à Canton le 28 X^{bre}. 1773.

THIMOTÉE
DE ROBIEN
CLOUËT.

(1773)

20-11. *Lettre à Monseigneur de Boynes.*

Par le V^{au}. le *Dauphin*.

Canton, le 28 X^{bre}. 1773.

Monseigneur,

Nous avons eu l'honneur de vous écrire le 20 du mois dernier par le premier vaisseau anglais qui est parti pour Europe et par le vaisseau le *Castries*, expédié le 11 du courant. Nous profitons du départ des vaisseaux le *Dauphin* et le *Beaumont* pour vous accuser la réception des paquets que vous nous avez adressés par le vaisseau le *Brisson*, en date du 31 8bre. 1772, auxquels nous nous sommes conformés.

Nous avons aussi l'honneur de vous remettre un double des pièces que nous envoyons à la Compagnie par cette même voie. Vous verrez par le compte courant que nous vous adressons qu'il nous est resté nos appointements payés suivant l'état du 15 X^{bre}, la somme de 3477 piastres 1/2, pour subvenir au maintien du Comptoir pour le courant de l'année prochaine.

Vous verrez aussi, Monseigneur, qu'il reste à la caisse de ce Comptoir, pour le compte de la Compagnie des Indes, la quantité de 3242 piastres 13/16es, provenant de 6000 piastres que nous avons retiré suivant ses ordres des marchands hannistes à compte des dix mille que S. M. a avancés pour la confection des gravures pour l'Empereur de la Chine, et que nous nous sommes remboursés sur les susdites 6000 piastres de la somme de 2757 piastres ³/₁₆^{es} que nous avions pris sur les fonds que vous aviez destinés pour le maintien du Comptoir pendant deux années, pour l'entier acquittement de ses dettes. L'impossibilité où nous nous trouvons de pouvoir lui faire repasser ces fonds ainsi qu'elle le désiroit, soit à fret sur les vaisseaux françois, soit en lettre de change ou en acte de grosse sur les Compagnies étrangères dont les caisses ont été fermées, nous a obligés de les garder en dépot jusqu'à l'expédition prochaine que les circonstances seront peut-être plus favorables.

Le vaisseau le *Praslin*, commandé par M. le Chev^r. de Clouard, est aussi prêt à partir, nous comptons que le *Brisson* partira aussi dans les premiers jours du mois prochain et que le vaisseau la *Catherine* ne tardera pas à le suivre.

Malgré le nombre extraordinaire de 6 vaisseaux destinés pour faire leur retour en France, nous pensons qu'ils seront dans le cas de faire une vente avantageuse, les marchandises étant très-bon marché et de fort bonne qualité.

Il y a eu ici cette année, en outre des 6 vaisseaux françois, 9 vaisseaux anglois destinés pour Europe, 4 hollandois, 2 danois et 1 suédois et 8 vaisseaux anglois particuliers pour leurs différents comptoirs de l'Inde. Il a mouillé aussi depuis peu de jours, 3 petits vaisseaux des Manilles dont le chargement ne consistera qu'en soye et soyerie et autres effets propres pour la nouvelle Espagne.

Nous avons aussi l'honneur de vous faire part, que le commerce s'est fait ici avec la plus grande tranquilité et n'a éprouvé aucun événement désagréable, l'union et la bonne intelligence a régné parmi les équipages françois et étrangers par le bon ordre que M. le

Ch⁽ᵉʳ⁾. de Clouard a établi à Wampou et par les soins que M^rs les Capitaines y ont apporté.

Nous sommes obligé, Monseigneur, de vous informer que sur le refus de M^rs . le Ch^er. de Clouard, Duclos Guyot et de la Rochette et Bertaud de donner passage au R.P. Favon, dominicain espagnol, qui s'étoit adressé au Conseil, nous nous sommes vû forcé de recourir à la voie du hazard, le sort est tombé sur le vaisseau le *Brisson,* et en conséquence nous avons délivré l'ordre d'embarquement à M. Bertaud, en le prévenant qu'il auroit à s'arranger avec ce R. P. pour les frais de son passage.

Nous sommes avec un très profond respect,
Monseigneur,
Vos très humbles et très obéissants serviteurs

THIMOTÉE,
DE ROBIEN,
CLOUËT.

21-12. — Le V^au. le *Dauphin.*

Inventaire des pièces contenues dans le paquet de Monseigneur de Boynes, Ministre de la Marine.

SAVOIR :

N. 1. Lettre du Conseil.
   2. Compte courant.
   3. Etat des appointements.
   4. Inventaire des Meubles du Comptoir.
   5. Inventaire des Effets de marine.
   6. Le présent inventaire.

A Canton, le 28 X^bre. 1773.
CLOUËT.

(1773)

Canton, Nov. 15 1774.

22-20. These are to certify that M^r. Thimotée has been under my care above twelve months, and notwithstanding every remedy has been used, he still continues in so bad a state of health as to render his departure from this country absolutely necessary; and I have accordingly advised him to proceed to Europe.

Tho. Hutton,

Surgeon to the English factory at Canton.

Canton, le 15 9bre. 1774.

Je certifie par la présente avoir traité M^r. Thimotée pendant environ douze mois, et que malgré tous les remèdes, sa santé continue dans un si mauvais état qu'elle rend son départ de ce païs absolument nécessaire ; je lui ai en conséquence conseillé de partir pour Europe cette saison. Signé : Hutton, chirurgien-major de la Compagnie anglaise, à Canton.

Je certifie la présente traduction véritable et conforme à l'original anglais, en foy de quoi j'ai signé à Canton le 15 9bre. 1774.

V. Boucherat.

Nous soussignés, composant le Conseil de Direction françois en Chine, certifions les signatures et dates cy-dessus véritables.

A Canton, le 15 Novembre 1774.

Thimotée,
De Robien,
Clouët.

23-21. Duplicata de la pièce précédente.

(1774)

Canton, Nov. 15th. 1774.

24-22. Mr Clouet, having been for some years past violently afflicted with a disorder in his stomach and bowels, and having taken medicines from me above a year without benefit, I have advised him to leave this country as the only remedy likely to recover his health.

THO. HUTTON,
Surgeon to the English factory at Canton.

Canton, le 15 Novembre 1774.

M^r. Clouet, étant fort incommodé depuis plusieurs années d'un dérangement dans l'estomac et dans les viscères, pour lequel je le traite depuis environ un an, sans opérer aucun changement, je lui ai conseillé de quitter ce païs, comme le remède qui me parut le plus convenable à sa santé. Signé : Tho. Hutton, chirurgien de la Compagnie anglaise à Kanton.

Je certifie la présente traduction conforme à l'original anglais, en foi de quoi j'ai signé le présent à Canton, le 15 9bre 1774.

V. BOUCHERAT.

Nous soussignés, composant le Conseil de Direction françois en Chine, certifions la signature de l'autre part être de M. Thomas Hutton, chirurgien-major du Comptoir anglais à Canton, ainsi que la signature et traduction faite par M. Boucherat, subrécargue du V^{au}. *l'Aigle*, pour être véritable et que foi doit y être ajouté. A Canton, le quinze Novembre mille sept cent soixante et quatorze.

THIMOTÉE,
DE ROBIEN,
CLOUËT.

(1774)

25-23. Je soussigné, chirurgien-major du vaisseau le *Duc de Fitz-James,* certifie qu'à mon arrivée à Canton, le huit octobre mil sept cent soixante-quatorze, j'ai retrouvé M. J. Pierre Clouët, ancien subrécargue de la Compagnie des Indes, actuellement Employé du Roi au Comptoir de direction en Chine, à peu de chose près dans la même situation que je l'avois laissé en décembre mil sept cent soixante-douze; Vû la grande quantité de remède dont il a fait usage depuis ce temps, sans aucun bon effet, et, eu égard à son état actuel de faiblesse, je lui ai expressément ordonné de quitter le pays, d'aller aux isles de France et de Bourbon, Et même en France, si le cas l'exige, comme l'unique moyen nécessaire pour le rétablissem^t. de sa santé, En foi de quoi lui ai délivré le présent certificat pour lui servir et valoir ce que de raison : A Canton, en Chine, ce 15 9bre. 1774.

J. Warnet.

26-24. — *Lettre à Monseigneur de Boynes.*

1^a. Via par le V^{au}. anglais le *Bessborough,* Cap^e Riddell.

Canton, le 20 9bre. 1774.

Monseigneur,

Le départ des premiers vaisseaux anglois pour Europe nous procure l'honneur de vous accuser la réception des ordres que vous nous avez adressés par le V^{au}. le *Duc de Fitz-James,* en date du 22 Janvier dernier et de vous annoncer l'arrivée des différents V^{aux}. particuliers qui sont venus cette année commercer à la Chine.

Le V^{au}. le *Gange,* Cap^{ne}. M. Gelin, venant de la côte

(1774)

Malabar et Pondichéry, a mouillé devant Macao le 7 Août dernier.

Le V^au. le *Duc de Broglie,* Cap^ne. M. Caro, venant directement de France, est arrivé à Macao le 27 du même mois.

Le V^au. le *Superbe,* commandé par M. de Vigny, Lieutenant des vaisseaux du Roy, venant aussi directement de France, a suivi de près le *Broglie* et a mouillé en rade de Macao le 29 du c^t.

Le Vaisseau le *Pondichéry*, Capitaine M. Lamotte, venant de la côte Malabar et Coromandel, a mouillé à Wampou le 21 7bre.

Le V^au. le *Fitz-James,* Cap^ne. M. Pierrès, venant de St-Malo et de l'Isle de France le 22 dud^t.

Et le V^au. l'*Amériquain,* Cap^ne. M. de Chantelou, venant de St-Malo et de Cadix, a aussi mouillé dans la même rade le 23 du même mois.

Nous attendons encore le V^au. l'*Aigle*, qui a été expédié de l'Isle de France pour les Manilles par M. de la Rochette, d'où il doit se rendre ici.

Quoique les vaisseaux soient arrivés d'assez bonne heure, ils ne sont pas avancés dans leurs chargements, et nous ne pensons pas qu'on puisse en expédier aucun avant les premiers jours de janvier prochain.

Il n'y a eu cette année que quatre vaisseaux anglois pour Europe, on en attendoit un cinquième qui devoit être expédié de Madras dans le mois d'août et qui n'a pas paru jusqu'à présent. Néanmoins, malgré ce petit nombre de vaisseaux anglois, les Thés Bouys (1) et

---

1. « On appelle *thé boui* (moui tcha) proprement dit [car on applique fort souvent la dénomination de *Boui* ou *Bou* à tous les thés noirs indistinctement] un mélange grossier de toute espèce

(1774)

les Thés verds supérieurs et Tonkay (1) sont plus chers que l'expédition dernière.

Il y a eu cette expédition en rade de Wampou, outre les quatre Vaisseaux anglois pour Europe et les six

---

de feuilles prises sans distinction. Il suffit qu'elles soient susceptibles de se tortiller et de prendre une couleur approchant de celle du vrai thé pour que les Chinois les fassent passer dans le commerce, en y mêlant une certaine quantité de bon thé récent, ou même de celui qui reste annuellement après le départ des vaisseaux.....

« Les thés boui se recueillent dans la province de Fo kien, et surtout dans un canton nommé *Mouni*, d'où ils tirent leur nom : ils arrivent ordinairement à Canton dans les premiers jours de novembre, en paniers de bambou doublés d'une lame de plomb très-mince ; cette enveloppe de plomb se prépare dans le canton même d'où le thé se retire.

« C'est du reste le plus commun des thés noirs, les feuilles en sont mélangées, peu roulées, souvent brisées et remplies de poussière, son odeur est herbacée et forte... » (F. Marquis, *Du thé*, pp. 39-40.)

Mr. Hollingworth écrit : « *Bohea* is derived from Boo'-ê, the Amoy prononciation of Woo-e, the name of the celebrated hills in the province of Fuh-keen. It is somewhat surprising that this name should be given to the very commonest description of Black tea, while the hills themselves have been always famous for producing the very finest kinds. » (*List of the Principal Tea Districts in China*, p. 11.)

1. « ..... Ce thé (*tunkay* tcha)... est le même que le songlo. Le thé tunkay n'est que ce dernier de première qualité..... [Le thé songlo] est encore l'un des plus communs et des plus mauvais des thés verts ; sa feuille, grande, n'est pas roulée avec soin ; sa couleur est d'un vert mêlé de jaune..... Ce thé est le dernier qui se recueille, ce qui occasionne souvent des retards dans l'expédition des vaisseaux, qui sont obligés d'attendre qu'il soit arrivé. » (F. Marquis, *Ibid.*, pp. 56-57.)

Ce nom de Songlo est celui d'une colline où le thé vert est censé avoir été découvert. Tunkay vient du nom d'une ville commerçante bien connue, située à 15 milles environ au sud-ouest de Hoei tcheou fou dans le Ngan houé.

(1774)

vaisseaux françois, quatre hollandois, deux suédois et deux danois, et deux frégates portugaises d'Europe à Macao et quinze vaisseaux particuliers anglois des différentes parties de l'Inde.

Nous avons vécû jusqu'à présent en très-bonne intelligence avec les Nations européennes, M. de Vigny, Commandant des vaisseaux françois, y a beaucoup contribué par le bon ordre qu'il a établi à Wampou et M. M. les Capitaines des autres vaisseaux françois l'ont parfaitement secondé.

Nous devons vous faire part, Monseigneur, que par les paquets que nous avons reçus de M. M. les Directeurs de la Compagnie des Indes, visés par Monseigneur le Controlleur Général, il est ordonné au Conseil de Direction de faire la vente générale de tous les effets quelconques qui sont dans ce comptoir, de sorte que si elle a lieu à la fin de cette expédition, les employés de Sa Majesté vont se trouver dépourvus de tout ce qui leur est nécessaire pour avoir une maison montée, et telle que la décence et l'honneur de la nation l'exige, à moins que le Conseil n'achète pour le compte de Sa Majesté les meubles et effets qui lui sont nécessaires pour son usage et dont il ne peut absolument se passer. Les ordres sont si précis à ce sujet que dans le cas où le Conseil ne pourroit pas trouver à vendre, il lui est enjoint de renvoyer toutes les cuivreries et argenteries en France en les chargeant sur les vaisseaux françois à l'adresse de Monseigneur le Controlleur Général par connoissement.

Nous avons aussi l'honneur de vous annoncer la mort de M. de Zeiginbal, armateur et subrécargue du Vaisseau de Pondichéry, décédé ici le 13 Octobre dernier.

(1774)

Il nous reste a vous faire part, Monseigneur, du départ de MM. Thimotée et Clouët. La santé du premier, qui n'est pas parfaitement rétablie, et divers échecs qu'il a malheureusement éprouvés dans sa fortune l'ont déterminé à repasser en France ; et M. Clouët d'après les Conseils des Chirurgiens qui l'ont traité depuis plusieurs années infructueusement, passe à l'Isle de France pour éprouver si le changement d'air qui lui est ordonné ne pourra pas contribuer à rétablir la sienne, d'où il se propose de revenir ici l'expédition prochaine pour reprendre ses occupations ordinaires.

Nous sommes avec respect,

Monseigneur,

Vos très humbles et très obéissants serviteurs,

Thimotée,
De Robien,
Clouët.

27-25. *Lettre à Monseigneur de Boynes.*

A Canton, le 20 9bre. 1774.

Monseigneur,

Le Conseil de Direction ayant eu l'honneur de vous annoncer par cette même voie l'heureuse arrivée de 6 vaisseaux françois qui sont venus faire le commerce cette année en Chine, nous n'entrerons point dans d'autre détail à leur sujet.

Nous ne laisserons pas partir les premiers vaisseaux qui sont expédiés pour Europe sans avoir l'honneur d'informer Votre Grandeur de la détermination que nous avons été obligés de prendre malgré nous de quitter ce Comptoir ; nous ne devons pas non plus vous cacher les motifs qui nous forcent à repasser en France et à l'Isle de France, les raisons de maladies y entrent certainem*t*. pour beaucoup, cependant sans les procédés étranges et déplacés qu'a eu pour nous le S. de Robien, membre du Conseil, nous aurions certainement attendu de nouveaux ordres de votre part, mais persuadés de votre indulgence et que nous mériterons votre approbation, nous allons entrer dans quelques détails qui vont vous donner une vraie et parfaite connoissance des raisons qui nous ont portés à prendre ce parti. Lors de la nouvelle de la destruction de la Compagnie des Indes en 1770 (1), le S. de

---

1. Consulter le *Mémoire de l'abbé Morellet* et les *Mémoires de l'abbé Terrai*. Voici quelques chiffres intéressants touchant la diminution des affaires de la Compagnie des Indes Orientales en Chine :

ETAT DES BÉNÉFICES DE L'ACHAT A LA VENTE DU COMMERCE DE CHINE DEPUIS 1725 JUSQU'EN 1756 [SIC].

De 1725 à 1736.

Montant des ventes en France.	18.961.448 l.	
Prix d'achat..................	9.272.899	
Bénéfice de l'achat à la vente..	9.688.549 l.	104 1/2 p. o/o

De 1736 à 1743.

Montant des ventes en France.	23.602.112 l.	
Prix d'achat..................	9.779.705	
Bénéfice de l'achat à la vente..	13.822.407 l.	141 1/4 p. o/o

De 1743 à 1756.

Montant des ventes en France.	41.695.947 l.	
Prix d'achat..................	19.252.520	
Bénéfice de l'achat à la vente..	22.443.427 l.	116 2/3 p. o/o

(1774)

Robien n'étoit encore que 3ᵉ subrécargue et n'avoit eu voix délibérative et entrée au Conseil qu'au commencement de janvier de cette même année. Tous les membres qui composoient alors le Conseil de Direction ayant été renvoyés ou s'étant retirés, le S. Thimotée, au refus du S. Trollier, fut obligé d'accepter la place de chef du Comptoir ; il étoit alors 2ᵉ subrécargue depuis 1753, et le seul membre de l'ancien Conseil qui fut resté au service, il ne restoit donc que

1764.

Montant des ventes en France.	5.173.666 l.	
Prix d'achat....................	2.796.480	
Bénéfice de l'achat à la vente..	2.377.186 l.	85 p. o/o

1765.

Montant des ventes en France.	4.429.615 l.	
Prix d'achat....................	2.427.366	
Bénéfice de l'achat à la vente..	2.002.249 l.	82 1/2 p. o/o

1766.

Montant des ventes en France.	7.130.910 l.	
Prix d'achat....................	4.157.696	
Bénéfice de l'achat à la vente..	2.973.214 l.	71 1/2 p. o/o

1767.

Montant des ventes en France.	5.055.716 l.	
Prix d'achat....................	3.013.340	
Bénéfice de l'achat à la vente..	2.042.376	68 p. o/o

1768.

Montant des ventes en France.	5.838.379 l.	
Prix d'achat....................	3.481.891	
Bénéfice de l'achat à la vente..	2.356.488 l.	67 2/3 p. o/o

(MORELLET, *Mém. sur la C. des Indes*, pp. 125-126.)

(1774)

le S. de Robien pour le seconder et il fut obligé de former un nouveau conseil dans lequel furent admis M. M. Clouët et Costar, et c'est à cette époque que la haine que le S. de Robien avoit jurée au S. Thimotée s'est manifestée dans toute son étendue dans toutes les occasions qui se sont présentées et qu'il a eu bien soin de saisir avec empressement.

En 1771, le S. Thimotée, par les ordres adressés au Conseil de Direction par Mgr. le Controleur-Général, fut remercié, et le S^r. de Robien, par l'absence du S. de Vigny, de 3e subrécargue qu'il étoit, se trouva chef du Comptoir et du Conseil, sans jamais y avoir eu avant l'année 1770 ni voix ni entrée. Cette place à laquelle il n'auroit jamais pu prétendre qu'à l'âge de 45 ou 5o ans, si la Compagnie eut toujours subsisté, avoit si fort flatté son amour-propre, qu'il vit avec la plus grande mortification et le plus vif chagrin que Votre Grandeur m'a nommé et confié en 1772 la place de chef de ce Comptoir, aussi a-t-il alors redoublé ses efforts et il s'est formellement étudié à contrarier en tout le Conseil et à lui occasionner tous les désagréments possible et à n'avoir que de mauvais procédés à son égard. Nous avons cherché, mais inutilement, à connoître les motifs qui pouvoient donner lieu à une pareille conduite envers nous, et nous avons aperçu clairement que la haine et la jalousie étoient les seules qui y donnoient lieu. Il est vrai, Monseigneur, que si le Conseil a quelques torts envers le S. de Robien, c'est de s'être prêté avec trop de facilité à tout ce qui pouvoit lui être agréable pour faciliter l'expédition des V^{aux}. qui lui étaient adressés et assurer le succès des opérations dont il étoit chargé. Nous pouvons avancer sans crainte d'être démentis

(1774)

qu'il a abusé entièrement de notre confiance, surtout en cherchant à se rendre possesseur et seul locataire du hang françois en se servant du nom du Conseil pour arracher des mains de Tinkoa une chope qui l'en rendoit seul locataire et possesseur. Animés par l'esprit d'union et de concorde qui doit régner entre confrères, nous avons préféré de souffrir patiemment avant de porter nos plaintes à Votre Grandeur, et voir si le tems ne ramèneroit point le S. de Robien. Nous pensions qu'à la réunion de MM. de Vigny et de Montigny du Timeur, il se seroit prêté à vivre en bonne intelligence avec nous, mais bien loin de le faire, il a fait tout son possible pour nous expulser du hang françois, et à son retour à Canton dans le mois d'août dernier, il a fait ouvrir malgré notre prière et nos observations (pendant notre séjour à Macao) l'appartement du S. Thimotée, sous prétexte que les réparations exigeoient ouvertures. La correspondance qui a eu lieu entre nous et le Chevalier de Robien depuis le 5 7bre. 1773 jusqu'au 24 7bre. dernier, et que nous prenons la liberté de joindre à la présente, vous instruira de tous nos démêlés, si vous daignez y jeter les yeux, nous osons espérer, Monseigneur, que vous nous accorderez la justice que nous croyons mériter et que vous autoriserez de votre approbation les démarches que nous faisons aujourdhuy. Les désagréments et le peu de considération dont jouit le Conseil auprès des françois qui viennent ici pour y faire le commerce et surtout auprès des préposés des Armateurs qui se font une espèce de point d'honneur de l'abaisser autant qu'ils le peuvent auprès des Chinois est un des motifs qui ont déterminé le S. Thimotée à faire son retour en France pour en

(1774)

28-27. La Compagnie des Indes *son com[*

DOIT

	PIASTRES	
Payé pour appointements et subsistance du Comptoir suiv^t. l'état envoyé à la Compagnie en date du 15 X^{bre} 1774.	3079	13
Payé pour frais de passage en France de M. Thimotée et de son domestique suiv^t. l'état du 15 X^{bre} 1774. 375 Piast.		
Payé pour frais de passage à l'Isle de France de M. Clouët et pour frais de son retour de lad^{te} Isle à Canton.................. 300 »	675	»
Pour le montant des effets de marine à la Compagnie des Indes restants au Comptoir en périclitation et pour balance.................	300	»
Qu'il reste en caisse ce jour pour solde et pour balance du comptant.................	6965	8/
Piastres....	11020	5/

Nous soussignés composant le Conseil de Direction de Canton Certifions le ou omission à la somme d'onze milles vingt piastres cinq seizièmes pour solde piastres et huit seizièmes. Fait quintuple à Canton le 14 janvier l'an 1775.

e Conseil de Direction

AVOIR

	PIASTRES	
Pour ce qui restoit en caisse le 28 X^bre 1773 pour le mpte de la Compagnie des Indes....................	3242	¹³/₁₆
Pour ce qui restoit en caisse le 28 X^bre 1773 pour le intien du Comptoir d'envoi de Monseig^r. de Boysnes...	3477	⁸/₁₆
Pour le montant des Effets de marine suivant l'inventaire 15 X^bre. suivant l'estimation.......................	300	»
1775, Janvier 12. Pour la remise du Con-Hang à valoir les gravures pour l'Empereur de la Chine exécutées à ris par ordre de la Compagnie......................	4000	»
	11020	⁵/₁₆

Compte courant véritable dont le débit et le crédit montent sauf erreur il reste à la Caisse de ce Comptoir six milles neuf cents soixante cinq

Thimotée.

De Robien.

Clouët.

faire part à Votre Grandeur (1). Nous sommes aussy obligés de vous informer que l'esprit de discorde règne déjà depuis quelque tems entre les S. de Robien et de Montigny du Timeur, préposé des Armateurs pour le chargement des V^{aux}. françois et que c'est la cause du retardement du départ des V^{aux}. de cette expédition. Le premier a eu même des propos assez vifs avec M. de Vigny, Commandant le V^{au}. le *Superbe*. Nous ne nous arrêterons cependant pas à vous faire le portrait du S. de Robien, il nous suffira de vous instruire qu'il n'a jamais pu vivre avec aucun de ses confrères, n'y même avec M. Dumont, chef de ce Comptoir pendant l'existence de la Compagnie.

Permettez, Monseigneur, que le S. Thimotée ait l'honneur de vous représenter et de vous rappeller que lorsqu'il a accepté en 1772 le poste de Chef de ce Comptoir, il venoit de recevoir un échec très-considérable dans sa fortune, néanmoins il n'hésita pas à donner de nouvelles preuves de son zèle pour le service de Sa Majesté; depuis cette époque il en a encore essuyés malheureusement de nouveaux qui l'ont entièrement détruite, et il se trouve avoir perdu dans un moment tout le fruit de vingt-quatre années qu'il a sacrifiées au service de la Compagnie et de Sa Majesté. D'après cet exposé il ose espérer en vos bontés et désire que Sa Majesté voulut bien lui accorder une place de Commissaire de la Marine pour le dédommager de la perte que plusieurs Chinois viennent de

---

1. Le rôle du Conseil de Canton était piteux; la Compagnie des Indes « a formé un établissement à la Chine. C'est abuser du mot. Son comptoir à la Chine n'est pas un établissement. » (*Examen de la réponse de M. N** au Mémoire de M. l'abbé Morellet*... Paris, 1769, pp. 65-66.)

(1774)

lui faire essuyer, et qu'il est à présent dans l'impossibilité de réparer, il se flatte qu'il ressentira vivement les effets de vos bontés et de votre protection.

Quant au S. Clouët, il prend aussi la liberté de représenter à Votre Grandeur qu'il est forcé de passer à l'Ile de France pour y rétablir sa santé, cependant sans les procédés étonnants du S. de Robien envers le Conseil, il se seroit déterminé à rester ici pendant quelque tems pour répondre aux marques de confiance que Votre Grandeur lui avoit bien voulu donner en le conservant à ce comptoir par rapport à la langue chinoise, mais la fortune ne lui ayant pas été favorable jusqu'à ce jour, il vous prie, Monseigneur, de vouloir bien avoir égard à la longueur du tems qu'il y a qu'il est dans ce pays attaché à ce comptoir, y étant venu en 1749 pour y apprendre la langue chinoise et n'ayant depuis ce tems fait que trois voyages en France; il se propose de revenir de l'Ile de France par les vaisseaux de l'expédition prochaine si sa santé se rétablit, afin de reprendre ses occupations ordinaires, ou même pour remplacer le S. de Robien s'il se déterminoit à repasser en France dans un an. Persuadé de la légitimité de son voyage, il réclame vos bontés et vous supplie, vû le défaut de fortune après 26 ans de services de lui faire obtenir de Sa Majesté une pension ou une place dans le Bureau de la Marine.

Il nous reste, Monseigneur, à vous faire part que M. Moulin, armateur et subrécargue du vaisseau le *Duc de Fitz-James*, nous a confié la gestion du chargement de ses vaisseaux, à laquelle nous travaillons présentement, nous espérons qu'il sera satisfait de notre zèle à lui être utile et nous comptons que ce vaisseau sera en état de partir dans les premiers jours de janvier prochain.

  Nous sommes avec respect,
    Monseigneur,
  Vos très-humbles et très-obéissants serviteurs,
          Thimotée,
          Clouët.

29-26. État des paiements... pour les appointements.
         Canton, 15 Xbre. 1774.

        Thimotée,
        De Robien,
        Clouët.

[Il s'élève à Piastres 3079. 13/16 comme celui du 15 Déc. 1773, voir la pièce 15-7.]

30-28. Certificat de Paris, Chirurgien Major de la Marine du Roy, au Comptoir de Canton, confirmant celui de Warnet sur la santé de Clouët.
         Canton, 16 Xbre. 1774. (1)

31-30. *Lettre à Mgr. de Boynes.*
         Canton, le 15 janvier 1775.
[Renseignements déjà donnés.]

. . . .

Le Vaisseau l'*Aigle*, qui avait été expédié de l'Ile de France pour les Manilles par M. de la Ro-

---

1. Chose curieuse, il n'est fait aucune mention dans ces lettres de 1774 de la faillite du marchand hanniste Senqua, le premier qui ait manqué à ses engagements. Ses dettes en 1774 s'élevaient à 266,672 piastres; elles furent payées, sans intérêt, en dix annuités.

(1774-1775)

chette, est aussi arrivé dans les premiers jours de 9bre.
à Wampou.

[La lettre se termine :]

Nous avons aussi l'honneur d'informer Votre Grandeur du départ de MM. Thimotée et Clouët. La santé du premier, qui n'est pas parfaitement rétablie, et les divers échecs qu'il a malheureusement essuyés dans sa fortune, l'ont forcé de prendre la détermination de repasser en France sur le V^{au}. le *Duc de Fitz-James*, et M. Clouët, d'après les conseils des chirurgiens qui l'ont traité infructueusement, a pris aussi la résolution d'aller passer l'hivernage à l'Isle de France pour essayer si le changement de climat ne pourra pas contribuer au rétablissement de la sienne, et où il espère pouvoir se mettre en état de venir reprendre l'expédition prochaine ses occupations ordinaires. Je passe sur le V^{au}. l'*Aigle*, qui est le seul qui touchera à la susdite Isle.

Nous sommes avec respect,
Monseigneur,
Vos très-humbles et très-respectueux serviteurs,

Thimotée,
De Robien,
Clouët.

32-31. *Comptoir de Canton.*

État des avances faites par le conseil de direction française de Canton a M. Clouët, employé du dit comptoir, pour sa subsistance et ses appointements de 1775, calculés sur le pied de 48^l. 10^s. pour 6 taels 5^m. et de 7^m. 1^c. 8e. pour une piastre.

(1775)

SAVOIR :

	PIASTRES
Pour ses appointements de 1775 à raison de 1500l. tournois	280
Pour la moitié de dépense de table et loyer de maison, 4000l. tournois, faisant	839 15/16
Piastres . .	1119 15/16

Nous soussignés, composant le Conseil de Direction certifions le présent état d'avances véritable, montant, sauf erreur ou omission, à la somme de onze cents dix-neuf piastres, quinze seizièmes.

Fait quadruple à Canton, le 19 janvier 1775.

THIMOTÉE,
DE ROBIEN,
CLOUËT.

33-32. A Canton, le 20 Janvier 1775.

L. a. s. de Thimotée et de Clouët à Mgr. de Boynes, qui ne fait que rappeler leurs griefs dans des termes à peu près semblables à ceux de leur lettre du 20 Novembre [Voir pièce 25].

34-38. *Lettre à Monseigneur de Sartine* (1), *Ministre de la Marine en Cour.*

L'Orient, le 21e. Juin 1775.

MONSEIGNEUR,

Le Conseil de Direction de Canton a eû l'honneur

---

1. Antoine Raimond Jean Gualbert Gabriel de Sartine, chevalier, comte d'Alby, né à Barcelone le 13 Juillet 1729; conseiller au Châtelet, 15 Avril 1752; lieutenant criminel au Châtelet, 12 Avril 1755; maître des requêtes en 1759; lieutenant général de police (1775)

de vous informer, par sa lettre du 20 Novembre, par voie anglaise, et celle du 15 Janvier dernier, des motifs qui m'ont obligé de prendre la détermination de faire mon retour en France par le vaisseau le *Duc de Fitz-James*.

Le séjour que j'ai fait à Canton, en Chine, pendant dix années consécutives que j'y ai passées au service de la Compagnie des Indes, en qualité de second subrécargue et membre du Conseil de Direction, et ensuite à celui de Sa Majesté en celle de Chef du comptoir, qu'elle avoit bien voulu me confier en 1772, m'a forcé de regagner ma patrie pour tacher de rétablir ma santé qui étoit considérablement altérée lors de mon départ de Canton, et ce n'est que d'après les conseils du chirurgien-major du comptoir anglois, dont je joins à la présente le certificat, que je m'y suis déterminé.

Vous serez, Monseigneur, amplement instruit par les lettres du 20 Novembre et 20 Janvier dernier, que j'ai pris la liberté de vous adresser conjointement avec le S^r. Clouët, des démélés survenus entre nous, et les S^{rs}. de Robien, Membre du Conseil, et de Montigny du Timeur, préposé de MM. les Armateurs pour le chargement des vaisseaux qui étoient l'expédition dernière à leur consignation; et j'ose espérer que si Votre Grandeur daigne jeter les yeux sur la correspondance qui a eu lieu entre nous — et que nous avons eû l'honneur de joindre à nos paquets, Elle nous accordera la justice que nous croyons mériter, et qu'en qualité d'anciens serviteurs de la Compagnie des Indes, au

---

à la place de Bertin, 1er Déc. 1759; conseiller d'Etat, 5 Octobre 1767; secrétaire d'Etat au département de la marine, 24 Août 1774; ministre d'Etat en 1775; mort à Tarragone, le 7 Sept. 1801.

(1775)

service de laquelle nous avons sacrifié l'un et l'autre notre jeunesse et la plus grande partie de notre fortune, nous ressentirons vivement les effets de votre protection et de votre bienveillance.

J'ai l'honneur de prévenir Votre Grandeur que je me propose de faire quelque séjour dans cette ville et que si elle juge à propos de m'honorer de ses ordres, je m'y conformerai avec exactitude.

Le Vaisseau le *Duc de Fitz-James* a mouillé dans ce port le 21 du courant, après une traversée de cinq mois depuis son départ de la Chine.

Je suis avec respect,
Monseigneur,
Votre très-humble et très-obéissant serviteur.

THIMOTÉE LE CADET.

BUREAU DE L'INDE.
—
20 Xbre. 1775.

35-42. *Rapport du Mémoire de M^{rs}. du Conseil de Direction de Canton.*

Au nombre des objets qui sollicitent l'attention du Gouvernement, se présentent les difficultés élevées entre le Conseil de Direction établi à Canton, et l'un de ses Membres.

Ce Conseil, originairement chargé de juger et de terminer provisoirement les contestations qui pourroient naître entre les Commandants des vaisseaux de la Compagnie des Indes destinés pour la Chine, et de veiller aux intérêts du Roi et de la Compagnie, a subsisté avec les mêmes pouvoirs et dans les mêmes vues depuis l'*abolition* (1) du Privilége dont jouissoit cette

---

1 Il aurait fallu dire la *suspension*. (Note du Ms.)

(1775).

Compagnie, et depuis que la liberté de commercer a été accordée aux particuliers.

Le loyer du hang françois que les Membres du Conseil habitoient, et les réparations dont ils étoient chargés, se montant, année commune, à 4,200 l., ils représentèrent que la somme de 3,000 l. qui leur étoit allouée, pour tenir lieu de logement et des frais de voyages qu'ils étoient obligés de faire tous les ans à Macao, étoit insuffisante, et ils demandèrent un supplément; mais le Ministre le refusa, et leur fit répondre qu'ils eussent à recourir aux moyens qui leur paroitroient les plus convenables pour diminuer les dépenses. Dans cette vue, il autorisa le Conseil à céder une partie du hang françois aux consignataires de Vaisseaux particuliers qui arrivèrent alors, sous la condition d'en payer le loyer en entier et d'en faire faire les réparations.

Cette convention s'exécuta sans difficulté jusqu'au 12 X^{bre}. 1772. époque à laquelle le S^r. de Robien écrivit au Conseil, dont il étoit membre, pour l'informer des ordres qu'il avoit reçus d'entamer au plus tôt toutes les négociations relatives à l'arrivée en Juillet ou Aoust suivant des vaisseaux qui seroient à sa consignation, et pour savoir s'il pouvoit compter sur la jouissance du hang, dont il offroit d'assurer au propriétaire le prix du loyer pour le courant de l'année 1773. La lettre du S. de Robien fut consignée conformément à sa demande dans le Registre des Délibérations, et on arrêta qu'en conséquence des ordres du Ministre, il jouiroit du hang, sous la réserve des appartements destinés au logement du Conseil.

A l'arrivée des vaisseaux au mois d'Aoust 1773, le S. de Robien, qui déjà avoit affecté de ne pas assister aux assemblées du Conseil, composé seulement de trois membres, se sépara aussi de la table commune pour s'associer avec les préposés au Commerce que les armateurs françois espéroient faire à la Chine ; et, dans le dessein sans doute d'anéantir le Conseil, de le représenter par lui seul, et de satisfaire ses intérêts personnels, il sçut se procurer de Tinkoa, chinois, propriétaire du hang, une chape (ou Bail), qui l'en rendoit possesseur.

Le Conseil, considérant que le S. de Robien faisoit prévaloir sur sa qualité de membre celle de consignataire des Armateurs françois, crut devoir s'expliquer avec lui et avec ses associés ; mais, malgré les représentations qui leur furent faites, ils persistèrent dans les arrangements pris pour une table particulière, et ils observèrent que le Ministre, ayant ordonné d'abandonner le hang à la charge du commerce et de supprimer la dépense d'un loyer trop considérable, le S. de Robien s'étoit déterminé à s'en charger pour procurer à ses correspondants les magasins et appartements nécessaires lors de l'arrivée des Vaisseaux qui lui étoient annoncés : Ils ajoutèrent que néanmoins ils consentoient que le Conseil occupât les premiers appartements, les plus beaux et les plus commodes.

Cette grâce parut au Conseil une offense. Suivant les intentions du Ministre, lui seul avoit la faculté de disposer des magasins et appartements du hang françois en faveur des préposés des Armateurs, selon l'ordre de leur arrivée à Wampou (1), sans préférence pour les vaisseaux qui pourroient venir d'Europe, de l'Inde ou des Iles de France et de Bourbon ; et l'abandon

---

1. Wampou est situé à douze milles environ au-dessous de Canton.

d'une partie des Bâtiments du hang fait pour l'année 1773 au S. de Robien, étant en quelque sorte abusif, ne pouvoit former un titre pour autoriser ses prétentions. Ce fut dans cet esprit que le Conseil écrivit au S^r. de Robien et à ses associés et qu'il les prévint des démarches qu'il alloit faire auprès de Tinkoa pour rentrer en possession du hang françois, un logement de simple tolérance n'étant ni décent, ni convenable pour ceux qui représentoient la nation.

La mésintelligence qui régnoit entre le Conseil et le S. de Robien s'appaisa cependant par le délaissement qu'il fit au Chef d'une partie du hang qui lui étoit nécessaire, et ce ne fut que le 19 Juillet 1774, que les contestations qui paroissoient éteintes, reprirent une nouvelle force.

Le S. de Robien écrivit au Conseil, alors résidant à Macao, que les appartements qu'occupoient les membres dans le hang françois devenant indispensablement nécessaires pour les opérations dont il était chargé, il espéroit qu'ils voudroient bien faire enlever incessamment les effets qui leur appartenoient, et il leur observa que cet arrangement paraissoit être d'autant moins susceptible de difficulté, que le nouveau logement qu'ils s'étoient procuré,[le Conseil n'en avoit loué aucun. *Note du Ms.*],les dégageoit de tout embarras. Le Conseil, loin d'acquiescer à cette demande, répondit qu'il ne pouvoit se départir de la délibération du mois de Décembre 1772, par laquelle, en cédant pour l'année 1773 seulement le hang, sous la réserve d'un logement convenable, il n'avoit pû donner le droit de se faire expulser; que d'ailleurs, en mettant à l'écart les arrangements particuliers pris par M. Thimotée (chef du Conseil), il ne pouvoit rien changer à l'état des choses qu'il n'eut

(1775)

reçu par les premiers vaisseaux qui arriveroient, les ordres du Ministre et de la Compagnie; qu'enfin, s'il eut pû soupçonner l'intention du S^r. de Robien de priver les membres du Conseil des effets et meubles dont ils avaient besoin pour en disposer à son gré, et sans leur consentement, quoique garant des deux tiers, il ne lui en aurait pas laissé la jouissance.

Alors le S. de Robien représenta au Conseil que, quant aux arrangements qui avoient été pris, ils ne portoient que sur l'année 1773, et qu'ils ne pouvoient s'étendre plus loin sans qu'il en résultât une charge pour le Commerce qui ne devoit pas être constitué en frais extraordinaires par ceux qui devoient l'aider et le soulager, et que, quant à la réclamation qu'on paroissoit faire des meubles et ustensiles de la Compagnie, il se trouveroit fondé à s'en emparer tant pour les intérêts dont il étoit chargé personnellement, que pour en distribuer partie aux Subrécargues en fonction à Canton.

Le Conseil, après avoir reproché au S^r. de Robien la conduite qu'il avoit tenue pour s'emparer du hang françois, observa que, quelqu'interprétation qu'on voulût donner à la délibération du 12 X^{bre}. 1772, elle ne pouvoit s'entendre que de deux manières, savoir : Que le Conseil lui avoit cédé la jouissance du hang, ou pour l'expédition de 1773, sous la réserve d'un logement, ou jusqu'à l'Établissement d'une nouvelle Compagnie; que dans le premier cas, le conseil devoit rentrer dans la possession du hang françois au commencement de l'année 1774, et que, dans le second cas, il devoit toujours jouir des Appartements, Magasins, etc., qu'il s'étoit réservé, ainsi que des meubles et ustensiles qui lui étoient nécessaires préférablement à tous autres.

La persévérance du Conseil à refuser de répondre aux vues du S. de Robien le détermina à user d'adresse ; il se replia sur la nécessité de faire faire des réparations avant la prochaine arrivée des vaisseaux, et il demanda qu'à cet effet les Membres du Conseil fissent enlever leurs meubles, mais ils protestèrent, au nom du Roi, contre ce que le S. de Robien pourroit faire, et ils persistèrent à prétendre que, quoique la dépense pour le loyer du hang ne dût point être à la charge de Sa Majesté, le Ministre ayant prescrit au Conseil de disposer des Magasins et d'en faire rapporter le loyer aux armateurs par égale portion, il ne s'en suivoit pas qu'ils dussent être privés de leur logement, et qu'ils étoient en droit de le conserver sans donner une interprétation trop étendue aux ordres du Ministre.

Après avoir terminé les affaires qui exigeoient la présence du Conseil à Macao, les Membres vinrent reprendre à Canton leurs Logements dans le hang françois, et ils reconnurent que les réparations dont le S. de Robien avoit voulu se faire un prétexte pour les exclure, se bornoient à rétablir une terrasse extérieure qui communiquoit à des appartements séparés. Ils croyoient parvenir à se procurer la paix, lorsque le S. de Robien, sous les noms des sieurs de Vigny, et du Timeur, le dernier étant absent depuis longtems, leur exposa que la partie du hang que le Conseil occupoit ayant privé la Société de l'étendue des Magasins dont elle avoit besoin, elle avoit été obligée d'en louer ailleurs ; qu'ainsi il étoit aussi juste qu'indispensable que le Conseil lui tint compte du tiers du

(1775)

loyer du hang, c'est à dire de 1192 piastres $^3/_{16}^{es}$.

Une affaire qui intéressoit personnellement le S^r. de Robien, dans la discussion de laquelle il avoit voulu faire intervenir le Conseil qui, en connaissance de cause, n'avoit pas cru devoir y prendre part, augmenta encore l'espèce d'inimitié que les procédés, dont on vient de rendre compte, avoient excitée.

Le S. Foucaud, armateur du vaisseau le *Duc de Praslin*, avoit chargé, par une lettre du 6 janvier 1772, le S. de Robien de préparer les opérations relatives à son expédition, mais à l'arrivée de ce Vaisseau, le chevalier de Clouard qui en étoit le capitaine, qui étoit intéressé à ce que les négociations fussent les plus avantageuses, et qui étoit enfin à la tête de l'armement, rejeta les secours étrangers pour traiter lui-même; il termina avec les marchands chinois, sans qu'ils eussent à se plaindre, et le prétexte des engagements pris par le S. de Robien ne servit qu'à démontrer que sa réclamation n'avoit été excitée que par des motifs d'intérêt auxquels le Conseil ne pouvoit avoir égard.

Par une lettre du 2 7bre. 1774, adressée de Macao, le Conseil s'étoit plaint au S^r. de Robien resté à Canton et qui au reste ne faisoit plus de fonctions communes avec le Conseil, de ce que les capitaines de vaisseaux n'avoient point envoyé, suivant l'usage, les Paquets à l'adresse du Conseil de Direction, et il avoit prié le S. de Robien de ne point délivrer les gravures destinées à l'Empereur de la Chine (3 caisses arrivées à la consignation du Conseil par le vaisseau le *Superbe*. *Note du Ms.*) Le Conseil fut surpris, en apprenant à son retour que, malgré des instructions aussi positives, tout avoit été reçu et délivré; il écrivit en con-

(1775).

séquence au S. de Robien, que la livraison ayant été faite par lui, il en devenoit personnellement responsable, et il observa que les caisses de gravures n'avoient pu être remises sans qu'il se fut nanti d'une obligation des Marchands hannistes pour assurer le payement de 4000 Piastres qui devoit être fait au mois de décembre suivant; obligation qu'il étoit instant de déposer dans les archives du Conseil pour y rester jusqu'au moment de son échéance.

L'année précédente, le recouvrement à faire sur le corps des marchands pour avances faites au sujet des gravures se montoit à 50000 l. Le Conseil avoit reçu des ordres pressants de M. le Controleur Général et de la Compagnie de l'accélérer : C'étoit avec peine qu'on étoit parvenu à l'opérer à 1200 Piastres près qui restèrent dues par deux Marchands sous le cautionnement de six autres et dont le S^r. de Robien s'étoit chargé depuis. Il étoit par conséquent très essentiel d'user de précautions dans la nouvelle livraison des gravures; le S^r. de Robien n'avoit pu le faire sans prendre l'avis de ses confrères : Cependant après avoir discuté les arrangements faits avec lui pour solde des anciennes gravures, arrangements que le Conseil lui rappela n'avoir été pris que sur ses propres offres, il répondit qu'il n'avoit pu se dispenser de délivrer les gravures, tant pour obtenir du Gouvernement la chape de débarquement qu'on ne vouloit pas accorder sans cette condition, que pour se procurer avec les 4000 piastres qui en étoient le prix, la rentrée des 1200 qui restoient à recouvrer, qu'au surplus il avoit en sa possession les obligations chinoises, et que le S. Pankeikoa, chargé des négociations entre le Gouvernement et les Européens, l'avoit prié d'en réclamer le payement, le commerce que faisoit Sa Société lui en facilitant plus qu'à tout autre les moyens; enfin il se soumit à remettre au Conseil les 4,000 piastres à l'échéance des obligations, ou à déposer les obligations mêmes.

Il eut été difficile au S. de Robien de remplir sa soumission, puisque les obligations qu'il prétendoit lui avoir été remises par Pankeikoa, à la charge de délivrer les gravures nouvellement arrivées, l'avoient été au Conseil qui ne put se dispenser de convaincre le S. de Robien de mensonge et de mauvaise foi.

Le Bail du hang françois, que s'étoit procuré le S. de Robien pour se dispenser d'exécuter le dernier article de la délibération du mois de X^{bre}. 1772, occasionna ensuite des débats relativement au logement que devoit occuper le S. Paris envoyé par le gouvernement pour remplacer le S. de Beauregard, chirurgien major (1).

Le Conseil écrivit pour qu'il en fut mis en possession, mais le S. de Robien prétendit qu'en sa qualité de Second du Conseil et de Préposé, comme ses confrères pour en maintenir les droits, il pouvoit prendre sur lui d'interpréter les ordres du Ministre, tant pour ce qui intéroissoit le Conseil lui-même, que pour ce qui concernoit le logement qu'on exigeoit en faveur du S. Paris; Que dans l'un et l'autre cas, les logements qu'on pouvoit se procurer ailleurs ne devoient pas être à la charge du commerce, le Gouvernement ayant assigné les sommes nécessaires.

Le Conseil se référa à une lettre du 6 X^{bre}. 1771 par laquelle le Ministre, en ordonnant de faire jouir les

1. Le S. de Beauregard était logé dans le hang françois. *Note du ms.*

armateurs du Vaisseau le *Duc de Penthièvre* des logements, ustensiles et magasins du hang françois, ainsi qu'en jouissoient les autres armateurs, avoit observé, « Que la dépense pour le Loyer du hang, » Logements et Magasins destinés au commerce ne » pouvoit être à la charge du Roy, mais qu'elle devoit » être supportée par les Armateurs eux-mêmes, comme » seuls intéressés, et répartie également entre eux. » Il considéra que les manœuvres faites par le S. de Robien ne pouvoient rien changer à la réserve faite des logements étrangers au commerce; en conséquence il ordonna que celui que devoit occuper le S. Paris lui fut délivré; l'ordre fut exécuté, mais cette contestation, réunie à celle que le Conseil avoit eû à soutenir pour lui-même, détermina encore davantage la répétition du tiers de loyer faite par le S. de Robien. Alors le Conseil excédé de débats journaliers prit le parti d'abandonner Canton pour repasser en Europe et faire au ministère des représentations.

OBSERVATIONS

Le Gouvernement ayant fixé à 3,000 [1]. la somme nécessaire pour les frais de voyage, et pour le logement des membres du Conseil établi à Canton, et cette somme se trouvant, pour ainsi dire, absorbée par le premier de ces deux objets, la réserve que le Conseil s'étoit faite d'un logement gratuit étoit en quelque sorte conforme à l'intention du Ministre, qui avoit prescrit au Conseil, d'après le refus du supplément qu'il avoit demandé, de recourir aux moyens qui lui paroîtroient les plus convenables pour se loger sans surcharge pour le Roy.

(1775)

Les démarches sourdement faites par le S. de Robien pour se procurer le Bail du hang françois, Bail que Tinkoa eut résilié, s'il ne s'y étoit pas opposé, démontrent qu'il étoit plus occupé, comme consignataire, de l'intérêt de ses commettants, que de celui des membres du Conseil représentant la nation. Toute sa conduite, établie par une correspondance respective, décèle des vues ambitieuses, le désir de s'arroger tout pouvoir, d'affaiblir la considération dont devoit jouir le Conseil, et de détruire le Conseil lui-même.

Il est facile de se convaincre que des divisions aussi fréquentes parmi les Membres d'un corps chargé de veiller au bien du service du Roy et de favoriser le commerce de la nation ne peuvent subsister, sans qu'il en résulte un préjudice sensible pour des intérêts aussi précieux.

Afin d'éviter ces inconvénients que le rétablissement du Conseil pourroit faire renaître, même en retirant les pouvoirs accordés au S. de Robien, il paroît qu'il conviendroit de créer trois places, l'une de consul, l'autre de vice-consul, et la dernière de chancelier du consulat ; de défendre à ceux auxquels elles seroient accordées de se charger ni directement ni indirectement de commissions relatives au commerce des Armateurs ; la dignité et la nature des fonctions qu'ils auroient à remplir étant incompatibles avec des opérations de cette espèce ; de les obliger à tenir une table commune dont aucun ne pourroit se séparer sous quelque prétexte que ce fut : de fixer la somme nécessaire pour leurs frais de voyage et pour le loyer de la maison qu'ils occuperoient, sur laquelle seule seroit arboré le pavillon de la nation françoise ; d'abandonner enfin aux consignataires des Armateurs la jouis-

(1775)

sance entière du hang français ainsi que celle des ustensiles et des Magasins.

Quant aux dépenses qu'occasionnera cet établissement, on en présentera l'état si le plan que l'on prend la liberté de proposer est adopté, et on y joindra un projet d'instruction pour les capitaines de Vaisseaux destinés pour la Chine.

Communiquer à M. de St. Didier, et vérifier ce qu'il en coûtera.

36-43. Certificat autog. signé de Warnet, chirurgien major du vaisseau le *Duc de Penthièvre* au sujet de la santé de J. Pierre Clouët. A Canton, le 22 X^{bre}. 1772.

37-44. L. a. s. du sieur Vieillard, de Canton, le 28 Déc. 1775, à M. le Baron de Juigné pour demander la place de chef de la Nation française en Chine qui sera vacante l'année suivante par le départ de M. de Robien qui l'a d'ailleurs désigné comme remplaçant.

38-46. *Lettre à Monsieur Michel, premier commis de la Marine, à Versailles.*

Paris, le 12 janvier 1776.

MONSIEUR,

J'ai l'honneur de vous adresser cy joint l'état de la dépense que vous m'avez demandée et que j'ai faite en Chine pour le maintien du comptoir de Canton pendant l'année 1774, extrait mois par mois des registres de la dépense de la table et des frais de maison signés par M. Clouët. Vous verrez qu'elle se monte à la somme de 12937 ^{1}.15 ^{s}., sans y comprendre le montant des provisions ou boissons que je porte à celle de 5062 l. 5 s., lesquelles deux sommes forment celle de 18000 l.

Vous voyez d'après ce calcul exact que la somme de 9000 l. que Sa Majesté a accordée tant pour la dépense de la table que pour les loyers des maisons tant à Canton qu'à Macao, n'est pas à beaucoup près suffisante pour subvenir aux dépenses indispensables de ce Comptoir ; que j'ai par conséquent employé pour son maintien non seulement les 4000 l. d'appointements qui m'étoient accordés en qualité de chef mais encore 5000 l. de mes deniers.

Vous savez mieux que moi, Monsieur, et par une longue expérience combien les dépenses qu'exige ce Comptoir sont considérables et indispensables; j'ose espérer que le Ministre persuadé de la vérité de ce que j'avance, et de l'impossibilité reconnue de pouvoir subvenir à la dépense qu'exige ce Comptoir, avec la somme que Sa Majesté a bien voulu accorder jusqu'à présent, il voudra bien avoir égard à mes représentations, et que je ressentirai vivement les effets de son équité et de sa bienveillance, et que si Sa Grandeur s'occupe sous peu de ce Comptoir vous voudrez bien m'informer de sa détermination.

Je désire de tout mon cœur que vous jouissiez de la plus parfaite santé, je l'apprendrai je vous assure avec la plus grande satisfaction.

J'ai l'honneur d'être avec la plus parfaite considération et le plus sincère attachement,

Monsieur,

Votre très-humble et très-obéissant serviteur.

THIMOTÉE CADET.

(1776)

39-50. — *Consulat de Canton.*

3 février 1776.

La Ville de Canton, située sur les bords du Tigre (1), rivière considérable capable de contenir les plus grands vaisseaux, est le lieu où se rendent ceux de toute l'Europe pour leurs opérations de commerce.

Les objets principaux de ce commerce sont le thé, la porcelaine, les soies écrues, les soieries, les vernis, les papiers peints et autres objets.

La Compagnie des Indes avoit à Canton un comptoir administré par un Conseil de Direction; l'objet de cet établissement étoit de procéder aux achats qu'elle faisoit faire en Chine et de préparer à l'avance les cargaisons pour les vaisseaux qu'elle y envoyoit tous les ans, de soutenir ses intérêts vis-à-vis des autres nations commerçantes et de maintenir ses priviléges auprès du Gouvernement chinois. Mais le commerce de l'Inde et de la Chine ayant été abandonné aux négociants du Royaume, l'établissement du Conseil de Canton tel qu'il est aujourd'hui devient sans objet

---

1. On sait que la province de Kouang toung dont Canton (Kouang tcheou) est la capitale est traversée par une série de cours d'eau qui fournissent des moyens nombreux et faciles de transport pour les marchandises. La rivière de Canton est principalement formée des rivières de l'Ouest *(Si kiang)* et du Nord *(Pe kiang)* qui se réunissent au-dessus de la ville et de la rivière de l'Est qui s'y jette à Wampou; la rivière de Canton reçoit le nom de *Tchou kiang* (les Anglais écrivent *Chu kiang*) ou rivière de la Perle à *Che men*, à 14 milles à l'ouest de Canton et le garde jusqu'à sa principale embouchure dans le Delta où viennent se réunir tous les cours d'eau qui dépendent d'elle, embouchure que les Portugais nomment *Boca Tigris* (d'après l'équivalent chinois Hou men) et dont les Anglais ont fait *The Bogue.*

(1776)

relativement aux opérations de commerce qui lui étoient confiées. — Cependant il n'en mérite pas moins l'attention de Sa Majesté par l'utilité dont il pourroit être sous une autre forme pour rendre la justice à ses sujets et donner au commerce la protection qui lui est nécessaire.

Pour remplir à cet égard les vues de Sa Majesté, il paroît qu'on ne peut rien faire de mieux que d'y appliquer la forme d'administration qui a été adoptée pour le commerce de la nation dans les Échelles du Levant où Sa Majesté entretient des consuls chargés de connoitre des discussions de commerce qui surviennent entre ses sujets et de les protéger auprès des Souverains du Pays.

C'est d'après ces principes que le feu Roy a érigé en Consulat le Comptoir que la Compagnie des Indes avait à Surate, ville située en Asie entre la Cote Malabarre et la Perse.

C'est pour suivre le même plan que l'on propose à Sa Majesté d'ériger aussi en Consulat le Conseil de Direction que la Compagnie des Indes entretenoit cidevant à Canton, et de composer ce Consulat d'un Consul et d'un Chancelier pour rendre la justice à ses sujets, et maintenir la paix et la bonne harmonie entre eux et les sujets des autres puissances de l'Europe qui y font le commerce conformément au projet d'ordonnance cy joint.

Si Sa Majesté approuve ce projet d'ordonnance, Elle est suppliée d'agréer pour la place de Consul le S^r. Thimothée qui s'est toujours bien comporté et qui est encore aujourd'hui à la tête du Conseil de Canton, et pour Chancelier le S^r. Clouët, aussi membre du Conseil.

Bon.

(1776)

3 février 1776.

40-52. — DE PART LE ROY

Sa Majesté voulant changer la forme suivie jusques icy pour l'Administration du commerce à Canton et dans les lieux qui en dépendent, en rendant la navigation de ses sujets plus libre et également protégée, Elle a ordonnée et ordonne ce qui suit :

Article Ier.

Il sera créé un Consul de la nation françoise à Canton et lieux en dépendants à l'instar des Consuls de la nation françoise résidents auprès des Princes de la Barbarie.

Art. 2.

Celui qui aura obtenu des lettres de Consul en fera faire l'enregistrement en la chancelerie du Consulat et prêtera serment suivant l'adresse portée par sa commission.

Art. 3.

Il sera nommé également par Sa Majesté un Chancelier du Consulat, lequel sera reçû et installé par le Consul et prêtera serment entre ses mains.

Art. 4.

Ces deux officiers jouiront des appointements qui leur seront fixés par Sa Majesté, au moyen de quoy le dit consul sera tenu des dépenses particulières de son département sans pouvoir rien prétendre pour cet objet.

Art. 5.

Les frais des actes passés à la Chancelerie seront réglés par Sa Majesté sur la proposition qui en sera faite par le Consul au Secrétaire d'État aiant le département de la Marine et le tableau approuvé sera mis au lieu le plus apparent de la Chancelerie.

Art. 6.

Le Consulat venant à vaquer, le Chancelier fera les fonctions de Consul jusqu'à ce qu'il y ait été pourvu par Sa Majesté.

Art. 7.

A la fin de chaque année, le Chancelier ou le Commis chargé de la caisse présentera son compte général de recettes et de dépenses avec les pièces justificatives au consul qui l'examinera de concert avec deux notables de la nation pour être lu et clos et copie envoyée au Secrétaire d'État aiant le département de la Marine, le compte et les pièces justificatives demeureront déposés dans la Chancelerie du Consulat.

Art. 8.

Seront tenus tous les Capitaines de navires d'aller mouiller devant Macao pour y prendre les pilotes chinois qui doivent les conduire à Vampou ; et si le Consul ou quelqu'un qui le représente se trouve encore à Macao, ils lui remettront les Paquets dont ils seront chargés et n'appareilleront point qu'ils n'aient pris ses instructions sur la conduite qu'ils auront à tenir en remontant la rivière pour aller de Macao à Vampou.

Art. 9.

Le Consul, dans les affaires tant civiles que criminelles, se comportera avec la plus grande discrétion et évitera par sa conduite tout ce qui pourroit apporter quelque gêne au commerce et donner de la jalousie au Gouvernement chinois.

(1776)

Art. 10.

Pendant le séjour des Vaisseaux à Canton et dans les lieux qui en dépendent, les différents qui s'élèveront parmi les passagers et l'Équipage seront portés par-devant le Consul et les jugemens qui interviendront seront exécutés par provision et en donnant caution. Entend également Sa Majesté que s'il se commettoit quelques délits, les capitaines des Vaisseaux et en leur absence ceux qui les représenteront soient obligés d'en porter leurs plaintes au Consul, dont le jugement sera définitif et sans appel s'il n'entraîne pas peine afflictive, pourvu toutes fois que dans l'un et l'autre cas les jugemens soient rendus avec deux notables de la Nation.

Art. 11.

Et ou il écheeroit peine afflictive il instruira le procès et l'enverra avec l'accusé, qu'il consignera dans le premier Vaisseau de nos sujets qui fera routte pour France pour être mis à la disposition du Secrétaire d'État aiant le département de la Marine et être ensuitte par nous statué ce qu'il appartiendra.

Art. 12.

Sa Majesté fait très expresses inhibitions et deffenses à tous ses sujets sans distinction établis à Canton, ou dans les lieux qui en dépendent, tels que Vampou, Macao et autres, comme aussi à tous françois, négocians, passagers, capitaines, maîtres, patrons et matelots des navires françois qui iront dans les dits Ports de se pourvoir par devant les Juges des lieux pour raison des différents, procès et contestations qu'ils y pourront avoir entre eux, ni de passer aucuns actes et contracts devant les officiers du Païs ou ceux des Na-

(1776)

tions étrangères qui y résident à peine de désobéissance et de nullité desdits actes et contracts. Veut Sa Majesté qu'ils s'adressent au Consul pour connoître, terminer et juger tous différents, contestations et procès qui surviendront entre eux sans l'appel de droit et qu'ils passent dans la chancelerie du Consulat les actes et les contracts qu'ils auront à faire.

Art. 13.

Pourra le Consul, après information faite, faire sortir de Canton et dépendances les françois de vie et conduite scandaleuse, après toutes fois qu'ils auront pris les mesures nécessaires pour satisfaire aux engagemens qu'ils pourroient avoir contractés avec les Chinois, ou avec tout autre étranger établi à Canton et dans les dépendances du Consulat ; enjoignons à tous capitaines de les embarquer sur l'ordre du Consul, à peine de 500^l. d'amande : Adressera le Consul par le même Batiment au Secrétaire d'État aiant le département de la Marine, les motifs qui auront déterminé le Renvoy.

Art. 14.

En cas de contestations entre le Consul et les négocians et autres françois pour leurs affaires particulières, les parties adresseront leurs mémoires au Secrétaire d'État aiant le département de la Marine pour sur son rapport au Conseil être statué par nous ce qu'il appartiendra.

Art. 15.

Le Consul sera tenu de faire l'Inventaire des biens et effets de ceux qui décéderont sans héritiers sur les lieux, ensemble des effets sauvés des naufrages, dont

(1776)

l chargera le Chancelier au pied de l'Inventaire en présence de deux françois qui signeront.

Art. 16.

Si toutes fois le Défunt avoit constitué un procureur pour recueillir ses effets, ou s'il se présente un commissionnaire porteur d'un connoissement des marchandises sauvées les effets leur seront remis.

Art. 17.

Sera tenu le consul d'envoyer incessamment copie de l'inventaire des biens du décédé et des effets sauvés du naufrage au Secrétaire d'État aiant le Département de la Marine.

Art. 18.

Tout Acte expédié dans l'Étendüe du département de Canton ne pourra faire foy dans le Royaume s'il n'est légalisé par le Consul.

Art. 19.

Les testaments reçus par le Chancelier dans l'Étendüe du consulat en présence du Consul et de deux témoins seront réputés solennels.

Art. 20.

Les Polices d'assurance, les obligations à grosse avanture ou à retour du Voyage et tous autres contracts maritimes pourront être passés en la chancelerie du Consulat. Sera tenu le Chancelier de recevoir les dits actes et contracts, de collationner et de certifier toutes les pièces qui lui seront présentées par les françois négocians, passagers, capitaines, maîtres, patrons et matelots et de leur en délivrer des expéditions en bonne forme.

(1776)

Art. 21.

Le chancelier aura un registre cotté et paraphé en chaque feuillet par le Consul sur lequel il écrira tous les actes du Consulat, Enregistrera les polices d'assurance, les obligations et contracts qu'il recevra, les connoissemens ou polices de chargement qui seront déposés en ses mains par les mariniers et passagers, et les testaments et inventaires des effets délaissés par les défunts ou sauvés du naufrage et généralement tous les actes et procédures qu'il fera en qualité de chancelier.

Art. 22.

Les capitaines et patrons des navires marchands qui aborderont dans les ports du Consulat de Canton seront tenus en arrivant de représenter au Consul leurs congés, de lui faire rapport de leurs voyages et de prendre en partant un certificat signé de lui du tems de leur arrivée et départ.

Art. 23.

Il sera accordé au Consul la liberté et permission de porter le même uniforme qui a été réglé pour les commissaires de la Marine par l'ordonnance du 25 mars 1765.

Entend Sa Majesté que le Pavillon de la Nation soit arboré à la maison du consul, et qu'aucun autre françois que le consul ne puisse le prétendre à quelque titre et en quelque qualité que ce soit.

Mande Sa Majesté au Consul de Canton et à tous autres qu'il appartiendra de se conformer en tous points à la présente ordonnance et de tenir la main à son exécution

Approuvée.

(1776)

41-58. — 11 février 1776.

3 pages in-folio. Le Contrôleur Général réclame une somme avancée des fonds de la liquidation de la Compagnie des Indes pour l'entretien et les dépenses du Comptoir de Canton.

42-59. — *Lettre à Monseigneur de Sartine, Ministre de la Marine à Versailles.*

Paris, le 20 février 1776.

[R. le 25 fév. 1776.]

Monseigneur,

Ayant eû l'honneur de me présenter Mercredi dernier à votre audience pour faire à Votre Grandeur mes respectueux remerciements de ses bontés sur la nomination qu'elle a obtenue de Sa Majesté en ma faveur de la place de Consul à Canton et dont elle m'avoit fait l'honneur de m'informer par sa lettre du 11 du présent mois, j'ay eû celuy de lui représenter que mes facultés ne me permettoient pas d'occuper cette place avec le trop modique traitement que Sa Majesté y a attaché ; que l'expérience m'avoit appris que les dépenses d'obligation et indispensables me nécessiteroient d'y employer chaque année une partie des débris de ma fortune, et qu'en observant strictement les intentions de Sa Majesté et les votres, Monseigneur, sur le commerce qui m'est interdit, il ne me resteroit aucunes ressources pour suppléer aux susdites dépenses.

Vous parûtes prendre pour lors en considération, Monseigneur, l'évidence de mes représentations, mais vous m'observates que vous ne pensiez pas que Sa

Majesté fut dans l'intention d'augmenter le traitement de cette place, qu'au surplus vous me donniez quelques jours pour y réfléchir.

Je suis pénétré, Monseigneur, des bontés dont Votre Grandeur me comble en me demandant par sa lettre du 18, le résultat de mes réflexions. Elles sont toujours les mêmes, Monseigneur, et je prends la liberté de les lui renouveller, avec le regret le plus sensible de n'être pas par ma fortune en état de répondre à la bienveillance dont elle m'honore. Je crains de l'ennuyer par de plus longs détails à ce sujet, mais je prie M. Michel par une lettre particulière de ce jour de vous faire part de ce que je lui marque relativement à cet objet. Je me persuade, Monseigneur, qu'après en avoir pris communication, vous voudrez bien vous pénétrer de la vérité de mes motifs, et du regret sincère que j'ai de ne pouvoir pas donner à Sa Majesté et à Votre Grandeur de nouvelles preuves de mon zèle pour son service, si Elle n'a la bonté de me mettre en état de faire avec honneur et désintéressement les fonctions de la place à laquelle elle a bien voulu me nommer.

Je suis avec le plus profond respect,
Monseigneur,
Votre très humble et très obéissant serviteur,

THIMOTÉE CADET.

43-60. — *Lettre à M. Michel, premier commis de la Marine, à Versailles.*

Paris, le 20 février 1776.

J'ai reçu ce matin, Monsieur et cher confrère, une lettre dont le Ministre m'a honoré le 18 de ce mois.

Elle a pour objet de me demander si j'ai pris ma résolution sur ma nomination par Sa Majesté au Consulat de Canton aux conditions qu'elle m'a prescrites, et si j'ai pris des mesures pour mon départ.

J'ai l'honneur d'adresser ma réponse par ce courrier au ministre, et en lui confirmant les représentations que j'ai eû l'honneur de lui faire à son audience mercredi dernier, j'ai celui de le prévenir qu'étant entré avec vous dans mes lettres particulières dans des plus grands détails sur l'empêchement où j'étais d'accepter cette place aux conditions prescrites, vu la modicité du traitement qui y est attaché, je vous priois par cette présente lettre, de mettre mes précédents sous ses yeux. Je vous prie, Monsieur et cher confrère, de le faire, et de vouloir bien aussi faire valoir au ministère les considérations cy après.

J'ai en Languedoc une tante fort âgée qui me veut du bien ; il y a quinze ans que je ne l'ai vue, et je reçois à chaque courrier des lettres par lesquelles elle me mande d'aller passer quelques mois auprès d'elle. Vous concevez, Monsieur et cher confrère, que je dois l'aller joindre et ne dois pas différer ; ce qui dans l'hypothèse où le ministre m'accorderoit ma demande sur le traitement de la place de Consul ne me permettroit de m'embarquer que dans un des vaisseaux qui partiront en 9bre. ou X^{bre}. ; représentez vous je vous prie qu'en m'embarquant pour occuper la place à laquelle le ministre a eû la bonté de me faire nommer, je fais d'un côté le sacrifice des bonnes intentions où ma tante paroît être en ma faveur ; les absents ont toujours tort, et ceux qui sont auprès des personnes âgées sont toujours à portée de les capter ; quoi qu'il en soit, après avoir passé quelques mois

(1776)

auprès d'elle, mon devoir m'oblige, et quoiqu'il en puisse résulter à mon désavantage auprès de cette tante, je partirai sous les ordres du ministre, mais en sacrifiant d'un côté je ne puis le faire également de l'autre, et me mettre aux risques de sacrifier aux fonctions du Consulat le reste des débris de ma chétive fortune.

D'après tous ces détails je me persuade que le ministre voudra bien prendre en considération mes justes représentations et porter Sa Majesté à fixer mon traitement à la somme de 10,000 [1].

Je suis avec la plus parfaite considération et le plus sincère attachement,

Monsieur et cher confrère,

Votre très humble et très obéissant serviteur,

THIMOTÉE CADET.

44-61. Copie de la lettre 59, faite par Thimotée lui-même.

45-62. — *Lettre à Monseigneur de Sartine.*

Paris, le 26 février 1776.

MONSEIGNEUR,

Ayant vu par la lettre du 25 de ce mois dont Votre Grandeur vient de m'honorer qu'elle ne peut me faire augmenter le traitement que Sa Majesté avoit fixée à la place de Consul à Canton, auquel mes facultés ne me permettent pas de suppléer, et de répondre à la confiance dont elle m'a honoré ; je prends la liberté de supplier Votre Grandeur de vouloir bien me conserver néanmoins la portion de bienveillance qu'elle a bien voulu m'accorder et de sa protection.

Je suis avec le plus profond respect,
Monseigneur,
Votre très humble et très obéissant serviteur,

THIMOTÉE CADET.

46-63. Mémoire du Sieur Thimotée à Monseigneur de Sartine pour demander d'être « remis à la place qu'il occupoit à Canton » et que ses appointements soient portés à 10,000 livres.

« Le sieur Thimotée a l'honneur de représenter à votre Grandeur qu'il a été nommé en 1771 chef du Conseil établi à Canton, en Chine ;..... »

« Il fut accordé au chef du Conseil quatre mille livres d'appointements, deux mille livres au S^r. de Robien, et quinze cents livres au S^r. Clouët, on y a ajouté trois mille livres pour frais de logement tant à Canton qu'à Macao et six mille livres pour la dépense de la Table du Conseil.... »

[Cette pièce est de fév. 1776, mais le mémoire n'est pas daté, il doit être antérieur aux pièces précédentes.]

47-64. Récapitulation de la Dépense de table et des frais de maison du Comptoir de Canton en Chine faite par le S. Thimotée du 1er Janvier 1774 au 31 Décembre de la même année.

SAVOIR :

	T	m	c	c
1774. Dépense de table du 1er au 31 janvier .	70	2	2	8
Idem . . . du 1er au 28 février .	55	7	3	3
Idem . . . du 1er au 31 mars . .	53	9	8	1
Idem . . . du 1er au 30 avril . .	94	8	9	5
Idem . . . du 1er au 31 mai . .	61	»	7	5
A Reporter. . .	335	9	1	2

(1776)

		T	m	c	c
	Report. .	335	9	1	2
1774. Dépense de table	du 1ᵉʳ au 30 juin. . .	70	1	9	2
Idem . . .	du 1ᵉʳ au 31 juillet. .	67	5	6	3
Idem . . .	du 1ᵉʳ au 31 août . .	61	9	6	4
Idem . . .	du 1ᵉʳ au 30 septembre	66	2	5	3
Idem . . .	du 1ᵉʳ au 31 octobre .	126	5	8	9
Idem . . .	du 1ᵉʳ au 30 novembre	83	»	7	7
Idem . . .	du 1ᵉʳ au 31 décembre.	139	8	4	7
Total de la dépense de Table (1)		951	3	9	7

FRAIS DE MAISON, ETC.

	T	m	c	c				
1774. Frais de Maison :								
du 1ᵉʳ au 31 janvier .	19	8	7	7				
du 1ᵉʳ au 28 février .	16	7	5	»				
du 1ᵉʳ au 31 mars . .	36	2	9	7				
du 1ᵉʳ au 30 avril . .	33	9	6	»				
du 1ᵉʳ au 31 mai . .	24	1	4	»				
du 1ᵉʳ au 30 juin . .	24	8	2	»				
du 1ᵉʳ au 31 juillet. .	23	1	»	5				
du 1ᵉʳ au 31 août . .	24	7	»	»				
du 1ᵉʳ au 30 septembre	35	3	1	7				
du 1ᵉʳ au 31 octobre .	23	»	8	»				
du 1ᵉʳ au 30 novembre	16	6	7	7				
du 1ᵉʳ au 31 décembre	20	7	3	»				
Pour bougie achetée à Macao	46	6	2	»				
Pour frais de voyage de Canton à Macao	125	6	7	9				
Pour réparations faites de la maison de Macao et pour le loyer	233	4	3	8				
Pour frais de voyage de Macao à Canton	68	4	5	»	773	6	4	»
Total de la dépense de la table et des frais de Maison . .					1725	»	3	7

1. Dans le MS. le total porte par erreur : 951. 3. 9. 3.

(1776)

Lesquels 1725ᵀ.» 3c. 7c. à raison de 7ˡ. 10s. pour un Tael font argent de France la somme de cy		L. 12937ˡ. 15ˢ»
A laquelle somme il faut ajouter le montant des provisions en vins pour au moins celle de. . . .		5062. 5 ».
Total de la dépense du Comptoir de Canton, cy . . .		L. 18000. »
Sa Majesté n'a accordé pour la dépense de la table que la somme de	6000ˡ.	
Et pour les loyers des maisons tant à Canton qu'à Macao et pour frais de voyage que	3000	
Total cy	9000ˡ.	
Il résulte d'après le calcul exact que le Sʳ Thimotée a été obligé, pour subvenir aux dépenses du Comptoir de Canton, de payer par an de ses propres deniers une somme de cy . . .	9000	
Somme égale à celle cy dessus	18000ˡ.	

Savoir : Les 4000ˡ. que Sa Majesté lui accordoit pour ses appointements, et en outre une somme de 5000ˡ. qu'il prenoit sur son patrimoine.

48-70. Note du S. Thimotée demandant la protection du Duc de Chartres pour être réintégré dans ses fonctions à Canton avec 10,000ˡ. d'appointements, 1776; antérieure sans aucun doute aux pièces précédentes.

49-71. — *Comptoir de Canton.*

1776, 16 juin.

M. le Ch^{er}. de Robien, chef par *interim* du Conseil de Canton, adresse deux lettres à Monseigneur, l'une du 20 9bre. par un navire anglois, l'autre du 10 X^{bre}. 1775, par le navire le *Modeste*, qui vient d'arriver à L'Orient.

Il se borne dans la première à annoncer le nombre des Vaisseaux qui étoient arrivés dans la Rade de Vampou, consistant en :

4 Vaisseaux françois, savoir :
    La flute du Roi l'*Étoile*, commandée par M. de Trobriant.
    Le navire le *Dauphin*, Cap^{ne}. le S: Dordelin.
    Le *Modeste*, Cap^{ne}. le S. Dumont.
    Et l'*Alexandre*, Cap^{ne}. le S. Layssart.
4 Vaisseaux hollandois.
2 Suédois.
2 Danois.
13 Anglois dont 5 d'Europe et 8 de l'Inde.

25 Ce qui fait en tout 25 Vaisseaux.

Les Navires le *Beaumont* et le *Brisson*, qui devoient augmenter le nombre des Vaisseaux françois, n'ayant point encore paru, leur voyage est manqué, du moins pour l'expédition de 1775.

M. de Robien annonce la mort du S. Moreau, anciennement subrécargue au service de la Compagnie des Indes, et se propose d'envoyer les comptes de la succession aux Directeurs de cette Compagnie. C'est une erreur qu'il sera bon de relever, ces comptes devant être adressés au Ministre de la marine.

(1776)

La seconde lettre a pour objet l'arrivée à Macao de la flute du Roi l'*Étoile*, commandée par M. de Trobriand. L'intention de M. Chevalier en envoyant cette flute en Chine, étoit de lui procurer un chargement pour le compte de ceux qui se sont intéressés dans l'expédition de Bornéo, mais afin de diminuer les frais de l'armement, et de ne pas compromettre un Vaisseau de Sa Majesté dans un pays où les formalités sont contraires aux privilèges de la Marine, il avait donné ordre à M. de Trobriand de rester dans le port de Macao, croyant par cette manœuvre éviter la visite du hou-pou (1), et se soustraire au droit d'ancrage et de mesurage.

M. Chevalier, ignorant les usages de la Chine, et trompé par des rapports infidèles, étoit dans une double erreur.

Premièrement, aucun vaisseau étranger, à l'exception des Espagnols de Marseille, n'a droit de venir faire le commerce de la Chine à Macao ; le Gouvernement chinois ne le permet pas, et les Portugois s'y opposeroient eux-mêmes, parce qu'ils ont intérêt à ne pas faire participer les autres nations aux avantages dont ils jouissent.

Secondement, les Portugois n'ont jamais été exempts du droit d'ancrage et de mesurage. Leurs Bâtimens avant que de sortir du Port reçoivent la visite du hou-pou et payent ce droit. Leurs marchandises tant d'importation que d'exportation sont imposées aux douanes, et le seul avantage qu'ils ayent, c'est qu'ils ne sont taxés que comme les Chinois, au lieu que les autres nations subissent des taxes plus considérables.

1. Le hou-pou est le mandarin qui préside au commerce. *Note du Ms.* — Voir notre note, page 9.

(1776)

M. de Trobriand à son arrivée, ayant été averti de toutes ces entraves par M. le Ch^{er}. de Robien, a senti lui-même qu'il lui seroit impossible de concilier les privilèges que les Vaisseaux du Roi, réclament dans tous les Ports étrangers avec le Commerce qu'il vouloit faire à Canton. Il avait annoncé sa flute comme appartenant au Roi, et commandée par un officier de sa marine, qui ne venoit point trafiquer pour lui-même, mais qui demandoit à charger son Bâtiment pour le compte de divers négociants, et il prétendoit, d'après cette déclaration, être exempt de tous les droits et de toutes les formes qui pouvoient intéresser les privilèges des officiers de la marine et la coque du Vaisseau de Sa Majesté, mais le Gouvernement chinois, très despotique à l'égard des étrangers, ne comprenant rien à cette distinction, n'a voulu se désister d'aucuns de ses usages, en sorte que pour ne pas faire perdre aux Armateurs du Bengale le fruit d'un armement très dispendieux, il a fallu imaginer des tempéraments qui sauvassent l'honneur du Pavillon et qui permissent de charger dans la Rivière de Canton. Un navire Portugois nommé le *Népomucène*, revenant du Gange, a fourni le moyen qu'on cherchoit. M. de Trobriand a feint d'avoir reçu par ce Navire des dépêches de l'Administration royale de Chandernagor par lesquelles elle lui mandoit qu'elle avait jugé à propos de freter au commerce la flute l'*Étoile* jusqu'à son retour dans le Gange, et lui enjoignoit de la considérer jusqu'à cette époque comme un Bâtiment destiné au commerce dont le commandement lui étoit confié, ainsi que cela s'était pratiqué à l'égard de la flute la *Seine*, commandée par M. de la Pérouse, de M. de Vigny, et de plusieurs autres officiers de marine. Ce

(1776)

parti, le seul raisonnable et le seul qui pût applanir les obstacles qui s'opposoient à la mission de M. de Trobriand, ayant été adopté, cet officier s'est rendu à Vampou, où il a radoubé et chargé sa flute, et d'où il est parti le 27 9bre. 1775, laissant le Gouvernement chinois, les étrangers, et les françois également satisfaits de la conduite qu'il a tenue.

Au reste, M. de Robien assure que tant que la flute du Roi, l'*Étoile*, a été dans le Port de Macao, les prérogatives des Vaisseaux du Roi ont été respectées, et que le Gouvernement chinois a même eû pour cette flute des déférences qu'il n'avoit encore observées à l'égard d'aucun vaisseau des Puissances étrangères. M. de Robien, attentif à cette distinction, a eu soin d'en consigner les preuves dans les Archives de Canton et de recueillir même une expédition de celles du Gouvernement chinois qui lui ont été remises dans la forme la plus authentique, et dont il fera sans doute passer des copies dans la suite.

Approuvé

50-73. — CONSULAT DE CANTON.

20 8bre. 1776.

Votre Majesté avoit nommé le 3 février de cette année le S. Thimotée pour remplir la place de Consul à Canton, et le S. Clouët pour exercer les fonctions de Chancelier. Le S. Thimotée n'ayant pû suivre sa destination et le S. Clouët ayant quitté Canton pour s'établir à l'Ile de France, ces deux places sont vacantes.

Votre Majesté est suppliée d'agréer pour les remplacer :

(1776)

Le S`r`. *Vauquelin* en qualité de Consul.

Il étoit ci-devant supercargue des Vaisseaux de la Compagnie des Indes, et il a fait plusieurs voyages en Chine.

Le S. *Vieillard* en qualité de Chancelier.

Il est actuellement en Chine. Les témoignages qui m'ont été rendus de ses talents et de sa conduite m'engagent à le proposer à Votre Majesté pour cette place.

Bon.

51-74. — *Rapport sur les propositions précédentes.*

20 8bre. 1776.

On propose pour remplir la place de Consul le S. Vauquelin, qui pendant 24 ans a été attaché au service de la Compagnie des Indes en qualité de supercargue et a fait plusieurs voyages en Chine. Il est instruit des mœurs et des usages du Païs. M. Michel, qui le connoît, le croit en état de répondre aux vues de Monseigneur dans cette place ; mais le S`r`. Vauquelin, à qui on a communiqué l'État des dépenses arrêtées pour ce Consulat, qui se montent ensemble à 22,000 l, demande qu'il y soit ajouté une somme de 1400 l. pour les repas extraordinaires qu'on est indispensablement dans le cas de donner aux différentes nations qui se trouvent à Canton, en lui allouant cette somme qui porteroit les dépenses à 23,400 l. Il se soumet à tous les règlements faits pour cet établissement.

Si Monseigneur agrée le S`r`. Vauquelin en qualité de Consul, on croit devoir lui demander pour remplir la place de Chancelier le S`r`. Vieillard, actuellement à Canton. Il a conduit conjointement avec le S`r`. de Robien les affaires du Conseil. Il jouit d'une bonne réputation et M. le Baron de Juigné, qui le connoît, prend un intérêt particulier à ce qui le concerne.

Si Monseigneur approuve ces dispositions on expédiera aux S^r. Vauquelin et Vieillard les titres qui leur sont nécessaires et on fera en même tems la feuille pour le travail du Roy.

Approuvé.

52-75. Rapport pour proposer l'envoi de 5000 piastres à Canton, à compte des fonds du Consulat.

27 8bre. 1776.

53-90. CONSULAT DE CHINE.

État des effets de marine et autres trouvés au Comptoir français et remis par M. Clouët à M. Vauquelin, Consul de France, conformément aux ordres de Monseigneur de Sartine, ministre de la marine.

. . . .

A Canton, le 17 novembre 1777.

C. VAUQUELIN, CLOUËT.

L'État s'élève à Taels. 270. 6^m ». ».

54-91. CHINE, 1777.

Comptoir de Canton.

État des appointements et subsistances payés aux employés du Comptoir ci-après dénommés pour les années 1776 et 1777 comme suit.

A M. Clouët.

Pour ses appointements de 1776 en qualité de troisième du Comptoir à raison de 1500 ^{1}.,

(1776-1777)

lesquelles à 48ˡ. 10ˢ. pour 6ᵗ. 5ᵐ. font 208ᵗ.»ᵐ 3ᶜ. 1ᶜ. qui à 718ᵉ pour une piastre font . . . 280ᵖ. »
Pour id. de 1777 comme Chef du Comptoir en vertu de la lettre de Monseigneur de Sartine datée du 25 février 1776, 4000ˡ. qui à 48ˡ. 10ˢ. pour 6ᵗ. 5ᵐ. font 536ᵗ.»ᵐ. 8ᶜ. 2ᶜ. pour une piastre 746. 10/16
    1026. 10/16

Payé à M. Clouët pour subsistance pendant l'année 1776 à raison de 1 pᵉ 1/2 par jour pour lui et son domestique . 347ᵖ. 1/2
Payé au dit pour id. à compter du premier janvier 1777 jusqu'au 18 juin inclusivement, jour de son embarquement à l'Ile de France sur le Vᵉᵃᵘ. le *Vicomte de Tallerant*, faisant 5 mois 18 jours à 1 p. 1/2 par jour. 252   799. 8/16

A M. Thimotée, enfant de langue.

Pour ses appointements de l'année 1777 à raison de 800 ˡ. par an faisant 6ᵗ. 5ᵐ. pour 48ˡ. 10s. 107ᵗ. 2ᵐ. 1ᶜ. 7ᶜ. qui à 7ᵐ. 1ᶜ. 8ᶜ. pour une piastre donnent .   149. 5/16
    1975. 7/16

Arrêté le présent État et certifié véritable montant sauf erreur ou omission à la quantité de dix-neuf
(1777)

cent soixante-quinze piastres sept seizièmes à Canton le 31 Décembre 1777. Fait quadruple.

CLOUËT.

55-93. *Duplicata.* — *Lettre à Monseigneur de Sartine.*

Par le V^{eau}. le *Duc de Fitz-James*.

MONSEIGNEUR,

J'ai reçu le brevet de Chancelier du Consulat de Chine, dont Sa Majesté a bien voulu m'honorer, permettez-moi, Monseigneur, de vous faire les remerciements les plus sincères de cette faveur, que je ne dois qu'aux effets de la protection que vous avez bien voulu m'accorder. Qu'il me soit permis, Monseigneur, de vous en demander la continuation. Je m'efforcerai de m'en rendre digne par mon zèle et mon assiduité à remplir mes devoirs.

Je suis avec le plus profond respect,
Monseigneur,
Votre très-humble et très-obéissant serviteur,

VIEILLARD.

Canton, le 20 janvier 1778.

56-93bis. — *Lettre à Monseigneur de Sartine.*

S. d. [26 janvier 1778].
CONSULAT DE CHINE.

MONSEIGNEUR,

J'ai l'honneur de vous prévenir que lors de mon arrivée à la Chine, j'ai trouvé le S^r. Thimotée fils qui occupait au comptoir français la place d'enfant de langue, j'ai en vertu de vos instructions jeté les yeux sur lui pour la place d'interprète. Comme vous m'aviez ordonné, Monseigneur, de procéder au choix d'un bon et fidèle interprète, j'ai crû qu'il serait prudent de différer jusqu'au 20 novembre pour m'assurer si ce jeune homme serait en état d'occuper cette place. A cette époque j'ai crû pouvoir en disposer en sa faveur quoiqu'il ne fut pas capable de la remplir ; j'espérais que par son assiduité à l'étude il s'en rendrait digne, et comme les occupations que pourrait lui donner ce poste seraient insuffisantes pour l'occuper, je lui ai proposé cette place à la charge de faire les écritures du greffe qui sont très fortes pour une seule personne, sous la direction de M. Vieillard : Je lui donnais par ce moyen occasion de s'instruire des affaires, et de se rendre capable d'occuper un jour la place de Chancelier, je le tirais de l'inaction dans laquelle il aurait surement vécu attendu son inclination naturelle à la paresse la plus honteuse. Je n'ai essuyé de sa part que les refus les plus indécents et avec restriction d'être absolument indépendant du Chancelier et de ne faire aucunes écritures relatives au Consulat; comme ces conditions qu'il ne devait pas me faire, ne pouvaient qu'autoriser l'indépendance dans laquelle la majeure partie des Français prétendent être dans ce pays, je les ai rejetées et l'ai menacé de disposer de cette place en faveur du S^r. Galbert fils que ses talens rendaient beaucoup plus digne que lui.

Comme je prévoyais, Monseigneur, que cette faute pouvait tirer à des conséquences majeures pour ce jeune homme, j'ai cru qu'il était prudent de différer de sévir. Je lui ai fait faire des remontrances par des

(1778)

personnes dont l'âge et l'expérience devaient avoir de l'ascendant sur son esprit et notament par M^r. le Ch^{er}. de la Villesbrune, elles n'ont rien pu gagner sur lui. Je lui ai moi-même fait apercevoir sa faute, toutes mes démarches ont été infructueuses, et je me suis vû dans la triste nécessité de lui signifier que je disposais de la place d'interprète en faveur du S^r. Galbert, fils d'un ancien supercargue de la Comp^{ie}.: ce jeune homme actuellement employé au commerce particulier a constamment mérité l'estime et l'amitié de ses supérieurs depuis huit années consécutives qu'il réside dans ce pays.

Je suis avec respect,
Monseigneur,
Votre très-humble et très-obéissant serviteur,

C. VAUQUELIN.

57-94. — *Lettre à Monseigneur de Sartine.*

Par le V^{au.} le *Pondichéry*.

CONSULAT DE CANTON.

Commission
de l'Empereur de la Chine.

DUPLICATA

MONSEIGNEUR,

L'Empereur de la Chine désirant une glace pour l'embellissement de son palais s'est adressé aux Français pour faire venir ce meuble de France ; ces sortes de demandes sont toujours avantageuses pour la nation qui se trouve chargée de les remplir. J'ai cru, Mon-

(1778)

seigneur, devoir promettre que cette commission serait remplie avec exactitude ; les proportions qui m'ont été données, sont :

>Hauteur. . . . . 87 pouces
>Largeur. . . . . 72 d°

J'espère, Monseigneur, que vous voudrez bien donner vos ordres en conséquence, pour nous mettre à même de remplir les désirs du Souverain de ces contrées.

Je suis avec respect,
Monseigneur,
Votre très-humble et très-obéissant serviteur,

C. VAUQUELIN.

Canton, le 8 février 1778.

58-97.
BUREAU DE L'INDE.

Du 27 8bre. 1778. [*Le 2 9bre. 1778. Ecrit à M. Bertin* (1)].

Pour satisfaire au désir de l'Empereur de la Chine (2) pour l'embellissement de son Palais, M. Vauquelin, Consul de la Nation à Canton, demande qu'il lui soit

---

1. Henri Léonard Jean-Baptiste Bertin, né dans le Périgord, d'une ancienne famille de robe en 1719; conseiller, 1741 ; président au grand conseil, 1750; l'un des commissaires dans le procès de Mahé de La Bourdonnais ; lieutenant-général de police, 1757; contrôleur général des finances, octobre 1759; donne sa démission en 1763 ; mais reste ministre d'Etat avec sa place au conseil; ministre intérimaire des affaires étrangères après la retraite du duc d'Aiguillon, 1774, jusqu'à son remplacement par M. de Vergennes; mort en 1792.

2. L'Empereur dont il est ici question ainsi que dans presque

(1778)

envoyé de France une Glace de 87 pouces de hauteur sur 72 pouces de largeur, et il observe que ces sortes de commissions sont toujours avantageuses pour la nation qui se trouve chargée de les remplir.

Dans la persuasion que l'envoi de cette glace poura procurer des avantages à la nation pour son commerce de Chine, Monseigneur est supplié de l'approuver. Peut-être même, Monseigneur, trouverait-il à propos que la dépense qui résultera de cet envoi fut entièrement à la charge du Roi. Cette attention sera sans doute très-agréable à l'Empereur et il sera recommandé au Consul de ne la lui pas laisser ignorer.

En écrire à M. Bertin.

59-98. Brouillon de lettre à M. Bertin pour la glace demandée dans la pièce précédente.

60-100. *Commission de l'Empereur de la Chine.*　　Canton, le 22 Janvier 1779.

CONSULAT DE CHINE

[*R. le 5 mars 1783*].

Monseigneur,

J'ai l'honneur de vous prévenir que l'Empereur vient d'expédier au Gouverneur de Canton trois couriers consécutifs pour lui donner ordre de me demander, si j'avois écrit l'an dernier, pour demander les deux glaces qu'il désire avoir de France pour

toute l'étendue de cet ouvrage est Kao-tsoung qui prit en montant sur le trône le nom (*nien hao*) de Kien long; il régna de 1736 à 1796.

(1778-1779)

61-99. — CONSULAT D

DOIT

		S	D
Payé à Mr. le Consul pour ses appointements du 1er. Janvier au 31 Xbre. 1778..................	6000	»	»
Payé à Mr. le Consul pour dépense de table à compter du 1er Janvier au 31 Xbre 1778.. 6000[1]			
Pour repas extraordinaire............ 1400[1]	7400	»	»
Pour loyer de maison à Canton................	3000	»	»
Pour voyage à Macao, loyer de maison et retour	2400	»	»
Pour dépenses imprévues....................	600	»	»
Payé au Sr. Vieillard, Chancelier, pour ses appts, à compter du 1er Janvier au 31 Xbre. 1778.......	3000	»	»
Payé au Sr. Griffé, Capitaine du Vau. le *Duguesclin* pour frais de passage du Sr. Thimotée, ancien Enfant de langue du Conseil....................	975	»	»
Pour le dépot fait par les Chinois 2000 ps à 108s........................... 10800 [1]	23375	»	»
Reste en caisse ce jour 1er Janvier 1779........	24971	13	»
	48346	13	»

ARRÊTÉ le présent compte et certifié véritable par lequel il appert qu treize sols et en dépôt pour nantissement des sommes que les Chin Livres. A Canton en Chine le premier janvier mil sept cent soixante-dix ne

(1779)

ANTON : *SON COMPTE.*

AVOIR

	S	D
Pour le montant de ce qui restait en caisse suivant ernier compte en date du 28 Janvier 1778........	15946	13	» »
Reçu par le V^{au}. le *Dauphin* d'envoi de Monseieur de Sartine 6000 piastres faisant à 72^c ou 108^s	32400	»	» »
Reçu du Cohang en nantissement des sommes qui ourraient être dues pour solde des gravures représ- ntant les *Victoires de l'Empereur de la Chine* une umission de payer à la caisse du Roi une somme dix mille piastres et reçu comptant un acompte 2000 p^{tes} à 108^s.................... 18800			
	48346	13	» »

ste en caisse la somme de vingt-quatre mille neuf cent soixante-onze Livres
ourroient devoir sur la confection des gravures celle de dix mille huit cent

C. Vauquelin.

(1779)

l'ornement de son Palais, et si je ne l'avois point fait, de me dire de le faire cette année, et de témoigner son impatience de recevoir ces deux meubles, ainsi que les vases d'or et de cuivre émaillé que M. de Robien s'est chargé de faire exécuter à Paris, et dont la Cour a fourni les modèles, que M. de Robien a porté avec lui en France, lors de son départ de Chine. Ces vases sont précieux aux yeux de l'Empereur, ils étaient destinés pour l'Impératrice sa mère morte (1) il y a dix-huit mois, et l'Empereur veut les offrir à ses mânes. Comme ces sortes de demandes sont avantageuses pour les nations auxquelles l'empereur s'adresse, j'ose vous supplier, Monseigneur, de donner vos ordres, soit aux directeurs de la Comp^e. des Indes, ou à toute autre personne, que vous jugerez à propos, pour que les désirs de ce monarque soient accomplis le plus promptement possible.

Je suis avec respect,
Monseigneur,
Votre très-humble et très-obéissant serviteur.
C. Vauquelin.

62-101. — *A M. de Sartine.*

[*R. le 31 janv. 1779.*]

Versailles, le 26 janv. 1779.

Je vois, Monsieur, par la lettre que vous m'avez fait

---

1. L'Impératrice, mère de Kien-long, est morte dans la quatre-vingt-septième année de son âge, le treizième jour de la première lune de la quarante-deuxième année de Kien-long, c'est-à-dire le 2 mars 1777. Voir dans les *Mémoires concernant les Chinois*, VI, pp. 346/373, le récit par le P. Amiot de la mort et des funérailles de cette princesse.

l'honneur de m'écrire le 1er. 9bre. dernier, que l'Empereur de la Chine désireroit avoir une glace de 87 pouces sur 72 pour son Palais, et vous pensez qu'il est convenable que la dépense en soit supportée par le Roi. Je vous prie, Monsieur, de vous rappeler ce que j'ai déjà eû l'honneur de vous dire sur cette opinion au sujet de laquelle je vous ai même remis une note. Un présent de la part du Roi ou de la nation pourroit tirer à conséquence, et je ne crois pas que le Consul françois doive paraître en pareilles occasions autrement que comme ayant donné ses soins pour procurer cette glace de la part des négociants ou des missionnaires. M. Bourgogne, par exemple, associé de M. de Montigny du Timeur et résidant à Canton, pourroit, s'il convient mieux au Consul que les missionnaires, faire présent de cette glace comme en son nom et pour son compte : A moins qu'on en demandât le payement comme on l'a fait des gravures des batailles de l'Empereur de Chine, dont ce prince a payé la valeur.

J'ai l'honneur d'être avec un très sincère et très parfait attachement, Monsieur, Votre très humble et très obéissant Serviteur.

BERTIN.

63-102. A Versailles, le 31 janvier 1779.

Minute d'une lettre à M. Bertin au sujet de la glace.

64-105. — CONSULAT DE CANTON.

4 juillet 1779.

Lors de l'établissement du Consulat de Canton au mois d'octobre 1776 les dépenses furent réglées à

65-111. — CONSULAT

DOIT

	L.	S.	D
Payé à M. le Consul pour ses appointements du 1er. janvier au 31 décembre 1779............................	6000	»	»
Payé à M. le Consul pour dépense de table à compter du 1er. janvier au 31 décembre 1779...... 6000 » »			
Pour repas extraordinaire...... .... 1400 » »	7400	»	»
Pour loyer de maison à Canton....................	3000	»	»
Pour voyage à Macao, loyer de maison et retour....	2400	»	»
Pour dépenses imprévues.........................	600	»	»
Payé au Sr. Vieillard, chancelier, pour ses appointements à compter du 1er. janvier au 31 décembre 1779..	3000	»	»
	22400	»	»
Pour le dépôt fait en deux fois par les Chinois de 5000 Ptres. à 108..................... 27000 » »			
Reste en Caisse ce jour 1er. janvier 1780...........	2571	13	»
	24971	13	»

ARRÊTÉ le présent compte et certifié véritable par lequel il appert qu'il re
nantissement des sommes que les Chinois pourroient devoir sur la confection
mil sept cents quatre-vingt.

(1779)

ANTON : *SON COMPTE.*

AVOIR

	L.	S.	D.
Pour le montant de ce qui restoit en caisse suivant dernier compte en date du 1ᵉʳ. janvier 1779............	24971	13	»

Reçu du Cohang en nantissement des sommes qui pourroient être dues pour solde des gravures représentant les Victoires de l'Empereur une soumission de payer à la caisse du Roi une somme de dix mille piastres.
Reçu comptant un acompte de 2000 Pᵗʳᵉˢ. à 108ˢ. 10800
Le 20 Xᵇʳᵉ. 1779 reçu comptant
Un acompte de.......... 3000 16200
 5000 27000

	24971	13	»

n caisse deux mille cinq cents soixante-onze Livres treize sols, et en dépôt pour ravures celle de vingt-sept mille Livres. A Canton en Chine le premier janvier

C. VAUQUELIN.

(1779)

23400 [1]. tant pour le payement des appointements des employés du Consulat que pour les frais de table, loyers de maison à Canton et à Macao et autres frais.

Le S[r]. Vauquelin en envoyant avec sa lettre du 31 janvier 1778 l'état des dépenses du Consulat, observe qu'à son arrivée en Chine, il a été obligé de monter un ménage à gros frais parce que tous les effets de la Compagnie avoient été vendus en 1774; qu'indépendamment de ce surcroit de dépense, il a trouvé tout considérablement augmenté, en sorte que les dépenses portées à leur juste valeur non compris ses appointements montent à 25268 [1.] 10[s]. Il supplie Monseigneur de vouloir bien prendre en considération sa position, soit en augmentant les dépenses déjà réglées, soit en lui accordant, pour l'indemniser, un droit sur les vaisseaux qui commercent dans l'étendue de son Consulat.

M. Michel, à qui les représentations du S[r]. Vauquelin ont été communiquées, les croit d'autant plus justes qu'il pense qu'effectivement les dépenses en Chine sont de beaucoup augmentées et que lorsqu'il a proposé de les porter à 23400 [1.] lors de l'établissement de ce Consulat, il les a estimées d'après celles qui se faisoient à Canton, lorsqu'il y étoit à la tête des affaires de la Compagnie.

Pour mettre le Sr. Vauquelin en état d'occuper avec décence la place qui lui est confiée on propose à Monseigneur d'en porter les dépenses à 30000 [1].

On croit ce parti préférable à la demande qu'il fait d'un droit sur les vaisseaux qui commercent en Chine; ce droit en pesant sur le commerce ne feroit que décourager les négociants et d'ailleurs le défaut d'armements pendant la guerre le rendroit absolument nul.

(1779)

En réglant définitivement les dépenses du Consulat de Canton, Monseigneur est supplié de déterminer de quelle manière on doit y faire passer les fonds nécessaires à son entretien; on doit observer qu'en autorisant le Consul à tirer des lettres de change, il y aura pour le Roi une perte très considérable puisqu'il ne le pourra faire qu'à 20 ou 25 o/o, ce qui augmenteroit d'un quart les dépenses de cet établissement.

Le moyen qui paroit le plus sur et le moins dispendieux est d'envoyer des fonds en nature par la voie des Batiments neutres. Le Sr. Percheron (1) pourroit être chargé de cette opération qui seroit censée faite pour son compte particulier; on propose de lui donner ordre d'y envoyer par les premières occasions une somme de 30,000 [1].

Monseigneur est supplié de faire connoitre ses intentions.

Approuvé.

66-106. Minute d'une lettre à M^{rs}. les Régisseurs de l'habillement pour faire faire les deux glaces de 87 pouces de hauteur sur 72 pouces de largeur.

67-109. Je soussigné Augustin Belhoste Négociant à Paris promets et m'oblige envers le Roi, ce acceptant Monseigneur de Sartine, Ministre et Secrétaire d'État au département de la Marine, de fournir et livrer la quantité de cinq mille cinq cent cinquante-six piastres pesant six cents seize Marc nécessaire pour le service du Roi au Consulat de Canton en Chine, les-

---

1. Percheron, agent de la Marine du Roi au Cap de Bonne-Espérance.

(1779)

quelles me seront payées par le Trésorier Général de la Marine à la déduction des quatre deniers pour livre attribués aux invalides, sur le pied de cinquante-sept livres le Marc, en rapportant le certificat de réception qui m'en sera délivré par M. Percheron, Agent de la Marine au Cap de Bonne-Espérance.

Et sera la présente Soumission exécutée après avoir été vue et approuvée par Monseigneur de Sartine, Ministre et Secrétaire d'État au Département de la Marine.

Fait à Paris, le 20 7bre. 1779.

BELHOSTE.

Vue et acceptée.

DE SARTINE.

Je soussigné, Agent de la Marine du Roi au Cap de Bonne Espérance, certifie que les cinq mille cinq cents cinquante six Piastres pesant six cents seize marc ont été embarquées à bord du navire hollandais, le *Jeune Thomas*, parti d'Amsterdam le mois de 9bre. dernier, lesquelles piastres seront délivrées à M. Vauquelin, consul françois à Canton, en Chine.

Fait à Paris, le 20 décembre 1779.

PERCHERON.

15 juillet 1780.

68-113. Réclamation de madame Thimotée de 60 piastres (315 livres) payées au consul de la Corogne, M. de Tournelle, pour fournir à son fils aîné le moyen de rentrer en France après la prise du *Duguesclin*.

(1779-1780)

69-116. — CONDUITE

Du 17 juillet 1780.

La D^e. Thimotée réclame le remboursement d'une somme de 315^l. qu'il en a couté à son fils ainé pour se rendre de la Corogne en France. Ce fils étoit employé à Canton en Chine en qualité d'interprète, et revenoit en Europe sur le n^{re}. le *Duguesclin,* qui est tombé au pouvoir des Anglais et a été conduit au port de la Corogne.

Si monseigneur juge à propos de considérer cette somme comme une conduite de la Corogne en France et d'en accorder le remboursement, on joint ici la lettre pour annoncer la décision à M^e. Thimotée.

Bon.

70-126. — *Lettre à Monseigneur de Sartine, Ministre et Secrétaire d'État.*

Canton, 31 décembre 1780.

CONSULAT DE CHINE.

Reddition de Compte.

[*Ecrit à M. de Lironcourt le 14 9bre. 1781. — Ecrit à M. Percheron le 7 avril 1782. — Ecrit le même jour à M. Joly de Fleury. R. le 6 X^{bre}. 1781.*]

MONSEIGNEUR,

J'ai reçû cette année les dépêches que vous m'avez fait l'honneur de m'adresser par la voie de M. Montigny, agent de Sa Majesté au cap de bonne Espérance.

Je vous fais, Monseigneur, mes très humbles remerciements de l'augmentation qu'il vous a plu de m'accorder par votre lettre du douze Juillet mil sept cent soixante dix neuf.

Vous avez la bonté de me prévenir, Monseigneur,

que la guerre actuelle empêchant les armements français pour Chine, vous avez ordonnez de me faire passer des fonds par voie neutre. Je dois vous prévenir, Monseigneur, qu'à moins d'ordre précis de la part des Directeurs de la Compagnie de Hollande, cette voie est la moins sure de toute. Les lettres qui nous sont annoncées par leurs Vaisseaux sont détournées. J'ai reçu cette année une lettre de M. de Mars (1) qui m'annonçait vos dépêches, Monseigneur, par les V^{aux}. hollandois, ainsi qu'une somme de trente mille livres. J'ai en conséquence demandé plusieurs fois au Chef du Conseil s'il n'avait reçu aucun paquet pour moi, il m'a constamment assuré que non, et plus d'un mois après l'arrivée de leur dernier vaisseau, j'ai reçu vos dépêches, qui ont été remises à mes domestiques par un Chinois inconnu, qui dit les avoir lui-même reçues d'un autre Chinois, mais je n'ai reçû aucun argent.

Si vous jugez à propos, Monseigneur, de préférer la voie d'Espagne, je la crois plus sure que toute autre; les vaisseaux suédois passent toutes les années à Cadix pour y prendre leurs fonds; quoiqu'ils aient refusé cette année de se charger de fonds pour les particuliers françois, je ne doute pas, Monseigneur, qu'ils ne s'en chargent volontiers lorsqu'ils seront adressés par vous, Monseigneur, et pour lever toute difficulté, M^{rs}. du Conseil suédois en résidence à la Chine m'ont dit que le plus sure était de leur adresser les fonds à eux directement et qu'ils me les remettraient à Canton.

---

1. M. de Mars était chargé au département de la Marine du Bureau comprenant les Iles de France et de Bourbon et les établissements françois par de là le cap de Bonne Espérance. (*Almanach Royal.*)

(1780)

J'ai l'honneur de vous remettre mon compte courant de cette année ; je crois, Monseigneur, ma fortune ne me permettant pas d'essuyer des retards, qu'il serait plus avantageux de m'assigner une caisse sur laquelle je pourrais tirer chaque année jusqu'à la concurrence de trente mille livres, avec prime de 12 à 13 p. o/o, peut-être moins — prime qui équivaut à peu près au frêt et assurance, et je ne me trouverais pas dans la nécessité d'emprunter à 18 et 20 p. o/o, comme je suis forcé de le faire cette année, fort heureux encore si je peux réussir. Je suis déjà en avance de sept mille vingt huit livres sept sols pour solde le trente un décembre 1780 ; j'aurais même dès l'année dernière été obligé d'emprunter une somme plus forte si je n'eusse pas reçû des hannistes la quantité de cinq mille piastres à compte de leur soumission de payer dix mille piastres pour solde des gravures, somme que je serai obligé de leur remettre si çe compte était soldé lors du dernier envoi.

J'ai consulté les archives du conseil de la Compagnie des Indes à Canton, j'y ai vû, Monseigneur, que les hannistes avaient déjà payé une somme de dix mille piastres en deux termes.

	P^tres.
Le 28 Décembre 1773	6000. »
Le 12 Janvier 1775	4000. »
	10000. »

Ce payement fait par ordre de M^rs. les Directeurs de la Compagnie par forme d'escompte, ce qui m'a engagé à exiger la soumission de dix mille piastres. J'ai écrit à M^rs. les Directeurs de la liquidation il y a deux

(1780)

CONSULAT DE CANTON
ANNÉE 1780.
—

71-126 bis. — *CONSULAT L*

DOIT

	L.	S.	D.
Payé à M. le Consul pour ses appointements du 1ᵉʳ janvier au trente un décembre 1780... 6000 » ⎫ Pour dépense de la table qu'il est obligé de tenir à compter du 1ᵉʳ janvier au 31 décembre 1780........................ 8000 » ⎬ Pour les repas extraordinaires qu'il est dans le cas de donner aux différentes nations............................. 2000 » ⎭	16000	»	»
Au Sʳ. Vieillard, chancelier, pour ses appointements à commencer du 1ᵉʳ. janvier au 31 décembre 1780........	3000	»	»
Au Sʳ. Galbert, interprète, pour idem......	1000	»	»
Pour loyer de maison à Canton......................	3750	»	»
Pour idem à Macao..............................	1890	»	»
Pour le voyage de Canton à Macao et de Macao à Canton..	1950	»	»
Pour frais de luminaires et gages de domestiques.....	1810	»	»
Dépenses imprévues	600	»	»
Pour augmentation qu'il a plut au Roy d'accorder pour pour la dépense du Consulat à commencer du 1ᵉʳ janvier 1779 suivant la lettre du ministre en date du 12 juillet 1779..	6600	»	»
	36600	»	»

ARRÊTÉ le présent compte montant, sauf erreur ou omission, à la somme de sept mille vingt-huit livres sept sols due à M. Vauquelin, consul. A Can

(1780)

CANTON : SON COMPTE

AVOIR

	L.	S.	D.
Pour le montant de ce qui restait en caisse suivant dernier compte en date du 1ᵉʳ. janvier 1780............	2571	13	»
Reçu du Conhang en nantissement des sommes qui pourraient être dues pour solde des gravures réprésentant les Victoires de l'Empereur, une soumission de payer à la caisse du Roi une somme de dix mille piastres. Reçu comptant en deux fois 5000 piastres à 108 s............	27000	»	»
	29571	13	»
Reste dû au Consul pour avances faites à la caisse...	7028	7	»
	36600	»	»

ente-six mille six cent livres, tant au débit qu'au crédit et pour solde à la somme
Chine, le trente un décembre mil sept cent quatre-vingt.

C. Vauquelin.

(1780)

années à ce sujet, mais je n'ai pas reçu de réponse.

Je suis avec respect,
Monseigneur,
Votre très humble et très obéissant serviteur,

VAUQUELIN.

72-138. — *Extrait de la lettre écrite par M$_r$.. Percheron à M^r. Vauquelin, consul de France.*

Au Cap de Bonne Espérance, le 6 juin 1781.

MONSIEUR,

Ainsi que j'ai eu l'honneur de vous l'écrire en 1779, j'étais chargé de vous remettre une somme de 3o/m. livres pour vos appointements. J'avais prié M. de Montigny de me donner à toucher cette somme à la Chine, il a été quelque temps sans se décider, j'avais pris le parti de l'envoyer en piastres sur un vaisseau qui a manqué son voyage, et je vous ai prié de tirer sur moi; aujourd'hui, Monsieur, que je suis ici, vous pouvez disposer de cette somme quand et comme vous le voudrez, en voulant bien me donner un reçu au soutien ou si vous l'aimez mieux je la remettrai à qui vous voudrez en France. J'attends sur cela vos ordres. — Signé Percheron, commissaire de la marine et agent du Roy.

Pour copie conforme à l'original déposé es mains de M^r. le Consul. A Canton, le 31 X^{bre}. 1781.

VIEILLARD.
(1781)

73-145. — *Lettre à M. Bretel* (1), *P^r. Commis au B^{reau}. des Colonies.*

Paris, ce 27 8bre. 1781.

Vous trouverez ci-joint, Monsieur, la copie de la soumission du S. Belhoste et du certificat du S. Percheron, que vous m'avez demandée par la lettre que vous m'avez fait l'honneur de m'écrire le 26 de ce mois.

Je suis bien flatté que cette occasion me procure le plaisir de faire quelque chose qui vous soit agréable et de vous renouveler les assurances du très sincère et parfait attachement avec lequel j'ai l'honneur d'être, Monsieur, Votre très humble et très obéissant serviteur.

Ste JAMES.

74-147. — CONSULAT DE CANTON   14 9bre. 1781

Dernier envoi de fonds fait au Consul.

La dépense annuelle du Consulat de Canton est fixée à 30,000^l. suivant l'État ci-joint arrêté par M. de Sartine le 12 juillet 1779. Avant que le commerce de Chine fût interrompû, on était dans l'usage de faire passer directement de France à Canton les fonds nécessaires aux besoins du consulat. En 1779, soit défaut d'occasions, soit crainte d'Interception par l'en-

---

1. M. Bretel, premier commis adjoint au Bureau des Colonies de l'Amérique, et des établissements français à la côte d'Afrique.

nemi, on eut recours aux vaisseaux neutres. L'envoi des 30,000^l· nécessaires pour le service de 1780 fut commis au S^r. Percheron, et il paraît, par le certificat donné par cet agent pour constater la fourniture et l'envoi, qu'il a été embarqué sur le navire hollandois, le *Jeune Thomas*, parti d'Amsterdam en 9bre. 1779, 5556 piastres à l'adresse du S^r. Vauquelin, consul de France à Canton.

On ignore ce que sont devenues ces espèces ainsi que le vaisseau hollandois qui en était chargé. On n'a jamais eu sur cet objet d'autres renseignements que ceux contenus dans le certificat du S^r. Percheron. Le consul annonce par sa lettre du 31 X^{bre}. 1780 que les piastres ne lui sont pas parvenues ; qu'il a pris des informations de tous les capitaines de v^{aux}. hollandois arrivés en Chine dans le cours de l'année, et qu'aucun ne lui a donné des nouvelles des fonds attendus. Il semble regarder cette voie comme fort incertaine et même un peu suspecte.

D'après ces détails, il paraît instant de se procurer des éclaircissements sur le sort du Bâtiment désigné par le S^r. Percheron sous le nom du *Jeune Thomas* et sur le chargement de piastres que cet agent lui a fait remettre, afin d'être en état de répondre au S^r. Vauquelin sur cet article, et de faire les démarches que les circonstances pourront exiger. On propose en conséquence de charger le consul de France à Amsterdam (1) de prendre ces informations. On joint à cet effet une lettre que Monseigneur est prié de signer s'il l'approuve.

Approuvé.

1. Le chevalier de Lironcourt.

(1781)

*Nouvel envoi de fonds
  à faire.*

Quoique le S^r. Vauquelin n'ait pas reçu les 30,000 ^{1}. qui lui ont été envoyées pour le service de 1780, il n'en a pas moins satisfait, pendant cette année, à toutes les dépenses du consulat. Une circonstance heureuse lui en a procuré les moyens. L'Empereur de la Chine doit à la Compagnie des Indes 10,000 piastres pour le prix des gravures qu'on a fait faire en France sur la demande de ce prince. La moitié de cette somme a été acquittée entre les mains du consul, qui s'en est servi pour les besoins du consulat, mais comme rien ne fait présumer que le payement de la seconde moitié ait suivi depuis celui de la première depuis longtemps promis et attendu, il y a lieu de croire que le S^r. Vauquelin se sera trouvé dépourvu de fonds pour le service de 1781, à moins que le vaisseau hollandais, parvenu enfin à Canton, ne se soit acquitté de la commission. L'incertitude où l'on est à cet égard ne permet pas de différer plus longtemps d'envoyer au S^r. Vauquelin des secours que l'éloignement et plusieurs autres circonstances rendent toujours trop tardifs. Avec quelque diligence que les ordres de Monseigneur soient exécutés, les fonds qu'il convient de faire passer n'arriveront guère à Canton avant la fin de 1782. Il paraît donc indispensable de faire, dès à présent, les dispositions nécessaires pour mettre le consul en état de payer ses dépenses jusques et y compris l'année 1782.

Par le résultat de son compte arrêté le 31 X^{bre}. 1780,

(1781)

il se trouvait en avance de . . .	7,028¹	7	»
La dépense de 1781 est de . .	30,000	»	»
Celle de 1782 de	30,000	»	»
Total	67,028¹	7	»

SUR QUOI IL FAUT DÉDUIRE

Pour les 5556 piastres expédiées par le n^re. hollandais le *Jeune Thomas*. . . . . 30,002¹· 8 »
Pour une avance faite à Paris à la D^e. Vauquelin à valoir sur les app^ts. de son mari . . . . . 1,500 » » } 31,502¹· 8 »

Reste à envoyer pour couvrir les dépenses du consulat jusqu'à la fin de 1782 . . (1) 35,526¹· » »

Si Monseigneur approuve cet envoi, on propose, d'après l'avis du S^r. Vauquelin lui-même, de confier les fonds aux vaisseaux suédois qui vont charger chaque année à Cadix les piastres nécessaires pour leur commerce en Chine. C'est la voie que ce consul regarde comme la plus sure. On pourrait même profiter de l'offre que les chefs du Conseil suédois de Canton ont faite au S^r. Vauquelin de lui remettre exactement les fonds, si on voulait les lui adresser directement pour plus grande sureté. Toutes ces dispositions, si Monseigneur les approuve, seront l'objet d'une lettre qu'on

1. 6579 piastres à 108^s. la piastre. *Note du Ms.*

proposera d'écrire au consul de Cadix (1) pour le charger de leur exécution.

Approuvé.

75-149. — CONSULAT DE CHINE

1781

Copie d'un Billet déposé au Greffe de la Chancellerie.

Je soussigné Charles Dembreun, cap^e. du Senau la *Manonne* appartenant à M. Warnier, reconnaît que M. Maigret, premier Lieutenant du dit Senau, m'a avancé pour le compte de l'armement aux Iles Carincobar la somme de quatre-vingt-dix roupies de Pondichéry le tout pour acheter des provisions pour dix-sept hommes européens naufragés du vaisseau français la *Marie-Magdelaine* passant sur le dit Senau aux frais du Roy ./. A Pondichéry le vingt may mil sept cent soixante-dix-neuf. Signé Dembreun.

Au Bas du billet est écrit ce qui suit.

Le S^r. Maigret n'ayant pu réclamer le montant des avances par lui faites pour les matelots passagers sur le Senau la *Manonne* au compte du Roi lorsque M. Chevreau était encore aux Indes, ces avances ne lui ont point été remboursées; à Madras le 1er. juin mil sept cent soixante-dix-neuf. Signé Belle Combe.

Au Dos du billet est écrit ce qui suit.

J'ai reçu de M^r. Vauquelin Consul de France à Canton en Chine, par les mains de M. Descour-

---

1. Le Consulat de Cadix était ainsi composé en 1781 : Duplessis de Mongelas, Consul. — Poirel, Vice-Consul. — Dirandatz, Chancelier.

vieres Procureur des missions Étrangères le montant de l'État porté de l'autre part à Macao ce vingt-un Janvier mil sept cent quatre-vingt-un. Signé E. Maigret. Pour copie conforme à l'original à Canton le 31 X^bre. 1781.

VIEILLARD.

76-150. — *Lettre à Monseigneur le Marquis de Castries* (1).

Par voie suédoise, 31 X^bre. 1781.

CONSULAT DE CHINE [R. le 15 9bre. 1782. — *Écrit ledit jour à M. Chevreau.* — *Écrit ledit jour à M. de Mongelas, Consul à Cadix.*]
1^a. Via
—
Reddition de Compte.

MONSEIGNEUR,

J'ai l'honneur de vous remettre ci-joint le compte courant de cette année, et inclus un billet de subsistance payé au S^r. Maigret et l'extrait de la lettre de M. Percheron, Agent de Sa Majesté au Cap de Bonne-Espérance. Le retard des fonds envoyés par Monseigneur de Sartine pour le maintien du consulat m'a obligé de déposer à la caisse le peu que je possédais pour faire face aux dépenses auxquelles je suis asservi.

J'ai été obligé de faire un emprunt de cinq mille piastres à raison de douze pour cent d'intérêts, taux de ces pays, et je prévois que je serai dans la néces-

1. Charles Eugène Gabriel de la Croix, Marquis de Castries, né le 25 février 1727 ; lieutenant, 1743 ; blessé à Rosbach ; mestre de camp général de la cavalerie en 1759 ; remporte la victoire de Clostercamp ; commandant en chef de la gendarmerie ; gouverneur général de la Flandre et du Hainaut ; ministre de la marine, 1780 ; maréchal de France, 1783 ; mort à Wolfenbuttel, le 11 janvier 1801.

sité, si M. Percheron persiste à garder les fonds qui lui ont été confiés pour me les faire tenir et s'il ne m'en vient pas d'autres d'Europe pour les dépenses de l'année prochaine, de recourir une seconde fois à la voie des emprunts. Je prends la liberté, Monseigneur, de vous mettre ces détails sous les yeux pour vous faire voir l'impossibilité où je suis de fournir aux dépenses que je suis forcé de faire, mon peu de fortune ne me permet pas de faire des avances. Les emprunts deviennent plus difficultueux de jour en jour, la voie des lettres de change se ferme également. Oserais-je vous supplier, Monseigneur, d'avoir égard à la position critique où je me trouve et de vouloir bien ordonner que les fonds destinés pour le maintien du consulat soient comptés à Cadix aux vaisseaux suédois qui y relachent tous les ans pour y prendre les fonds destinés pour leur commerce de Chine. Cette voie me paraît, d'après tout ce que j'ai eu l'honneur de vous exposer, la seule qui me mette à l'abri de faire des emprunts à un intérêt excessif.

Je suis avec respect,
Monseigneur,
Votre très humble et très obéissant serviteur,

C. VAUQUELIN.

77-152. — *Liste des Français qui restent à la Chine pendant l'année 1782 ./.*

CONSULAT

DE CHINE

Année 1782   31 Xbre. 1781.

ÉTAT MAJOR

Pierre-Charles-François Vauquelin.................... «   *Consul*   ./.
(1781)

CONSULAT DE CANTON.
Année 1781.

78-151. — CONSULAT

DOIT

	L.	S.	D.	L.	S.
Par compte courant en date du 31 X^bre. 1780 il est dû à M. le Consul pour avances par lui faites....................	7028	7	»		
Dû audit consul pour paiement fait au sieur Maigret en acquit d'avances de subsistances par lui faites à dix-sept hommes naufragés sur le vaisseau la *Marie-Magdelaine* ; suivant billet daté de Pondichéry du vingt may 1779, certifié par M. Belle Combe, cy quatre vingt dix roupies à quarante-huit sols..........	216	»	»	7244	7
Pour les appointemens du Consul à compter du 1er. janvier au trente un de décembre 1781...................	6000	»	»		
Pour dépenses de la table à dater du 1er. janvier au 31 de décembre 1781........	8000	»	»	16000	»
Pour les repas extraordinaires..........	2000	»	»		
Au S^r. Vieillard, chancelier, pour ses appointemens à commencer du premier janvier au 31 décembre 1781......				3000	»
Au S^r. Galbert, interprète, pour idem................				1000	»
Pour loyer de maison à Canton................				3750	»
Pour loyer de maison à Macao................				1890	»
Pour le voyage de Canton à Macao et de Macao à Canton.				1950	»
Pour frais de luminaires et gages de domestiques........				1810	»
Dépenses imprévues....................				600	»
				37244	7

ARRÊTÉ le présent compte montant, sauf erreur ou omission, à la sc qu'au crédit, et pour solde à la somme de dix mille deux cent quarante q mentionné dans le susdit compte. A Canton en Chine le trente un déce

(1781)

...NTON : *SON COMPTE*

AVOIR

	S.	D.
Pour emprunt fait le 18 octobre de cette année par le Consul d'une somme de cinq mille piastres au sieur Joannes Sattur négociant arménien pour survenir aux frais de maintien du Consulat ; les trente mille livres envoyées à cet effet par Monseigneur le Ministre de la Marine, étant restées aux mains du sieur Percheron agent de Sa Majesté au Cap de Bonne-Espérance, comme appert par l'extrait de la lettre dudit sieur Percheron annexée au présent Compte ci 5000 piastres à 108 ^{s} 27000	»	»
Pour ce qui reste dû à M. le Consul pour avances par lui faites à la caisse, indépendamment de l'emprunt ci-dessus. 10244	7	»
37244	7	»

...rente sept mille deux cent quarante quatre livres sept sols, tant au débit ...es sept sols à M. Vauquelin consul; indépendamment de l'emprunt ...e sept cent quatre-vingt un.

C. Vauquelin.

(1781)

Philippe Vieillard.......... « *Chancelier* ./.
Jean-Charles-François Gal-
  bert, âgé de 25 ans...... « *Interprète* ./.

<small>Parti pour l'Ile de France en 1779; n'a pas fait son retour.</small> } Julien Paris. « *Chirurgien Major.*/.

Noms des Négociants

Paul-François Costar, de Paris, âgé de 37 ans, fils de M. Costar, secrétaire de la Compagnie des Indes. Bourgogne.

Noms des Domestiques

Bagot, maître d'hôtel du Consul, établi à L'Orient.
Le S^r. Le Déan, parti en février 1781, par un vaisseau anglais.

Arrêté par nous, Consul de la Nation française.

A Canton, le 31e. X^{bre}. 1781.

C. Vauquelin.

INDES ORIENTALES, CHINE, COCHINCHINE

VOL. III.

1782-1783, 171 Pièces.

79-2. — Copie d'une lettre du S^r. Bourgogne à M^{eur}. Paris, chirurgien de la Marine à Lorient.

Canton, 6 janvier 1782.

Conseils au S^r. Paris sur la manière de mener ses affaires. — Un billet de Taels 10,000 que le S^r. Paris avait souscrit en faveur du chinois Coccia le 9 janvier 1779 a été acquitté par le S^r. Bourgogne qui le fera présenter au S^r. Paris par M^{rs}. de Montigny et le Déan en leur recommandant de donner toute facilité pour le paiement dudit billet.

80. — Lettre (non chiffrée) à Monseigneur le Marquis de Castries, Chevalier des ordres du Roi, Ministre et Secrétaire d'État, ayant le département de la Marine et des Colonies.

Réponse du S^r. Paris à des imputations du S^r. Montigny du Timeur.

[Je lis entre autres passages dans cette lettre que Coccia négociant chinois avait été enlevé de Canton en juillet 1780 par ordre de l'Empereur et conduit en Tartarie pour y être employé aux travaux publics et avait eu ses biens confisqués.]

81-3. — *Copie d'une Lettre à Monsieur Percheron.*

A Canton, le 6 janvier 1782.

MONSIEUR,

Je n'ai pas eu l'honneur de recevoir aucune de vos lettres avant celle datée du 6 juin dernier, par laquelle vous me faites part que vous étiez chargé de me remettre une somme de 30 mille livres pour mes appointements; maintenant vous me dites de tirer sur vous ou de me faire remettre cette somme en France.

J'ai l'honneur de vous mander qu'il m'est impossible de tirer sur vous cette somme, ou ce seroit avec un escompte de 13 à 14 p. o/o que je ne veux pas perdre, ni courir aucuns risques, le Ministre devant me faire rendre à Canton les fonds pour la dépense du Consulat.

Je vous laisse le maître de faire ce que vous voudrez; n'ayant reçu aucuns fonds depuis deux ans, j'ai été dans l'obligation d'emprunter à gros intérêts dont je fais part au ministre ainsi que du contenu de votre lettre; je vous prie d'en faire de même pour le parti que vous prendriez soit de m'envoyer l'argent ou de le garder.

Signé : DE VAUQUELIN.

Au Cap de Bonne-Espérance, le 24 Avril 1780.

MONSIEUR,

J'ai reçu la lettre que vous m'avez fait l'honneur de m'écrire le 8 d'octobre 1779, d'Amsterdam où vous étiez alors, y joint les lettres que le Ministre vous a fait parvenir pour que vous me les adressiez, afin que je les fasse passer à leur destination; j'ai donné cours à celle adressée à M. de Vauquelin, Consul à la Chine, à celles pour l'Ile de France et j'ai fait remettre celles pour le Cap de Bonne-Espérance.

Signé : DE MONTIGNY, l'aîné.

82-4. — St-Germain-en-Laye, le 8 janvier 1782.

MONSEIGNEUR,

Le Sr. L'archevêque, mon secrétaire, chargé avec votre permission de l'intérim de mes fonctions à Amsterdam, m'a transmis les ordres que vous m'y aviez adressé, par votre dépêche du 19 9bre. dernier, concernant la destination et l'embarquement, faits à Amsterdam, sur un navire hollandais, pour Canton en Chine, de cinq mille cinq cent cinquante-six piastres fortes, pesant six cent seize marcs : laquelle somme devoit être délivrée à Canton à M. Vauquelin, consul de France en Chine, par l'entremise de M. Percheron qui avait eu ordre de M. de Sartine, en 1779, de procurer cette remise de fonds par la voie d'Hollande.

En conséquence de vos ordres détaillés à ce sujet, Monseigneur, et d'après la copie y jointe du certificat de M. Percheron, mon secrétaire a fait à Amsterdam, mais en vain, toutes les informations possibles pour découvrir la trace de cette expédition.

La Compagnie des Indes Orientales de Hollande n'a aucune connaissance de ce chargement de piastres; aucun des négociants d'Amsterdam avec lesquels je suis fondé à supposer des liaisons avec M. Percheron ne connoissent rien de cette remise.

(1782)

Les remises d'argent ne peuvent être traitées en Hollande pour l'Inde que par la seule Compagnie des Indes Orientales de cette République. Aucun particulier de ce pays ne peut expédier de navire aux Indes Orientales. Le navire le *Jeune Thomas,* que M. Percheron nomme dans son certificat être le Bâtiment sur lequel ces piastres ont été chargées en 9bre. 1779 n'est point connu. Un vaisseau de ce nom a péri, en 1773, dans la rade du Cap de Bonne-Espérance.

Si ce certificat de M. Percheron n'étoit pas aussi circonstancié qu'il l'est, je serais porté, Monseigneur, à présumer que cette expédition de piastres a peut-être été faite par les vaisseaux des Compies. Orientales du Danemark ou bien de Suède, mais il ne paraît pas y avoir lieu ici à aucune conjecture.

Il semble constaté, Monseigneur, que l'expédition dont il s'agit n'a pas été faite en Hollande, soit qu'il y ait erreur de la part de M. Percheron, soit qu'il ait été lui-même trompé.

Je suis avec un profond respect,
    Monseigneur,
        Votre très humble et très obéissant serviteur.

LIRONCOURT (1).

83-6. — *Copie de la lettre de M. Le Cher. d'Entrecasteaux à MM. les Missionnaires français à Peking.*

S. d., vers janv. 1782.

J'ai, Monsieur, une demande à vous faire qui inté-

---

1. Le Chevalier de Lironcourt, lieutenant de vaisseau, Commissaire du Roi pour la Marine et le Commerce à Amsterdam. (1782)

resse également le service du Roi et celui des missions; et dont l'effet pourra devenir très avantageux à la nation chinoise elle-même; c'est de vouloir bien faire obtenir de la Cour de Peking l'agrément à M. de Grammont (1) de demeurer à Canton. Sans la rencontre de ce missionnaire, le succès de la mission dont j'étois chargé eut été impossible. Un des objets qui m'a amené, quoique le moins essentiel, n'étant pas encore terminé, je suis dans l'indispensable nécessité de lui en laisser la conduite; je rends compte au Ministre de la marine du zèle avec lequel il s'est prêté à s'en charger, et de la prière que j'ai l'honneur de vous faire. La discrétion et la prudence de M. de Grammont m'ont mis dans le cas de lui faire part des conjectures, que divers avis, qui me sont parvenus, m'autorisaient à former sur les démarches des Anglais, que nous suivons de près dans toutes les parties de la terre et que suis particulièrement chargé d'observer dans les mers d'Asie; et c'est à raison de cet objet que j'ai eu l'honneur de vous dire que la résidence de M. de Grammont à Canton peut devenir très utile à la nation chinoise, de laquelle des circonstances très faciles à prévoir, et peu éloignées peut-être, pourront nous rendre les alliés naturels, comme nous le sommes de toutes les puissances de l'Inde dont les Anglais ont le projet de faire la conquête. Il seroit très aisé ce me semble, de faire apercevoir au gouvernement chinois combien il lui importe d'être informé des démarches d'une nation entreprenante qui aspire au commerce exclusif de l'Asie, afin de réparer dans cette partie du

1. Jean Joseph de Grammont, né en 1737, missionnaire apostolique, de la Compagnie de Jésus, fils de M. de Grammont, conseiller d'honneur au Présidial d'Auch.

(1782)

monde les pertes immenses qu'elle a faites dans l'autre. L'éloignement dans lequel le gouvernement chinois tient indistinctement tous les étrangers, ne permet pas de lui faire passer des avis qui intéressent sa sûreté; et les Anglais qui connaissent cette impossibilité en profitent pour tacher de rendre leur commerce exclusif, écarter toutes les nations qui pourraient s'opposer à leurs vues ambitieuses et augmenter en même temps le nombre des navires qu'ils expédient en Chine, lesquels, d'un instant à l'autre, peuvent être transformés en Bâtiments de guerre; ce dont je me suis assuré par la manière même dont les vaisseaux que je commande sont entrés dans la rivière du Tigre; je crois être également certain qu'ils ont fait reconnaître toutes les côtes de Chine et particulièrement le golfe de Pe Tche-li, afin d'être plus à portée de Peking, si les circonstances amenaient quelque rupture; mais comment en instruire le gouvernement chinois si la cour de Peking ne laisse pas à Canton une personne digne de sa confiance et de celle de la cour de France qui puisse faire parvenir à la première les informations que celle-ci aura pu se procurer. Sans violer les lois de l'Empire qui ne permettent pas l'entrée aux étrangers, M. de Grammont, résidant à Canton avec l'agrément de l'Empereur, pourrait faire connaître aux Ministres de ce Prince ce que l'on saurait des projets de l'Angleterre dont certainement l'objet est de former des établissements fixes et indépendants sur les côtes de Chine. Je serais très aise, Monsieur, que la lettre que j'ai l'honneur de vous écrire pût être mise sous les yeux du Gouvernement : il verrait avec évidence quel a été l'objet principal de mon arrivée en Chine dans une saison où il n'est pas ordinaire de venir; car

(1782)

l'article de la liquidation des dettes n'est et ne peut être que secondaire, et n'aurait pas exigé de ma part une aussi grande hâte; mais j'ai pensé qu'il n'y avait pas un instant à perdre pour tâcher de faire connaître à la cour de Peking les vues de la nation britannique, qui sont bien manifestement décelées par des expéditions aussi considérables que celles qu'elle a faites cette année, et qu'elle se propose d'augmenter encore l'année prochaine sans pouvoir néanmoins en solder la balance.

J'ai l'honneur d'être avec un très parfait attachement M. votre très humble. Signé le Ch^{er}. d'Entrecasteaux.

84-7. — *Lettre à M. le Marquis de Castries.*

A Versailles, le 3 février 1782.

Je me suis fait rendre compte, Monsieur, de l'objet dont traite la lettre que vous m'avez fait l'honneur de m'écrire le 6 décembre dernier. D'après les éclaircissements qui m'ont été donnés par les directeurs chargés de la liquidation de la Compagnie des Indes, j'ai vu que les marchands chinois ont remboursé en totalité les avances que la Compagnie des Indes avait faites, pour les Gravures des Estampes, représentant les Victoires de l'Empereur de la Chine, dont ce Prince avait désiré que l'exécution se fit en France. Le dernier payement, relatif à cette opération a eû lieu le 12 janvier 1775. Il résulte de ces éclaircissements que les Marchands Chinois se trouvent aujourd'hui en avance par le fait du S. Vauquelin d'une somme de 5000 piastres qu'ils lui ont remise à compte de la soumission de

(1782)

10000 piastres qu'il a exigée d'eux. Dans cet état je vous prie, Monsieur, de donner des ordres positifs au S. Vauquelin de rembourser aux marchands chinois les 5000 piastres qu'il a reçues d'eux en annulant en même temps leur soumission et de vous assurer de l'exécution de vos ordres à cet égard par des reçûs en bonne forme de la part de ces marchands. Cet acte de bonne foi et de justice est d'autant plus important, que la Nation, pouvant dans la suite reprendre le commerce de la Chine, il est nécessaire de lui conserver la réputation d'honnêteté et d'exactitude, dont elle a toujours joüi dans cette partie de l'Asie. J'ai l'honneur d'être avec un sincère et parfait attachement, Monsieur,

Votre très humble et très obéissant serviteur.

JOLY DE FLEURY.

85-9. — CONSULAT DE CANTON.

7 avril 1782.

Le S. Percheron fut chargé, en 1779, de faire passer par la voie des vaisseaux neutres, au Consul de France à Canton, une somme de 30000 l. en piastres destinées pour les besoins du Consulat pendant l'année 1780. La soumission et le certificat cy-joints annoncent positivement que, pour remplir cet objet, le S^r. Belhoste a fourni 5,556 piastres et que le S^r. Percheron les a fait embarquer à Amsterdam sur le navire hollandais, le *Jeune Thomas*, destiné pour la Chine. D'un autre côté, une lettre de Canton, dont la date est postérieure de 14 mois, au départ du *Jeune Thomas*, annonce que le Consul de France n'a point reçu de piastres ; qu'il a pris des informations de tous les capitaines hollandais arrivés en Chine dans le cours de l'année, et qu'il n'a pû tirer aucun éclaircissement sur les fonds qui devaient lui être remis.

D'après le compte qu'on a rendu de ces détails à Monseigneur, il a été écrit au Consul de France à Amsterdam pour le charger de faire la recherche des armateurs du navire le *Jeune Thomas*, et de prendre d'eux toutes les informations qu'ils seraient en état de lui donner sur l'armement de ce navire, sur sa principale destination, sur les escales qu'il devait faire, et enfin sur l'embarquement des piastres qui avait été fait par l'entremise du S^r. Percheron à la destination du Consul de France à Canton.

M. de Lironcourt a répondu de St-Germain-en-Laye, que pendant son absence d'Amsterdam, son secrétaire, chargé de l'intérim de ses fonctions, avait fait d'inutiles perquisitions pour découvrir trace de cette expédition ; que ni la Compagnie des Indes orientales de Hollande, ni aucun des négociants d'Amsterdam supposés en liaison avec le S^r. Percheron n'avaient aucune connaissance du chargement des piastres ; que le navire le *Jeune Thomas* sur lequel elles devaient être embarquées en 9bre. 1779 suivant le certificat du S^r. Percheron, n'était pas connu ; qu'il a bien existé un vaisseau de ce nom ; *mais qu'il a péri, en 1773* (1), *dans la rade du Cap de Bonne-Espérance,* et qu'enfin il lui paraît constaté que l'expédition dont il s'agit n'a pas été faite en Hollande.

On s'interdit toute réflexion sur cette réponse et sur les nuages qu'elle élève sur l'exactitude et la fidé-

---

1. Le S^r. Percheron était alors dans cette colonie. — *Note du Ms.*
(1782)

lité du Sʳ. Percheron.... avant de porter aucun jugement, on propose à Monseigneur de demander à cet agent des éclaircissements précis, et les pièces probantes dont il doit être muni. C'est l'objet de la lettre cy-jointe.

Écrire la lettre proposée.

86-13. — Au Cap de Bonne-Espérance, le 20 avril 1782.

MONSEIGNEUR,

J'ai été chargé par M. de Sartine de faire passer à M. Vauquelin, consul à la Chine, 30000ˡ· pour une année de ses appointements; le vᵃᵘ. sur lequel ces fonds étaient chargés a manqué son voyage et l'argent m'a été remis icy. J'ai en conséquence écrit à M. Vauquelin il y a deux ans et M. de Montigny était chargé de lui faire tenir ma lettre ainsi que vous le verrez, Monseigneur, par la copie de la lettre cy-jointe.

Je vous supplie, Monseigneur, de me donner vos ordres pour l'emploi de ces 30000ˡ· soit pour les envoyer à la Chine, soit pour m'en servir pour les opérations du Cap.

Je suis avec un profond respect,
  Monseigneur,
   Votre très humble et très obéissant serviteur.
     PERCHERON.

87-21. — *Copie de la lettre du Sʳ. de Montigny au Sʳ. Paris.*

A Paris, le 14 avril 1782.

Je reçois de Chine, Monsieur, un des duplicata de la pièce dont incluse copie figurée que j'ai l'honneur

(1782)

de vous faire passer en vous priant de me faire part de vos dispositions pour le payement du montant de votre billet, afin que je puisse, de concert avec M. le Dean, vous donner toutes décharges valables, et suivre les instructions de M. Bourgogne pour le prompt emploi de ses fonds.

J'ai l'honneur d'être, etc.

Signé DE MONTIGNY DU TIMEUR,
Vis-à-vis la Fontaine et Rue des Vieilles Audriettes au Marais, à PARIS.

88-24. CONSULAT 26 7bre. 1782.
DE CHINE
1782

Nomination du Chancelier n°. 9

Nous, Philippe-Vieillard, Vice-Consul de Sa Majesté à Canton, en Chine, et dépendances, et Paul-François Costar, ancien supercargue de la Compagnie des Indes en Chine, désirant pourvoir à la place de Chancelier du Consulat en vertu du dispositif de l'article seize de l'Édit du Roi donné à Paris au mois de juillet mil sept cent vingt, avons cru ne pouvoir faire un meilleur choix que la personne du sieur Jean-Charles-François Galbert, interprète de Sa Majesté en langue chinoise, lequel ayant prêté le serment prescrit par les ordonnances de Sa Majesté, nous lui avons octroyé et donné les pouvoirs nécessaires pour remplir les fonctions de chancelier *ad interim* jusques à ratification de la part de Sa Majesté. Fait et passé en notre hôtel à Canton en Chine, le vingt-six septembre mil sept cent quatre-vingt-deux.

VIEILLARD.   COSTAR.

CONSULAT
DE CHINE
1782
N°. 8.

89-25. — *FEU M. VAUQUELI[N]*

DOIT

	PIASTRES	
Au S^r. Vieillard pour appointements du 1er janvier au 31 X^{bre}. 1780..	555	9/16
Pour la partie du loyer que feu M. Vauquelin occupait dans le hang français montant en totalité à 1800 piastres dont les 2/3 payables par le S^r. Vieillard et le troisième tiers payable par M. Vauquelin à compter du 1er janvier au 31 X^{bre}. 1781...........................	600	»
Audit pour appointements du 1er. janvier au 31 X^{bre}. 1781	555	9/16
Pour la partie du loyer que feu M. Vauquelin occupait dans le hang français montant en totalité à 1800 piastres, les deux tiers payés par le S^r. Vieillard pour le logement des prisonniers français M^{rs}. Laval, David, Desvaux, Boisdizon, Binquert, la Mothe et Guibert, amenés à Canton par les Anglais, pour de cette place être transportés en Angleterre; le troisième tiers payable par M. Vauquelin pour la partie à lui cédée dans ledit hang par le sieur Vieillard..	600	»
Payé à M. Bourgogne pour achat fait par M. Vauquelin à la vente du nommé Forestier 6 taëls 6 m. faisant à 7^m. 2^c. pour une piastre.......................................	9	1/4
Payé à Mad^e. da Sylva de Macao pour achat de sel.......	4	»
Piastres...........................	2324	6/16

ARRÊTÉ le présent compte et certifié véritable montant tant au débit qu[e] pour solde à celle de treize-cent six piastres quatorze seizièmes dues par feu M[.] témoin et de la véracité des articles portés en icelui. En foi de quoi j'ai signé

)N COMPTE AVEC M. VIEILLARD

AVOIR

	PIASTRES
Reçu le 4 février 1782 à compte de la somme de 2324 piastres 6/16 portées ci-contre..........................	1000
Pour moitié d'un baril de porc salé acheté par le M^{tre}. d'hotel de M. Vauquelin et payé par ledit sieur qui a fait cession de ladite moitié.............................	17 1/2
	1017 8/16
Doit M^r. Vauquelin pour solde......................	1306 14/16

Piastres................. 2324 6/16

édit à la somme de deux mille trois cent vingt-quatre piastres six-seizièmes et
uquelin au dit S^r. Vieillard lequel a requis le S^r. Galbert de signer comme
nton, le 26 septembre 1782.

GALBERT   VIEILLARD.

(1782)

90-26.— *Lettre à Monseigneur le Marquis de Castries.*

Monseigneur,

L'honneur et le crédit du pavillon françois se trouvent intéressés au maintien et à l'exercice des droits particuliers du S^r. Bourgogne, dont je prends la liberté d'exposer la légitimité aux yeux de Votre Grandeur, dans le mémoire et pièces incluses.

Vous apercevrez sûrement, Monseigneur, combien il est essentiel de réunir votre autorité à l'empire et à l'exécution de la loi contre les abus qui se commettent à la Chine, où les réglements et ordonnances du royaume pour le commerce dans les Échelles du Levant, pourraient être exercés afin d'empêcher les sujets de Sa Majesté d'y commercer sans être cautionnés, ni d'en sortir, sans avis public de leur départ pour leur retour dans leur patrie, ainsi qu'il se pratique dans toutes les colonies et les établissements éloignés.

Le passage de Chine en France du S^r. Paris, chirurgien bréveté du Roi, sans avoir acquitté les dettes qu'il y a contractées, son refus d'y faire honneur en Europe, ses prétendus motifs illusoires, ses diffuges, ses projets et entreprises dans ce moment, ses vues ultérieures, et les inconvénients qui en peuvent résulter, me font espérer de votre justice les mesures et précautions que vos lumières et votre prudence jugeront à propos d'employer.

Je suis avec le plus profond respect,
  Monseigneur,
    De Votre Grandeur, le très humble et très obéissant serviteur.
      de Montigny du Timeur.

Paris, le 2 8bre. 1782.

(1782)

91-27. — *Lettre à Monseigneur le Marquis de Castries.*
[*Écrit le même jour à M. Vauquelin.*] 31 8bre. 1782.

MONSEIGNEUR,

Ayant pris la liberté de mettre, ces jours derniers sous les yeux de Votre Grandeur, la réclamation du Sr. Bourgogne aux droits du Chinois Coccia, créancier du Sr. Paris, chirurgien de la marine, j'ai l'honneur de vous annoncer que ce débiteur vient de développer ses intentions en faisant valoir auprès des Juges Consuls les expressions qu'il avoit adroitement employées dans son billet ou obligation.

Ce billet n'étant point à ordre, Messieurs les Juges Consuls ont été forcés de suivre les lois du royaume et de renvoyer les parties pour plaider en Chine, quoique le terme du payement soit révolu depuis près de deux ans, en sorte que ce débiteur est bien le maître de s'approprier impunément en Europe les fonds qu'il n'aurait pas manqué de faire payer en Chine au terme fixé dans son billet s'il n'avait prémédité d'en jouir avec sécurité en employant dans son obligation, les expressions dont le Chinois ne pouvait apprécier le mérite et l'étendue.

L'abus de confiance est trop manifeste, Monseigneur, et les inconvénients qui en doivent nécessairement résulter, sont trop évidents pour ne pas espérer de la justice de Votre Grandeur qu'elle suppléera aux bornes prescrites par les lois du royaume, en contraignant le Sr. Paris à déposer en France le montant de son obligation et intérêts, ou au moins à en donner bonne et valable caution, afin que cet argent qui n'a jamais dû être exposé à des risques maritimes, ou

(1782)

qui en tout cas ont dû cesser à l'échéance du billet, ne soit plus subordonné aux évènements de la mer ni à l'incertitude du retour de ce débiteur à Canton, où vos ordres au Consul de France, vous procureront les renseignements certains pour la délivrance de ces fonds au S^r. Bourgogne, à qui le Chinois Coccia son débiteur, en a transmis la propriété.

Je suis avec le plus profond respect,
    Monseigneur,
        De Votre Grandeur,
    Le très humble et très obéissant serviteur,

        De Montigny du Timeur.

Paris, le 6 8bre. 1782.

        1er. 9bre. 1782.

92-33. — *Canton en Chine*

SITUATION DU CONSULAT

Avant de présenter le tableau de la situation des fonds et des besoins du Consulat de Canton, il est indispensable d'entrer dans le détail de quelques faits particuliers qui paroissent nécessiter un envoi de fonds plus considérable que ne l'exige la dépense annuelle du Consulat, et sur lesquels, par conséquent, il est nécessaire de statuer.

PREMIER FAIT

Envoi de fonds commis au S. Percheron

Le S. Percheron avait été chargé en 1779, de faire passer à Canton, par la voie des hollandois, une somme de 30,000 l. en piastres pour les besoins du Consulat pendant l'année 1780. Les lettres du Consul ayant appris que les fonds ne lui étoient pas parvenus, on a fait prendre des informations à Amsterdam sur le sort du Vaisseau le *Jeune Thomas*, à bord duquel le S. Percheron prétendoit les avoir fait embarquer. Les éclaircissements qu'on a reçus à ce sujet, portoient qu'on ne connaissoit, en Hollande, aucun chargement de piastres fait par ordre du S. Percheron, et qu'il n'avoit même existé à Amsterdam, sous le nom de *Jeune Thomas* qu'un vaisseau qui avoit péri au Cap de Bonne-Espérance en 1773. Ces indications, capables de faire suspecter l'exactitude du S. Percheron, n'ont pas paru des preuves suffisantes pour le condamner sans l'entendre. On a écrit à cet agent pour lui demander des éclaircissements précis. La lettre est du mois d'avril dernier. A cette même époque, le S. Percheron a écrit de son côté à Monseigneur que le vaisseau sur lequel il avait fait charger les fonds destinés pour Canton, avoit manqué son voyage; que les 30,000 l. lui avoient été remises au Cap de Bonne-Espérance, et qu'il en avoit prévenu le S. Vauquelin, en lui proposant de tirer sur lui; mais le Consul n'a pas voulu profiter de cette facilité, sous prétexte qu'il falloit l'acheter par un escompte de 13 à 14 pour cent. En conséquence le S. Percheron demande des ordres sur l'emploi des fonds dont il est resté dépositaire.

Il paroit convenable de l'autoriser à les employer aux besoins du service dont il est chargé au Cap de Bonne-Espérance, et on les remplacera à Canton en augmentant d'autant le premier envoi qu'on ordonnera.

Approuvé.

(1782)

SECOND FAIT

Payement des gravures exécutées à Paris pour le compte de l'Empereur de la Chine.

En 1779, le S. Vauquelin ayant imaginé, on ne sait sur quel fondement, que les Chinois devoient encore à la Compagnie des Indes le prix des gravures qu'elle avoit fait faire à Paris pour le compte de l'Empereur de la Chine, il exigea des marchands de Canton une soumission de payer 10,000 piastres dont il a reçu et employé la moitié aux besoins du Consulat. Sur le compte qu'il a rendu de cette déposition, on a pris des renseignements pour s'assurer si la Compagnie des Indes avoit effectivement quelque expédition à faire sur les Chinois pour le prix des gravures en question. M. Joly de Fleury, à qui il a été écrit, à ce sujet, a répondu que la Compagnie avait été entièrement soldée de ses avances dès l'année 1775, et que les 5,000 piastres payées en 1779 par les marchands chinois, avaient été induement exigées par le S. Vauquelin.

OBSERVATIONS

Il est juste que les marchands chinois soient remboursés, puisqu'on les a fait payer mal à propos. Le crédit de la Nation semble exiger que ce remboursement soit prompt. M. Joly de Fleury le sollicite par le même motif. On propose en conséquence d'ajouter 5,000 piastres à l'envoi de fonds qu'il convient d'ordonner pour Canton.

Approuvé.

(1782)

TROISIÈME FAIT

Envoi de fonds par les vaisseaux suédois.

Sur le compte qu'on a rendu, en 9bre. dernier, de la situation du Consulat de Canton, Monseigneur a ordonné d'y faire passer 35,526 l. par la voie des vaisseaux suédois qui vont prendre, à Cadix, les piastres nécessaires à leur commerce de Chine, et l'exécution en a été confiée à M. de Mongelas. Ce Consul a, en effet, acheté les piastres nécessaires, et a annoncé, en janvier dernier, qu'il attendoit incessamment un vaisseau suédois sur lequel il se proposoit de les embarquer ; mais depuis on n'a reçu de lui aucun renseignement, et on ignore si l'opération a été consommée.

Par le même compte, il a été reconnu que le Consul étoit en avance, savoir :

Sur la dépense de 1780 . . .	7.028 l.	7s	»d
Sur la dépense de 1781. . .	30.000	»	»
La dépense de 1782 est de. .	30.000	»	»
Celle de 1783 à laquelle il convient de pourvoir est de	30.000	»	»
	97.028 l.	7s	»d

Il faut joindre à cette somme :

1° La valeur du billet remboursé au Sr. Maigret pour subsistance de dix-sept matelots naufragés	216	»	»
2₀ La valeur des 5,000 piastres à rembourser aux Marchands chinois	27.000	»	»
Total. . . .	124.244	7	»

Ainsi, pour mettre le Consul à couvert de toutes les avances et emprunts qu'il a été obligé de faire pour les besoins du Consulat, il faudrait lui faire passer une somme de . . . . 124.244 7ˢ »d

Sur quoi il faut déduire :
1º. Les fonds dont l'envoi a été confié au S. de Mongelas et qu'on doit supposés portés, cy. 35.526ˡ. 12ˢ.
2º. L'avance faite à Paris à la dame Vauquelin à valoir sur les appointements de son mari . . . . . 1.500   37.026 12ₛ »

87.217 '15 »

Reste à payer, pour remplir les besoins du Consulat jusqu'au dernier Xᵇʳᵉ. 1783, 87.217 ˡ. 15 ˢ ou 16.152 piastres.

Si Monseigneur approuve cet envoi, on propose de le faire passer, comme le précédent, par les vaisseaux suédois destinés pour la Chine. En donnant des ordres pour cet effet, à M. de Mongelas, on lui demandera des nouvelles de l'envoy précédent.

Approuvé.

93-34. COLONIES DE L'INDE [*Envoyé le Mémoire à M. de Sourdeval, le 13 X*ᵇʳᵉ*. 1782.*]

Monseigneur,

J'ignorois les lois et usages du Royaume, lorsque j'ai eu l'honneur de mander à Votre Grandeur que MM. les Juges Consuls les avoient suivis en me renvoyant plaider en Chine, sans exiger de cautionnement du Sʳ. Paris, chirurgien attaché au Consulat de Canton.

Mes avocats et conseils assurent que le Billet du Sʳ. Paris se trouvant échu depuis près de deux ans,

(1782)

la créance du chinois Coccia, transportée à l'ordre du S^r. Bourgogne, ne doit point être exposée aux évènements et risques maritimes; en conséquence ils viennent de me faire interjeter appel de la susdite sentence des consuls; dans cet état de cause, Monseigneur, j'ose supplier de nouveau Votre Grandeur de daigner prescrire et ordonner ce que son équité jugera convenable pour empêcher le S^r. Paris d'éluder et de se soustraire à l'exécution du jugement à intervenir, que je vais solliciter et presser le plus vivement possible.

Je suis avec le plus profond respect,
Monseigneur,
De Votre Grandeur, le très humble
et très obéissant serviteur,
De Montigny du Timeur.

Paris, le 4 9bre. 1782.

94-35. Minute d'une lettre de Versailles, 15 novembre 1782, à M. de Mongelas, pour le prier d'expédier 16,152 piastres à Canton, sur le vaisseau suédois.

95-36. Minute d'une lettre de Versailles, 15 novembre 1782, à M. Vauquelin, relative à l'envoi de nouveaux fonds; cette lettre n'est que la substance du troisième fait. [Voir ci-dessus, page 137.]

13 Décembre 1782.

96-39. — CANTON.

Le S. Montigny du Timeur demande que Monseigneur veuille bien interposer son autorité pour lui procurer les moyens de se faire payer de ce qui lui est dû par le S. Paris, chirurgien françois du Consulat de Canton et actuellement en France occupé de l'armement de quelques navires avec lesquels il se dispose à prendre la route des Indes. Ce chirurgien fit, en janvier 1779, à un chinois nommé Coccia, une obligation de 75,000 $^{l.}$: remboursable, avec intérêts, en X^{bre}. 1780 ; mais absent de Canton depuis l'année même de son engagement, il n'a payé, ni principal, ni intérêts. Le chinois Coccia a transporté sa créance avec Bourgogne, négociant françois qui sachant que le S. Paris passait en France, a transmis son titre au S. de Montigny pour en faire le recouvrement. Celui-ci a assigné le débiteur aux consuls de Paris, et a ensuite appelé de leur sentence au Parlement, où le procès est en instance.

Il craint que le sieur Paris par un départ précipité n'échappe au jugement, et qu'ensuite les dangers de la mer ou la mauvaise foi du débiteur n'anéantisse sa créance. Il demande en conséquence, que son mémoire soit communiqué au chirurgien et qu'il lui soit défendu de s'embarquer avant le jugement du procès.

Le sieur de Montigny observe que si l'obligation due par Paris n'est pas acquittée elle sera renvoyée en Chine pour être restituée au Chinois à qui elle a été faite, et que ce défaut de payement est capable de porter atteinte au crédit de la nation française dont les Chinois ignorent les usages, et dont ils regardent les négociants comme solidaires les uns pour les autres ; il cite l'exemple de ce qui s'est passé à l'occasion d'une obligation de cent mille écus consentie par la Compagnie des Indes, en faveur d'un marchand chinois. Le Ch^{er}. de Rothe, étant arrivé à Canton après la suspension du privilège de la Compagnie, le marchand

(1782)

chinois voulut le contraindre à lui rembourser sa créance, et il n'abandonna ses poursuites qu'après que l'obligation eût été garantie par quatre anciens conseillers de la direction.

OBSERVATIONS.

Sur les représentations faites par le S. de Montigny à l'époque du jugement des consuls de Paris qui l'ont renvoyé à plaider en Chine, on lui a répondu qu'on ne pouvait donner atteinte à la sentence des juges. En effet, la demande est, dans le fond, du ressort des tribunaux ; mais plusieurs circonstances peuvent le frustrer du recouvrement de sa créance, si on laisse partir son débiteur, avant que le procès soit jugé au Parlement, et tourner ensuite au préjudice du commerce français en Chine.

Le S. Paris, d'ailleurs, est un chirurgien breveté, dont le grade et l'uniforme ont, sans doute, favorisé l'emprunt. Sous ce point de vue, la demande du S. de Montigny ne saurait être indifférente à l'administration. Il semble qu'il est aussi juste qu'intéressant pour le crédit de la nation, de ne pas permettre qu'un officier, après avoir emprunté de l'argent chez l'étranger à la faveur de son titre, en abuse pour en éluder le payement. On exige des cautionnements de tous les Français qui vont résider dans les Échelles du Levant ou de Barbarie. Cette disposition qui protége les créanciers contre les débiteurs de mauvaise foi, et assure le crédit national peut être appliquée aux Français qui vont faire le commerce en Chine. Ce serait en suivre l'esprit dans l'affaire présente, que d'obliger le S. Paris à donner caution au sieur de Montigny et de met-

(1782)

tre obstacle à son départ jusqu'à ce qu'il ait satisfait à cette condition. On lui ferait en même temps communiquer le mémoire du S. de Montigny avec ordre d'y fournir ses réponses. On joint ici pour remplir cet objet, une lettre que Monseigneur, est prié de signer s'il l'approuve.

Approuvé.

97-40. CONSULAT DE CHINE — EXTRAIT DU REGISTRE DE LA CHANCELLERIE, COTÉ B, F°. 58.

Copie collationnée d'un billet du sieur Paris au profit de Coccia.

Je reconnais avoir reçu de M^r. Coccia, marchand à Canton, la somme de dix mille taëls, en diverses marchandises, laquelle somme Je promets lui payer au mois de décembre prochain avec l'intérêt de dix pour cent et dans le cas où je ne payerais qu'au mois de décembre mil-sept-cent-quatre-vingt, Je m'engage à lui tenir compte de l'intérêt de vingt pour cent sur ladite somme de dix mille taëls. En foi de quoi j'hypotèque tous mes biens présents et à venir à Canton. Ce neuf janvier, mil-sept-cent-soixante-dix-neuf. Signé. Paris.

Au bas du billet original est écrit en caractères chinois :

Le trois de la dixième Lune de la quarante-sixième année de l'Empereur Kien-Long, M^r. Bourgogne m'a remis l'argent mentionné au présent billet. C'est pourquoi j'ai remis à Bourgogne ce papier comme propriété. — N. B. La date ci-dessus, se rapporte au dix-

(1782)

sept novembre, mil sept cent cent quatre-vingt-un. Signé : Coccia.

Je soussigné, interprète pour le Roy en langue chinoise certifie la traduction de la passation d'ordre ci-dessus fidèle dans tous ses points. En foi de quoi, j'ai signé le présent à Canton, le quatre janvier mil-sept-cent-quatre-vingt-deux.

GALBERT.
Interprète pour le Roi.

Pour copie conforme à l'original, lesdits jours et ans que dessus.

VIEILLARD.

Nous, Consul de France à Canton en Chine et dépendances, Certifions les dates et signatures ci-dessus véritables, que le sieur Vieillard est tel qu'il se qualifie, que foi doit être ajoutée à sa signature tant en jugement que hors et à cette fin nous avons signé et fait apposer le sceau de notre Consulat à Canton. En Chine, lesdits jours et ans que dessus.

C. VAUQUELIN.

98-42. COLONIES
DE L'INDE

Nantes, le 24 Xbre. 1782.

MONSEIGNEUR,

En conséquence de votre dépêche du 13 de ce mois, j'ai fait faire la recherche du sieur Paris, chirurgien, ci-devant résidant à Canton; on m'a dit qu'il avait paru ici, il y a environ deux mois, pour y faire un armement pour la Chine, avec une maison de commerce de cette ville, mais que sur les informations que cette maison avait prises sur son compte, ce projet n'avait pas eu lieu, et on le croit actuellement à Paris, rue Saint-Denis près les 4 moulins à Belleville.

Cependant, Monseigneur, comme on m'a assuré qu'il se faisait des armements à Lorient pour Chine et que le sieur Paris, y avait paru, j'ai adressé à M. Clouët, le mémoire qui vous avait été présenté par les créanciers de ce chirurgien, afin que M. Clouët en fasse faire la recherche et exécuter vos ordres : Je le prie de vous rendre compte de ses démarches.

Je suis avec un profond respect,
 Monseigneur,
Votre très humble et très obéissant serviteur,

SOURDEVAL.

99-43. — *M. Percheron, agent du Roi au Cap de Bonne-Espérance, et absent, à son représentant.*

Canton, le 26 X^{bre}. 1782.

MONSIEUR,

Comme vous n'avez pas jugé à propos de répondre à la lettre que M. Vauquelin, mon prédécesseur, vous a écrite l'an dernier en réponse à la vôtre du 6 juin 1781, et qu'il est de toute nécessité que je fasse les perquisitions les plus exactes au sujet des fonds que le Ministre vous a confiés pour le maintien du Consulat, ne trouvez pas mauvais que je transcrive ici la lettre que vous avez écrite à M. Vauquelin, relativement à ces fonds et que je fasse quelques réflexions sur le contenu de votre lettre.

(1782)

Copie de la lettre de M. Percheron, à M. Vauquelin datée du Cap de Bonne-Espérance le 6 juin 1781.

Monsieur,

Ainsi que j'ai eu l'honneur de vous l'écrire en 1779, j'étais chargé de vous remettre une somme de 30/ml. pour vos appointements.

J'avais prié M. de Montigny de me donner à toucher cette somme à la Chine.

Il a été quelque temps sans se décider.

RÉFLEXIONS

M. Vauquelin n'a jamais reçu de lettre d'avis relativement à ces fonds, seulement M^r. de Mars, lui écrit en 1779 que ces fonds lui parviendront par voie de Hollande; il est de notoriété que tous les vaisseaux destinés pour Chine en 1779, se sont rendus à Canton. Il faut de toute nécessité que cette première lettre d'avis et son duplicata aient été égarés. Il est difficile de saisir le sens de cette phrase car quelle difficulté de compter une somme de 30/ml et de la charger sur les vaisseaux venant à la Chine; il me semble que jamais opération n'a été plus aisée.

M^r. Percheron commence sa lettre par dire qu'il était chargé par le Ministre de remettre à M^r. Vauquelin une somme de 30/ml., et quelques lignes plus bas il a besoin de la décision de M. Mon-
(1782)

J'avais pris le parti de l'envoyer en piastres sur un vaisseau qui a manqué son voyage.

tigny pour exécuter cette remise. Ces deux phrases sont difficiles à concilier.

Sur quel vaisseau cette somme a-t-elle été envoyée ? était-il hollandais ? Ils sont tous arrivés à bon port; était-il suédois ? tous également sont arrivés. Danois, anglais, pas un n'a manqué son voyage. Charge-t-on une somme importante, une somme confiée par le Ministre pour l'entretien d'un établissement, il faut se munir de preuves qui décharge celui qui était chargé de la remise; il me semble que l'on prend ou des connaissements ou des reçus; M^r. Percheron pour appuyer son assertion aurait dû joindre un reçu, ou une copie du reçu, ou un connaissement ou copie, ou enfin quelque preuve légale qui constate sa remise.

Et je vous ai prié de tirer sur moi.

M^r. Percheron n'a pas prié M^r. de Vauquelin de tirer sur lui; point de lettre qui fasse mention d'une telle permission. D'ailleurs M^r. Percheron ou sait ou doit soupçonner qu'on ne tire à la Chine

(1782)

	qu'avec une prime de 15 à 20 p. o/o à 5 shellings 6, 7 et même 8 pennies, ce qui fait de 15 à 23 p. o/o.
Aujourd'hui, Monsieur, que je suis ici, vous pouvez disposer de cette somme quand et comme vous le voudrez.	M. Percheron offre encore à M. Vauquelin de disposer de cette somme, mais quatre vaisseaux danois, trois suédois, ont passé au Cap, et M^r. Percheron n'a pas même répondu aux lettres que M^r. Vauquelin lui a écrit en X^{bre}. 1781 ; lettres que j'ai des certitudes qu'elles ont été remises, et cependant M^r. Vauquelin donnait ordre de lui faire remise de cette somme soit par les vaisseaux suédois, soit par les Danois qui vont de relâche au Cap.
En voulant bien m'en donner un reçu.	M^r. Vauquelin est trop exact pour manquer à cette formalité plus que connue.
Ou si vous l'aimez mieux, je la remettrai à qui vous voudrez en France.	M^r. Percheron offre à M^r. Vauquelin de renvoyer en France, une somme venue de France pour le maintien de son Consulat ; je crois que M. Percheron n'a pas assez réfléchi sur l'irrégularité d'une pareil offre.
J'attends sur cela vos ordres.	M. Vauquelin, je le répète, en X^{bre}. 1781, a donné or-

(1782)

dre à M. Percheron, de lui faire ses remises par les vaisseaux danois et suédois. Ils sont arrivés à Canton et M. Vauquelin n'a pas même reçu de réponse à ses lettres.

Telles sont, monsieur, les réflexions que je n'ai pu m'empêcher de faire à la lecture de votre lettre; et, ressentant aussi vivement que je le fais, les effets de vos retards, vous êtes déjà instruit que M^r. Vauquelin a été obligé de recourir à la voie des emprunts à raison de 12 p. o/o d'intérêt et probablement je me trouverai dans le cas de suivre la même méthode, mais avec la perspective de ne peut-être pas réussir, M. Vauquelin, ayant assigné pour terme de remboursement la remise qu'il ne doutait pas que vous lui auriez faite cette année d'après vos promesses; et d'après ses ordres, j'ai l'honneur de vous prévenir, monsieur, que j'envoie copie de cette lettre au Ministre; je le fais malgré moi, mais je dois me mettre en règle et manifester que si j'ai recours à des emprunts ruineux, il n'y a que la nécessité qui me force de le faire.

J'ai l'honneur d'être très parfaitement,
Monsieur,
Votre très humble et très obéissant serviteur.

VIEILLARD.

COLONIES 100-44. *Renvoi d'un mémoire concernant le S. Paris, Chirurgien du Roi en Chine.*

A Lorient, le 27 X^{bre}. 1782.

MONSEIGNEUR,

M^r. de Sourdeval vient de me renvoyer le mémoire

que vous lui avez adressé le 13 de ce mois, concernant le S. Paris, chirurgien du roi en Chine, avec la copie de la dépêche qui contient vos intentions.

J'ai sur le champ fait les informations nécessaires pour découvrir ce chirurgien, que M. de Sourdeval soupçonnait à Lorient, et mettre vos ordres à exécution; mais le résultat de mes recherches a été de me faire savoir que le S. Paris, était actuellement à Paris, rue Meslée, maison de MM. Féri et Moquen, près l'hôtel du Commandant du Quay ; j'ai en conséquence l'honneur de vous envoyer le mémoire en question que vous êtes à portée de lui faire communiquer afin qu'il vous fournisse ses réponses.

On sait que ce chirurgien a cherché à Nantes, à l'Orient et à Ostende à acheter ou fréter des bâtiments et à lier des opérations de commerce. On n'ignore pas non plus qu'il a acquis ici une maison du directeur général des fermes qui lui a coûté 30 mille l. et qu'il s'est donné du mouvement pour devenir propriétaire d'une terre considérable voisine de cette ville : mais on ne sait rien sur les suites de ses démarches.

J'ai l'honneur d'être avec un profond respect,
    Monseigneur,
Votre très-humble et très-obéissant serviteur.

CLOUËT.

101-45. — 30 X^{bre}. 1782

Je soussigné, procureur général des missions étrangères à Macao, reconnais avoir reçu de M. Vieillard, vice-consul de S. M., la quantité de sept cent soixante-six piastres qui m'étaient légitimement dues par feu

M. Vauquelin, consul de France. à qui j'avais confié cette somme à Macao pour être remise à Canton au R. P. procureur de la Propagande, ce qui n'avait pu s'exécuter avant le décès de mon dit sieur Vauquelin. Cette somme ayant été ensuite remise pour mon compte au dit R. P. procureur de la Propagande, par mon dit sieur Vieillard sur ma simple réclamation, et conviction de la part dudit M. Vieillard de la légitimité de cette dette, je lui ai délivré le présent pour lui servir de décharge par tout où besoin sera. Fait à Macao, en la procure des missions françaises le 30 X^{bre}. 1782.

CONSULAT DE CHINE
n°. 13.

J. J. DESCOURVIÈRES (1).

102-46. CONSULAT DE CHINE
1782.
Reddition de compte.
n° 3.

Canton, le 31 X^{bre}. 1782.

MONSEIGNEUR,

[R. le 10 X^{bre}. 1782, n. 2.]

J'ai l'honneur de vous remettre ci-joint le compte du consulat pour le courant de cette année.

Je joins à cette lettre, Monseigneur, copie de celle que j'ai écrite à M. Percheron, agent de Sa Majesté au Cap, qui chargé en 1779 d'une somme de trente mille livres destinée par Monseigneur de Sartine pour subvenir aux frais du Consulat n'a pas encore jugé à propos d'en faire remise, raison qui a obligé M. Vau-

---

1. Jean Joseph Descourvières, de Besançon; parti pour la Chine en 1776; procureur à Macao; revenu comme directeur au Séminaire des Missions étrangères à Paris, en 1788; mort à Rome, le 6 août 1804.

quelin de recourir à des emprunts ruineux, et qui n'ayant pas été remboursés cette année, me privera probablement des ressources que M. Vauquelin a trouvées.

Vous verrez, Monseigneur, qu'aujourd'hui même la caisse se trouve vide et même débitrice d'une somme de 30361[1]. 10. 9. J'espère pouvoir subvenir pour cette année aux frais de maintien, mais je ne sais trop si les ressources ne me manqueront pas pour les années subséquentes. L'argent est si rare à la Chine, les remises d'Europe pour ce pays éprouvent tant de difficultés, que j'ai tout lieu de craindre d'être obligé de suivre la même méthode que feu M. Vauquelin, ressource que je n'emploierai qu'à la dernière extrémité, raison qui m'engage à vous supplier, Monseigneur, de vouloir bien ordonner qu'il me soit fait des remises tant pour solder la dette contractée envers le sieur Satur Joannes que pour subvenir par les suites au paiement des frais auxquels je suis tenu.

Je crois devoir vous prévenir, Monseigneur, que la Compagnie suédoise fait les défenses les plus rigoureuses aux supercargues et capitaines de ses vaisseaux de se charger d'aucun effet destiné pour les sujets des puissances belligérantes & même de fonds en nature. La voie que je crois la plus sûre pendant la guerre est celle de Portugal, mais j'ai l'honneur de vous prévenir, Monseigneur, que les matières d'or et d'argent payent au Sénat de Macao, deux pour cent de droit d'entrée.

La voie des lettres de change est ruineuse.

Les Compagnies danoise et suédoise ont donné l'an dernier & donnent cette année pour le retour en Eu-

(1782)

rope, de 22 1/2 à 23 p. o/o de prime, les lettres de change payables à six mois de vue.

Je suis avec respect, Monseigneur,
Votre très-humble et très-obéissant serviteur.

VIEILLARD.

103-47. CONSULAT DE CHINE. 1782. COMMERCE. N° 4. [R. le 19 X^{bre}. 1783, n. 3.]

MONSEIGNEUR,

Je ne dois pas vous laisser ignorer les différentes révolutions que le Commerce de ce pays a éprouvées depuis plusieurs années. Sa décadence, son peu de sûreté depuis 1779 jusqu'à ce moment, la guerre a occasionné des révolutions qui ont contribué à porter le coup mortel à plusieurs marchands hannistes de façon que le nombre de ces marchands privilégiés par le gouvernement pour traiter avec les Européens était réduit à cinq (1) dont deux d'une faiblesse si grande qu'il y avait tout lieu de craindre une banqueroute totale; les principaux mandarins, pour pallier le mal, ont augmenté le nombre de ces hannistes jusqu'à dix; ils ont eu attention de choisir cinq nouveaux sujets dont la plupart sont plus connus par leurs richesses que par leur intelligence. Le Commerce se fait donc avec plus de sûreté, plus de promptitude que les années antécédentes, mais, Monseigneur, les mandarins n'ayant pas renoncé aux extorsions pour lesquelles ils ont un goût aussi difficile à décrire qu'à éteindre, ce remède n'est que momentané & il y a tout lieu de craindre par la

1. Voir la note page 9.

suite les mêmes révolutions que le commerce a déjà éprouvées. L'avarice insatiable des mandarins qui exigent des marchands, les mêmes droits sur quatorze vaisseaux que sur trente, qui arrachent des sommes d'argent pour les offrir à l'Empereur, pour enrichir leur famille, pour acheter leur innocence : la cour ne manquant pas de les trouver coupables s'ils sont riches : telle a été jusqu'à ce moment la cause des désastres que le commerce de la Chine a éprouvés. Et la cause ne cessant pas, il y a tout à craindre que les effets se fassent ressentir avant peu, surtout si les vaisseaux n'abondent pas plus par la suite, que cette année et l'an dernier ; pour avoir toujours les mêmes sommes à offrir à l'Empereur, le hopou ou l'Intendant des douanes à Canton, a exigé des marchands hannistes une somme de six mille piastres par chacun d'eux et a doublé les droits d'entrée et de sortie sur les marchandises importées et exportées par les Européens. De toutes les nations commerçantes à la Chine, les Danois sont ceux qui ont tiré le parti le plus avantageux des circonstances actuelles. Les directeurs de cette Compagnie ont donné pleins pouvoirs aux premiers supercargues qu'ils envoient sur leurs vaisseaux pour seconder ceux de résidence à Canton, de traiter les affaires de leurs vaisseaux au plus grand avantage de leur Compagnie, de faire dans les mers des Indes toutes opérations qu'ils jugeraient avantageuses. Cette confiance s'étend sur les résidences à Canton et a produit les meilleurs effets. Deux vaisseaux danois destinés pour Chine passant par Tranquebar, ont été détenus au Cap par l'escadre française : un a vendu toute sa cargaison à un prix fort avantageux ; l'autre instruit que la Compagnie hollandaise avait interrompu tout

(1782)

commerce avec les Chinois est allé à Batavia et est arrivé à Canton immensément riche en Calain, Poivre, cloux de girofle, muscade, ailerons de requins, nids d'oiseaux (1), Bitchos de mare, or & argent. Les résidents danois, ayant vu dès l'an dernier, que les matières d'argent étaient extrêmement rares ont de leur côté fait une souscription de cinq-cent-mille piastres à Bombay payables en Europe en lettres de change, au change, de 5 schellings 8 pennys et les Anglais ont rempli cette souscription, — partie par les remises qu'ils ont faites en or, argent & marchandises par les vaisseaux de Macao, et par le reversement en partie dans la caisse danoise du produit de la cargaison de deux vaisseaux particuliers venus cette année de Bombay.

Le Commerce suédois aurait été plus avantageux pour la Compagnie, si elle n'était pas restée débitrice d'une somme de deux-cent-cinquante-mille piastres qu'il a fallu solder cette année avec six-cent-mille piastres venues : partie de Suède, partie de Hollande, pour

---

1. Les nids d'hirondelles (*yen-wo*), construits par le *collocalia brevirostris*, avec une herbe marine gélatineuse, *gelidium*, sont fort chers; ils viennent de Java, de Bornéo, de Ceylan; les meilleurs se vendent à Amoy, et valent dans cette ville jusqu'à 35 dollars le cattie (1.1/3 livre anglaise); une qualité inférieure de nids ne vaut guère plus de 16 dollars le cattie. Leur préparation, soit au gras avec un bouillon de poulet, soit au maigre avec un lait d'amandes, demande beaucoup de soins; comme goût et comme apparence, ces nids après la cuisson rappellent beaucoup le vermicelle.

Les ailerons de requins, blancs (*Pe Yu tche*) ou noirs (*He Yu-tche*) desséchés, et une espèce d'holothurie (*Hai san*), Bicho de Mar, séchée et fumée, forment également des mets très-estimés. L'aileron de requin préparé ressemble un peu à la raie; mais le *Hai san* a un goût nauséabond, du moins à notre avis.

(1782)

former la cargaison de trois énormes vaisseaux, cette somme réduite à 450 mille piastres était plus qu'insuffisante pour compléter le chargement de ces trois vaisseaux, vû que d'ordinaire chaque cargaison sortant de Chine est estimée, année commune, de 250 à 280 mille piastres; les emprunts en lettres de change n'ayant pu découvrir le déficit de fonds, la Compagnie suédoise a encore été forcée de recourir aux Chinois ; mais si cette Compagnie suit ce même système plusieurs années, elle traitera nécessairement avec un désavantage si marqué qu'il y a tout lieu de craindre qu'elle ne soit forcée de restreindre ses armements pour Chine. La Compagnie anglaise, jusqu'à cette époque n'a expédié aucun vaisseau pour Chine en droiture ou du moins aucun n'est arrivé et nous n'avons pas de connaissance de leur départ d'Europe; quatre sont arrivés de la Côte Malabarre : Le *Loko,* Capitaine Lawson, l'*Essex,* Capitaine Strower, l'*Asia,* Capitaine Maw, l'*Osterley,* Capitaine Rogers. Ces cinq vaisseaux ont passé par le détroit de Mala, ont essuyé le feu de la frégate la *Pourvoyeuse* & ont eu le bonheur d'échapper. Ils sont arrivés à Wampou et sont sur le point de partir. Ces vaisseaux étaient extrêmement riches ; ils ont versé au trésor de la Compagnie anglaise la valeur de dix-huit-cent-mille piastres, leurs cargaisons étaient faites et dans les magasins de la Compagnie à Canton dès l'année dernière et ils ont encore onze cargaisons en Thé Bouy, Camphou, Songlo & Tunkaie (1) suivant les ordres que le Conseil a reçus l'an dernier des directeurs de la Compagnie anglaise.

Les Hollandais ont cessé leur commerce avec la

---

1. Voir la note page 39.

Chine depuis la nouvelle des hostilités entre l'Angleterre et la République. Les Impériaux ont expédié deux vaisseaux pour Chine. Les Supercargues chargés de l'expédition de ces vaisseaux ont reçu une lettre datée de la latitude de Pulo-Sapate, par un vaisseau danois venu en Compagnie avec ces mêmes Impériaux par laquelle le Commandant annonce qu'il rebauquera probablement vers Malac s'il ne peut accoster la Chine et jusqu'à ce moment comme ils n'ont pas parû, il y a tout à présumer qu'ils auront pris ce dernier parti.

Le comte Pierre de Proli a équipé à l'Ile de France, un vaisseau pour Chine, et frêté conjointement avec M. Darifat deux vaisseaux portugais également pour Chine, ces deux derniers vaisseaux passant par Manille, le premier est arrivé après avoir entamé une opération des plus malheureuses. Le second est attendu et si les apparences ne me trompent pas, cette opération doit être mise au rang de celles mal concertées & par conséquent très-peu fructueuses, pour ne pas dire ruineuse.

L'interruption du commerce français doit nécessairement influer sur les opérations futures, il est donc de mon devoir, Monseigneur, de vous prévenir, que les draps et autres lainages fabrique française sont à très-haut prix à la Chine; les glaces sont montées à un prix exorbitant et au retour de la paix ces marchandises étant de bonne qualité, les négociants qui spéculeront sur ces objets, feront le double bénéfice de procurer une exportation et plus grande pour les manufactures et plus lucrative pour les acheteurs, ayant soin toutefois de n'importer que des lainages d'une bonne qualité chacun dans leur genre.

Les Portugais profitent des circonstances de la guerre

(1782)

pour forcer le commerce de Chine, mais les négociants sont assujettis à payer en Portugal des droits si énormes qu'il n'est pas probable qu'ils puissent continuer à pousser leurs opérations avec la même vigueur que les Compagnies du Nord. En temps de paix les Portugais expédient un vaisseau d'Europe, quelquefois deux et très-souvent point du tout. Des sept vaisseaux actuellement à Macao, trois seulement ont été expédiés d'Europe, un frêté par les Français & les trois autres expédiés par les Anglais qui ont fourni les fonds, partie à la grosse, partie à prêt et partie en action d'intérêt. Le huitième attendu de Manille est frêté par les Français.

Je suis avec respect, Monseigneur, votre très-humble et très-obéissant serviteur.

VIEILLARD.

Canton le 31 X^{bre}. 1782.

104-48. CONSULAT DE CHINE. 1872

MORT DU CONSUL. N° 1.

Canton, le 31 X^{bre}. 1782.

MONSEIGNEUR,

[R. *le 19 X^{bre}. 1783, n. 1.*]

J'ai l'honneur de vous prévenir que le vingt-trois septembre dernier, M^r. Vauquelin est mort des suites d'une maladie que les médecins ont jugé obstruction au foie. Après lui avoir fait rendre les derniers honneurs, j'ai pris sa place en vertu des ordres de Sa Majesté et

(1782)

procédé à l'inventaire de ses biens. J'ai l'honneur de vous en remettre copie, ainsi que du compte de cette succession, et de son produit jusqu'à ce jour.

Je suis avec respect, Monseigneur, votre très-humble et très-obéissant serviteur.

VIEILLARD.

CONSULAT
DE CHINE.
1782.
Nº. 10
DÉSISTEMENT
DU CHANCELIER.

105-49. — *A Monsieur Vieillard, Vice-consul de France, à Canton.*

Le sieur Jean-Charles-François-Galbert, a l'honneur de vous prévenir qu'après sa nomination de chancelier de votre Consulat, datée et enregistrée à la Chancellerie, le 26 septembre 1782, il a considéré qu'il était plus au fait des affaires de commerce que des affaires de judicature, et que la place de Chancelier demandant une expérience qu'il n'a pu acquérir étant venu très-jeune à la Chine, pour le bien public s'est déterminé à céder cette place en faveur de M. Costar, qu'il sait de science certaine être dans la résolution d'accepter, et en outre, comme ayant l'âge et étant le seul Français résidant à Canton le plus en état de faire honneur à cette place & de vaquer à celle de Consul dans le cas d'évènements imprévus. Le sieur Galbert, ayant l'honneur de vous faire ses très-sincères remerciements des bontés que vous lui avez témoignées, vous prie en conséquence, Monseigneur, de différer sa nomination jusqu'à nouvel ordre de Monseigneur le Ministre de la Marine, promettant de faire tous ses efforts pour acquérir les connaissances nécessaires pour remplir avec honneur la place que vous avez bien voulu lui confier : préférant le dit sieur Galbert garder encore deux années la place d'interprète et de Commis au Greffe à laquelle feu M. Vauquelin l'a nommé, place que Monseigneur le Ministre de la Marine lui a confirmé. Le sieur Galbert en vertu des bontés que vous lui avez témoignées, par la même occasion, Monsieur, vous prie de vouloir bien intercéder pour lui auprès de Monseigneur le Ministre de la Marine pour une augmentation de ses appointements, ne doutant point, Monsieur, que sachant la situation et l'espace de temps qu'il est hors de sa famille qui n'a point, ou le moyen de lui procurer aucun secours, vous voudrez bien avoir égard à sa prière, et ferez justice.

A Canton, le 31 X[bre]. 1782.

GALBERT.

Soit fait ainsi qu'il est requis. A Canton,
  les dits jour & an que dessus.

    VIEILLARD.

106-52. CONSULAT
DE CHINE
1782.

*Nomination
de chancelier
n°. 2.*

[R. *le 19 X[bre]. 1783, n. 1.*]

MONSEIGNEUR,

J'ai l'honneur de vous remettre ci-joint copie de la nomination de chancelier de M. Galbert fils, interprète en langue chinoise. Son désistement de cette place qui contient les louables motifs qui l'ont engagé

CONSULAT DE CHINE.
1782.
N° 6.

107-50. — *FEU M. VAUQUELI[N]*

DOIT

PIASTRES

A la Caisse du Roi pour emprunt fait le 18 8bre. au sieur Joannes Satur négociant arménien pour subvenir aux frais de son Consulat ci... Intérêt de 12 p o/o l'an . . . . . 5000 » »
Dû au sieur Vieillard, pour solde suivant son Compte en date du 26 7bre. 1782 . . . . 1306 14/16
Payé à M. Descourvière procureur des missions françaises à Macao suivant son reçu en date du 14 octobre 1782 . . . 766 » »
Payé au nommé Bagot maître d'hôtel du défunt pour une année de gages. . . . . 100 » »
Payé à divers pour frais de sépulture 128 12/16

7301 10/61

Dû à la succession du dit sieur Vauquelin pour solde la somme de deux-mille-cent-quarante sept piastres et quatre seizièmes de piastres les quelles ont été reversées à la Caisse du Roi, pour subvenir aux frais du Consulat, ci. 2147 4/16

Piastres . . 9448 14/16

ARRÊTÉ le présent Compte courant par nous vice-Consul, chancelier d[e] la somme de neuf-mille-quatre-cent-quarante-huit piastres, quatorze seizièm[es] piastres quatre seizièmes, à Canton, en Chine, le trente-un décembre mil se[pt]
(1782)

...VEC LE CONSULAT

AVOIR

PIASTRES

... la dépense allouée au dit sieur Vauquelin par les États de
... Majesté à raison de 26.000 l. par an, appointements com-
...s à compter du 31 Xbre. 1781, jour de l'arrêté de compte
... mon dit Sr. Vauquelin, avec le Consulat jusqu'au 23 7bre.
...82, jour de son décès faisant 8 mois 23 jours suivant le
...tail ci-après :

...r appointements à raison de 6000l. par an.	4389	l. s. d.
...r dépenses de table 8000 l. par an	5335 6 8	
...r dépenses de repas extraordinaire 2000 .	1333 6 8	
...r dépenses de loyer de maison à Macao pour ...nnée entière, le dit loyer ayant été payé par ...on dit sieur Vauquelin	1890 » »	
...r voyage de Canton à Macao et retour pour ...nnée entière	1950 » »	
...r frais de luminaire, et gages de domestiques ...ur 8 mois 23 jours à raison de 1810 l. par an	1338 6 3	
...r dépenses imprévues pour 8 mois 23 jours ... raison de 600 l. par an	438 6 8	
L.	16674 6 3	

...quelles 16674 l. 6s. 3d. à raison de 108 sols pour une piastre
...nt 3037 13/16

...r ce qui reste dû au dit sieur Vauquelin suivant le compte
...urant du Consulat en date du 31 Xbre. 1781 10244 l. 7 s.
...isant à 108 s. pour une piastre. 1897 1/16
...r le montant net de la vente des Effets du défunt . . . 3262 10/16
...r argent trouvé en nature 1201 10/16

Piastres . . 9448 14/16 [Sic]

...lat, et notable de la nation française montant tant au débit qu'au crédit à
...r solde dû à feu M. Vauquelin à celle de deux mille cent quarante-sept
...uatre-vingt-deux.

    Costar. Galbert. Vieillard.

(1782)

CHINE.   108-51. — *LE CONSULAT*
1782.
N°.7.   *DOIT*

	L.	
Au sieur Vieillard, pour ses appointements, comme chancelier du 1er. janvier au 31 Xbre..1782.	3000	1
Au sieur Galbert, pour id. interprète	1000	
Au sieur Vieillard pour loyer de maison à Canton, année entière, M. Vauquelin étant mort le lendemain de son arrivée au dit lieu, et n'ayant pas payé de loyer . . .	3750	
Pour frais de table à compter du 23 7bre. jour du décès de M. le Consul au 31 Xbre. 1782.	2666	1
Pour frais de repas extraordinaires du même jour	666	1
Pour frais de luminaire, gages de domestique à compter du même jour	471	1
Pour frais de dépenses imprévues à compter, id.	161	1
	11716	1
Payé par le sieur Vieillard au sieur Satur Joannes, pour intérêts de 12 p. o/o sur la somme de 5000 piastres, empruntées au dit sieur Satur au dit intérêt par M. Vauquelin 600 piastres faisant à 108s pour une piastre	3240	
Pour le Capital dû au dit sieur Satur Joannes, le remboursement n'ayant pû s'exécuter, 5000 piastres faisant à 108s.	27000	
	L. 41956	

ARRÊTÉ le présent compte courant et certifié véritable mont[ant à ...] livres, treize sols, neuf deniers, tant au débit qu'au crédit et pour sold[e de] quoi, nous vice-consul, vice-chancelier de la nation française avons [signé en] deux.

(1782)

NTON : SON COMPTE COURANT

AVOIR

	L.	S.	D.
Par le montant du produit net jusqu'à ce jour de la succession de feu M. Vauquelin reversé à la Caisse du Consulat, lequel est de 2147 piastres 4/16 suivant compte ci-joint faisant à 108s pour une piastre.	11595	3	»
Dû pour solde au sieur Satur Joannes, à intérêt de 12 p. 0/0 par an, jusqu'à parfait remboursement . 27000 » »			
Dû au sieur Vieillard sans intérêts . . . 3361 10 9	30361	10	9

L. 41956 13 9

:ur ou omission à la somme de quarante-un mille neuf cent cinquante-six trente mille trois cent soixante-une livres, dix sols, neuf deniers. En foi de sent, A Canton, en Chine, le trente-un décembre mil sept cent quatre-vingt-

COSTAR.   GALBERT.   VIEILLARD.

(1782)

à s'en désister en faveur de M. Costar, ancien supercargue des vaisseaux de la Compagnie et membre du conseil royal de direction établi par M$^{gr.}$ de Boynes et substitué au conseil commerçant de la Compagnie.

M. Costar, après avoir servi la Compagnie pendant dix années, ayant été forcé de repasser en Europe pour y vaquer à ses affaires de famille qui nécessitaient sa présence lors de l'évènement de sa mère qui l'en privait, est repassé à la Chine, pour y gérer en chef les affaires de commerce des maisons des sieurs Desaudrais, Sébire et compagnie et Bouffé Père et fils; depuis la suspension de commerce il s'est trouvé dans ce pays réduit à l'inaction et ne pouvant pas se procurer son passage pour Europe sur les neutres qui se sont refusés à prendre des passagers à moins de verser des sommes considérables dans leurs vaisseaux.

La connaissance intime que j'ai des talents de M. Costar, de son zèle et de son activité dans les affaires m'a engagé à le nommer chancelier ad intérim. J'ai cru devoir lui allouer quinze cents livres d'appointements, à la réserve de rembourser cette somme à la caisse du roi, si Monseigneur croit que j'ai surpassé mes droits. Les dépenses de ces pays sont si ruineuses que je ne pouvais pas me refuser à une demande d'autant plus légitime que, me trouvant seul chargé des affaires de Sa Majesté dans ce pays et devant remédier prudemment aux inconvénients d'absence ou de maladie, M. Costar, par son âge, son ancienneté de service et ses connaissances, est très en état de me remplacer en tout.

J'ose, Monseigneur, vous demander une grâce pour le S^r. Galbert, interprète du consulat, dont je n'ai qu'à me louer; assidu à remplir les devoirs de son état,

(1782)

studieux, appliqué, il ne cherche que les moyens de se rendre digne des faveurs du Roi; par les suites les appointements de ce jeune homme qui ne reçoit et n'a jamais reçu de secours dans ce pays, il a recours à vos bontés, Monseigneur, pour vous demander par mon intercession, une augmentation d'appointements; si Monseigneur juge à propos de me faire confirmer Consul, mes appointements en cette qualité seraient de six mille livres; je les verrais avec le plus grand plaisir réduit à cinq mille francs, les mille livres en moins reversées au sieur Galbert.

Je suis avec respect,

Monseigneur,

Votre très humble et très obéissant serviteur,

s. d.   VIEILLARD.

CONSULAT
DE CHINE
1782.
—
N°. 12.

109-53. — *Liste des vaisseaux qui ont mouillé tant à Wampou qu'à Macao en 1782.*

4 V^{aux}.anglais de Cie.
- Le *Loko*, Capitaine Lawson.
- L'*Asia*, Capitaine Maw.
- L'*Osterley*, Capitaine Rogers.
- L'*Essex*, Capitaine Strover.

3 V^{aux}.anglais particuliers.
- *Monsuch*, Capitaine Richardson.
- *Shawbyramgore*, Capitaine Manghan.
- *Istamboul*. L'an dernier avec pavillon hollandais a hiverné à Wampou, vendu en X^{bre}. 1782 aux Anglais venus de Surate et retournant au dit lieu, sous le commandement du Capitaine Maclon.

7 vaisseaux (*à reporter*)

(1782)

7 vaisseaux (*Report*).

4 V^aux.danois de Comp^ie
- Le *Mars*, prêté par le Roi à la Comp^ie.
- Le *Dises*, donné par le Roi à la Cie.
- Le *Roi de Danemarck*, appart. à la Comp^ie.
- La *Charlotte-Amélie*, appart. à la Comp^ie.

3 Vaisseaux suédois de Comp^ie.
- *Terra-Nova*,
- Le *Prince Gustave*.
- La *Louisa Vlrikka*.

8 V^aux. portugais.
- Le *St. Louis et Marie Madeleine*.
- Le *Neptune*.
- Le *Marquis d'Anjeja*.
} venus d'Europe.
- *Notre-Dame d'Arrabida*, propriété portugaise sortie de Lisbonne en 1780, expédiée pour la côte Malabarre et autres ports de l'Inde et de là venue à la Chine pour faire son retour en Europe.
- Le *T. St Sacrement Notre Dame de Pilier*.
- Le *Duc de Bragance*.
} Armés avec les fonds partie anglais, partie portugais.
- *St-Antoine*.
- *Notre-Dame du Carmel*.
} Expédiés de l'Ile de France pour Manille, de Manille à Macao, et de ce port pour Lisbonne.

1 Vau.
- La *Ville de Vienne*. Vaisseau impérial acheté à l'Ile de France par M. Pierre de Proli et expédié pour Wampou, pour de ce port retourner en Europe.

23 vaisseaux.

110-54. — 15 janvier 1783.

Nous, Commissaire général des colonies, faisant ci-devant les fonctions d'Intendant aux Iles de France et de Bourbon, certifions que le sieur Julien Paris, chirurgien-major de la nation françoise à Canton en Chine
(1783)

est venu à l'Ile de France à deux différentes fois, la première pour ses affaires particulières et la seconde pour faire son retour en Europe; et que dans lesdits voyages, il a fait un séjour assez long pour se rendre utile au service du Roi dans toutes les occasions tant par sa personne que par ses navires armés contre les ennemis de l'État et sa fortune et enfin que le dit sieur Paris s'est comporté en toutes les dites occasions en bon et zélé serviteur de Sa Majesté et comme bon Français.

En foi de quoi nous lui avons délivré le présent certificat pour lui servir et valoir ainsi que de raison.

A Paris, le 15 janvier 1783.

Signé : FOUCAULT.

111-55. — 18 janvier 1783.

Je reconnais avoir reçu en communication de M^r. de la Coste le mémoire présenté au Ministre par M. Du Timeur, concernant la créance du sieur Coccia, chinois.

A Versailles, le 18 janvier 1783.

PARIS.

112-57. — *Arrêt du Conseil d'Etat du Roi, concernant le commerce de la Chine, du 2 février 1783* (1).

Extrait des Registres du Conseil d'État.

Le Roi étant informé que les Ports de son Royaume ne se trouvant pas suffisamment pourvus des marchandises de l'Inde et de la Chine, qui sont nécessaires, soit pour la consommation de ses sujets, soit

1. Pièce imprimée de 2 ff. in-4.

pour les échanges avec l'étranger ; Sa Majesté a résolu de profiter des premiers instants de la paix pour procurer le plus tôt possible à son royaume un approvisionnement suffisant des divers objets que fournit le commerce de la Chine. C'est dans cette vue, qu'après s'être fait représenter l'arrêt de son conseil du 13 août 1769 par lequel le privilège exclusif de la Compagnie des Indes a été suspendu ; ensemble l'arrêt du 6 septembre suivant, portant règlement pour le commerce de l'Inde, Sa Majesté a considéré que si dans les circonstances actuelles on s'en rapportait pour un approvisionnement aussi important aux spéculations des particuliers on ne pourrait pas être assuré que leurs entreprises fussent effectuées assez promptement pour espérer des retours dès l'année 1784 ; et qu'il serait plus avantageux et plus sûr d'en charger un armateur qui dirigerait cette opération pour le compte de S. M. Et Sa Majesté ayant fait choix du sieur Grandclos Meslé dont elle connaît l'expérience et le zèle, ouï le rapport du sieur Joly de Fleury, conseiller d'État ordinaire et au Conseil royal des finances ; *le Roi étant en son Conseil*, a ordonné et ordonne ce qui suit :

Article Premier

Le Roi autorise le sieur Grandclos Meslé, à emprunter pour le compte de Sa Majesté soit à la grosse, soit de toute autre manière qui sera jugée convenable jusqu'à concurrence d'une somme de trois millions pour être employée en totalité à faire le fond d'une expédition de commerce pour la Chine dont Sa Majesté a confié la direction audit sieur Grandclos Meslé ; à l'effet de quoi, Sa Majesté fera remettre incessamment

(1783)

à sa disposition un nombre suffisant de bâtiments pour remplir cette destination.

II

Le produit des cargaisons de retour demeurera spécialement affecté au payement des emprunts qu'aura faits ledit sieur Grandclos Meslé. Sa Majesté entend que les bénéfices qui pourront résulter de cette opération soient employés à l'encouragement du commerce de l'Inde, et elle se réserve d'y faire participer aussi ceux des créanciers de la Compagnie des Indes qui restent encore à liquider.

III

En conséquence les dispositions portées au présent arrêt, et jusqu'à ce qu'il en ait été autrement ordonné par Sa Majesté, il sera sursis à la délivrance des permissions qui pourraient être demandées par des armateurs particuliers, soit en France, soit aux Iles de France et de Bourbon, pour le commerce de la Chine. Fait au Conseil d'État du Roi, Sa Majesté y étant, tenu à Versailles le deux février mil sept cent quatre-vingt-trois. *Signé :* LA CROIX CASTRIES.

A Paris,

De l'Imprimerie Royale.

MDCCLXXXIII.

113-58. — *A Monsieur le Marquis de Castries.*

[R. le 14 février 1783.]

Paris, le 3 février 1783.

J'ai l'honneur, Monsieur, de vous envoyer quelques exemplaires de l'arrêt du Conseil concernant le commerce de la Chine, et je vous prie de vouloir bien profiter de la première occasion pour en donner connaissance aux administrateurs des Iles de France et de Bourbon et pour leur recommander de ne permettre aucune expédition pour la Chine, conformément à ce qui est prescrit par l'article 3 de cet arrêt.

J'ai l'honneur d'être avec un très-sincère et parfait attachement, Monsieur, votre très-humble et très-obéissant serviteur,

Joly de Fleury.

114-59. — *Lettre à M. De la Porte, à Versailles.*

[R. *le 14 février 1783.* — Ecrit le même jour à M. Berlize.]

Paris, le 4 février 1783.

Monsieur,

Le Ministre nous a donné ordre le 30 août 1779 de faire faire deux glaces, chacune de 87 pouces de hauteur sur 72 pouces de largeur ou dans les dimensions les plus approchantes. Il nous recommande par le même ordre d'apporter la plus grande attention à la fabrication et au tain de ces glaces, qui devront être garnies de leur paquet et d'une légère bordure. Ces glaces ont été destinées dans le principe pour être envoyées en Chine. Le même ordre porte que lorsque ces glaces seront faites nous ayons en informer afin qu'on nous fasse porter les ordres pour leur envoi dans le port où elles devaient être embarquées.

L'exécution de cet ordre, Monsieur, a exigé des longueurs dont nous avons rendu compte par la difficulté de pouvoir faire couler ces glaces dans ces proportions. Nous sommes nonobstant parvenus à les faire faire de 85 pouces de haut sur 71 pouces de large. Nous en avons rendu compte et la circonstance de la guerre a suspendu l'ordre d'envoi au port qu'on devait nous prescrire.

Ces deux glaces sont restées ici en dépôt et comme nous venons d'être informés que le Ministre vient d'arrêter qu'il serait expédié vers le 15 ou 20 du mois de mars prochain quatre vaisseaux pour Chine de divers ports, nous n'avons rien de plus pressé, monsieur, que de vous prier de vouloir bien nous marquer dans quel port ces deux glaces doivent être envoyées pour pouvoir profiter du départ d'un de ces vaisseaux, pour les faire rendre à leur première destination.

Nous vous observons, Monsieur, qu'eu égard au grand volume de la caisse il serait à désirer que ce fût à Nantes de préférence, pour profiter de la voie d'eau et n'avoir de transport par terre que d'ici à Orléans. Il faudra forcément pour leur sûreté les faire escorter par deux hommes qui ne quitteront point la voiture pour soutenir la caisse de part et d'autre et parer aux cahots de la route. Nous vous prions, aussi, Monsieur, de vouloir bien nous faire adresser le passe-port du Roi pour l'exemption des droits.

Nous avons l'honneur d'être avec un très-respectueux attachement, Monsieur, vos très-humbles et très-obéissants serviteurs,

SABATIER fils et DESPREZ.

(1783)

115-61. — *Lettre à Mgr. le Marquis de Castries, Ministre et Secrétaire d'État au Département de la Marine.*
[R. le 7 mars 1783.]

MONSEIGNEUR,

Je dois au sieur Montigny du Timeur le bonheur d'être connu de Votre Grandeur ; ce bienfait quoique involontaire de sa part, mériterait toute ma reconnaissance, si la justice qu'elle a bien voulu me rendre, me mettait parfaitement à l'abri des noires intentions de mon calomniateur ; mais l'appel qu'il fait au Parlement de la sentence consulaire, et la tournure qu'il donne à cet appel en le motivant sur un déni de justice, me laisse plus que jamais en butte à ses persécutions.

Dans la nécessité où je suis de me défendre, le mémoire que Votre Grandeur a daigné me communiquer, deviendrait entre mes mains une arme victorieuse, si elle avait la bonté de me permettre d'en faire usage, ainsi que des réponses que j'y ai faites et qui ont opéré ma justification auprès de Votre Grandeur. J'ose espérer qu'après avoir reconnu mon innocence, elle voudra bien me laisser les moyens de la faire éclater dans tous les cas où elle sera attaquée aussi témérairement que dans celui-ci. J'attends son aveu avec confiance et résignation.

Je suis avec respect,
 Monseigneur, de Votre Grandeur,
 le très-humble et très-obéissant serviteur,
   PARIS.

Hôtel Bourbon, rue Croix-des-Petits-Champs.
Paris, le 11 février 1783.

(1783)

116-62. — *Monseigneur le Marquis de Castries, chevalier des ordres du roi, Ministre et Secrétaire d'Etat du Département de la Marine.*

MONSEIGNEUR,

Le sieur Julien Paris, chirurgien, major de la place et du comptoir de Canton en Chine, a l'honneur de vous représenter humblement :

Qu'il a été calomnié auprès de votre Grandeur par le S^r. de Montigny du Timeur, qui paraît avoir fourni des mémoires contre lui et cherché à lui attirer votre animadversion.

Le Remontrant, vous supplie, Monseigneur, d'accueillir sa justification. Il va exposer à votre Grandeur la seule affaire qu'il ait eu avec le sieur de Montigny du Timeur; daignez être son juge un instant; il ose espérer que vous deviendrez son protecteur.

Le sieur de Montigny a succombé dans cette affaire et c'est probablement la cause des mémoires calomnieux que cet homme irrascible s'est permis de présenter contre le Remontrant.

Celui-ci a contracté à Canton, le 9 janvier 1779, au profit de Coccia, hanniste chinois, une obligation de 10 mille taëls, valeur reçue en diverses marchandises; il a été convenu entre le chinois et lui qu'il lui rapporterait la valeur de cette somme en marchandises d'Europe, sur lesquelles il prélèverait 25 o/o de remise.

L'Empereur de la Chine a fait arrêter Coccia dans le mois de Juillet 1781, a fait saisir tous ses biens et

(1783)

l'a fait reléguer en Tartarie pour y être employé aux ouvrages publics.

Il résulte de cette circonstance, que le Remontrant lors de son retour en Chine, qui n'est retardé que par la guerre actuelle, peut être contraint par l'Empereur au paiement de la somme de 10 mille Taëls, conformément au contrat passé entre lui et Coccia, aux droits duquel l'Empereur est aujourd'hui par la saisie et annotation faites des biens de ce Chinois.

Dans ces circonstances, le sieur de Montigny du Timeur, muni d'une simple copie de l'engagement pris par le Remontrant au profit de Coccia, d'une copie que son Correspondant lui a adressée avec un prétendu transport conçu en ces termes :

« Le 3 de la Xme. Lune de la 46ème. année de l'Empereur Kien-Long, (ce qui a rapport au 17 9bre. 1781.) M. Bourgogne m'a remis l'argent mentionné au présent billet. C'est pourquoi j'ai remis au sieur Bourgogne ce papier comme propriété.   Signé : Coccia. »

Le sieur de Montigny donc a voulu exercer cette créance contre le Remontrant et l'a assigné aux consuls de cette ville en vertu de cette copie.

Le Remontrant a soutenu le S^r. de Montigny, non recevable.

1° L'engagement du Remontrant, n'étant point payable à ordre, n'était pas transportable à l'ordre d'un tiers.

2° Cet engagement n'est payable qu'à Canton et en marchandises.

3° L'Empereur de la Chine a fait arrêter la personne et confisquer les biens de Coccia en Juillet 1780; le transport, fait par Coccia le 17 9bre. 1781, de son titre de créance sur le Remontrant n'est ni probable, ni propre à tranquiliser le Remontrant, car celui-ci à son retour en Chine peut être recherché par l'Empereur et contraint de payer, nonobstant la fiction de ce transport prétendu fait longtemps après une confiscation publique.

4° Enfin le Remontrant, ayant des droits de compensation à opposer à Coccia ou à ses ayants-cause, ne peut être tenu de payer à un tiers, qui lui-même n'a pas le droit d'étendre ou de dénaturer l'obligation du Remontrant, ni d'anéantir les engagements réciproques de Coccia envers lui.

Les Juges Consuls ont été déterminés par ces moyens et par d'autres également victorieux à renvoyer le S^r. de Montigny du Timeur par devant le Consul de la nation française à Canton.

Le Remontrant tranquille sur cette attaque inopinée, est parti pour Anvers où ses affaires l'appelaient.

Le sieur de Montigny du Timeur a saisi le moment de son absence pour interjeter appel de la sentence des Consuls.

Le Remontrant a été averti, il s'est hâté de prendre un défenseur, et de reparaître lui-même, alors le sieur de Montigny a abandonné son appel.

C'est dans ces circonstances qu'en désespoir de cause il a voulu nuire au Remontrant par des voies ténébreuses, c'est alors qu'il a calomnié par des mémoires secrets la réputation du Remontrant et peut-être, a-t-il espérer attenter à sa liberté aussi facilement qu'à son honneur.

Le bruit de ces tentatives odieuses est venu jusqu'au Remontrant, il s'est présenté à votre Grandeur avec la confiance qu'on doit à votre équité et que sa conscience intime lui inspirait.

(1783)

Daignez, Monseigneur, le mettre en état de perfectionner sa justification en lui faisant communiquer les écrits par lesquels on a cherché à le flétrir dans l'opinion de votre Grandeur, la seule grâce qu'il demande est de passer à la coupelle de la plus amère critique, pourvu que l'attaque de son ennemi soit ouverte et sans détour; il ne veut point faire de comparaison récriminatoire, mais il lui est permis de douter que le sieur de Montigny du Timeur veuille se soumettre aux mêmes conditions, qui sont pourtant, celles de l'honneur et de la bonne foi.

Le Remontrant, Monseigneur, ne demande point vengeance, mais justice, à votre Grandeur; il l'obtiendra avec la plus profonde et la plus respectueuse reconnaissance.

M. De la Coste vient dans l'instant de communiquer au Remontrant le mémoire présenté contre lui par le sieur du Timeur. Il va s'empresser à produire sa justification annexée dans le présent mémoire.

117-63. — 11 février 1783.

Le sieur Julien Paris a été employé dans les hôpitaux de la Marine en 1754.

Il a été fait chirurgien en 1755 sur la frégate la *Hyacinthe,* Capitaine, le chevalier de la Sauzaie.

Sur la *Fleur de Lys* en 1756, Capitaine, le chevalier Doisi.

Sur le *Duc de Parme,* en 1757, Capitaine, M. Chatard.

Sur le *Dromadaire,* en 1759, Capitaine, M. de la Blancherie.

Sur le *Diadème,* en 1761, Capitaine, le Chevalier de Fouquet.

(1783)

Sur le *Diligent*, en 1763, Capitaine, M. de Marolles.

Sur le *Villevault*, en 1767, Capitaine, M. de St.-Romain.

Sur le *Bertin*, en 1769, Capitaine, M. de St.-Hilaire.

En 1773, il fut nommé chirurgien-major de la nation à Canton.

Dans cette dernière fonction, le Remontrant a offert la remise de ses appointements, et les services qu'il a rendus aux Français confiés à ses soins ont toujours été gratuits. Il a porté le désintéressement et son attachement pour sa patrie jusqu'à refuser les offres qui lui ont été faites par le Gouverneur et l'Archevêque des Manilles qu'il a guéris l'un et l'autre de maladies très-graves.

En 1777, le vaisseau les *Deux Amis*, étant arrivé en Chine dénué de ressources, le Capitaine étant discrédité, la nation eut essuyé un affront par la saisie et la vente de ce vaisseau, le Remontrant vint à son secours et lui prêta une somme de 120,000 l. savoir 60,000 l. en espèces & 60,000 l. en billets acceptés par les Chinois : il s'embarqua ensuite sur ce vaisseau pour le suivre à l'Ile de France et retirer ses fonds.

Il acheta dans cette dernière place deux vaisseaux, le *Triton* de 24 pièces de canon, et la *Sainte-Anne*, d'un moindre calibre, pour les conduire chargés en Chine et à Pondichéry.

M. de Bellecombe (1), lorsque le Remontrant entra dans la rade de Pondichéry, cherchait un bâtiment léger pour annoncer les hostilités au Gouverneur des Manilles. Celui-ci lui offrit l'un des siens, quoiqu'il ne fût pas encore déchargé; il le fit partir à ses frais; le vais-

---

1. Commandant général des établissements français dans l'Inde, depuis le 9 janvier 1777.

seau remplit sa mission, fut ensuite poursuivi dans le détroit de Malaque par une frégate ennemie, perdit ses canons et une partie de ses marchandises et ne fût sauvé que par la bonne manœuvre du Capitaine. Le Remontrant n'a jamais réclamé ni ses frais, ni ses pertes.

Enfin après avoir continué son voyage en Chine sur le *Triton*, et être revenu à l'Ile de France, le Remontrant a vendu ce vaisseau et sa cargaison à la Comp^{ie}. impériale, ce qui l'a forcé de passer en France pour le recouvrement de ses fonds.

Pendant son séjour à l'Ile de France, le Remontrant conçut le projet d'armer en course pour enlever quatre vaisseaux anglais, revenant de Chine, du retour desquels, il était instruit; il fit part de son projet à M^{rs}. de Souillac & Foucault qui l'approuvèrent; quelques obstacles s'opposèrent à son exécution, mais le Remontrant engagea M. Deschiens à le suivre et fût un des intéressés à son armement qui dans six mois fit cinq prises, l'une d'elles très-considérable.

Le Remontrant fût aussi chargé par M. Foucault de lui procurer deux excellents ouvriers chinois qui pussent enseigner les nègres de l'Ile de France à travailler le Bambou, ce que le Remontrant est parvenu à exécuter; mais la guerre a croisé les intentions de cet habile administrateur, qui avait reçu déjà les chefs-d'œuvre des deux ouvriers, & qui, s'il eut pu suivre son plan aurait enlevé aux Chinois une branche de commerce très-importante pour sa colonie.

Sa Majesté avait besoin d'argent pour le départ de l'escadre de M. de Trougollée qui était destinée à la croisière du Cap de Bonne-Espérance, le Remontrant prêta 100,000^{l}. sans intérêt, cette somme lui a été remise depuis en lettres de change.

(1783)

118-65. — 14 février 1783.

Monseigneur,

Les personnes chargées du hang ou factorerie française à Canton l'ont affermée aux Impériaux, Suédois ou Danois pendant la guerre dont nous sortons, il y a lieu de présumer qu'ils l'affermeront encore et que les vaisseaux de l'expédition actuelle au compte de S. M. en seraient privés.

Je vous prie de donner vos ordres à Canton pour qu'on y garde le hang français à la disposition des facteurs de l'expédition présente. Il serait temps d'adresser vos lettres au Consul de France à Cadix pour qu'il les achemine sur un ou deux Vaisseaux Suédois qui y passent tous les ans, en allant à Canton; il y a aussi à l'Orient un vaisseau Impérial prêt à partir pour la Chine sur lequel on pourrait mettre une autre lettre pour M. de Vauclin, [*sic*] Consul de France à Canton.

Je suis avec un profond respect, Monseigneur,
Votre très-humble et très-obéissant serviteur.

Grandclos Meslé.

Hôtel de Russie,
rue Richelieu, ce 14 février 1783.

119-66. — 14 février 1783.

CHINE.

L'Empereur de la Chine a fait demander, en 1778 par le Consul français, résidant à Canton, deux glaces de 87 pouces de haut sur 72 de large que ce prince destine à l'ornement de son palais. Ces glaces auxquelles on n'a pû donner que 85 pouces sur 71, ont été exécutées à Paris, mais la circonstance de la guerre en avait suspendu l'envoi; aujourd'hui, que les armements pour Chine vont reprendre leurs cours, les sieurs Sabatier & Desprez, qui ont été chargés de cette commission, demandent des ordres pour les faire transporter au lieu de leur embarquement. Ils proposent de les envoyer à Nantes par Orléans, et de les faire accompagner jusqu'à cette dernière ville par deux hommes qui seront chargés de suivre la voiture et de contenir la caisse qui renferment les glaces, afin d'empêcher l'effet du cahot.

OBSERVATIONS.

La route de Nantes est la plus sûre de toutes pour l'objet en question parce qu'en profitant du Canal et de la rivière de Loire il n'y a de transport par terre que jusqu'à Orléans, ce qui diminue de beaucoup les dangers de la route. S'il n'y a point à Nantes de vaisseau en armement pour la Chine, on prescrira au Commissaire de ce port de faire passer la Caisse à L'Orient. On joint ici, pour l'exécution de ces premières dispositions, des ordres que Monseigneur est prié de signer s'il les approuve.

Approuvé.

120-67. — *A M. Joly de Fleury.*

Réception des exemplaires de l'arrêt du Conseil concernant le commerce de Chine.

Versailles, le 14 février 1783.

J'ai reçu, Monsieur, avec la lettre que vous m'avez

fait l'honneur de m'écrire le 3 de ce mois, les exemplaires de l'arrêt du Conseil concernant le commerce de la Chine. Je l'adresse aux administrateurs des Iles de France et de Bourbon, et je leur recommande comme vous le désirez, de veiller à son exécution.

J'ai l'honneur d'être, etc.

121-68. — *A MM. de Souillac et Chevreau*, N°. 123.

Envoi des exemplaires de l'arrêt du Conseil concernant le commerce de la Chine.

Versailles, le 14 février 1783.

Je vous envoie, Messieurs, quelques exemplaires de l'arrêt du Conseil concernant le commerce de Chine. Vous aurez soin qu'il ne se fasse aucune expédition pour cette partie de l'Asie, conformément à ce qui est prescrit par l'art. 3 de cet arrêt.

J'ai l'honneur, etc.

A M. Vauquelin

Envoi de l'exemplaire de l'arrêt concernant le commerce de la Chine.

Le 14 juillet 1783.

Je vous envoie, Monsieur, un exemplaire de l'arrêt du Conseil concernant le commerce de la Chine. Vous aurez soin d'empêcher que personne ne contrevienne à ses dispositions, & vous ferez tous vos efforts pour concourir au succès des opérations que le roi a confiées au sieur Grandclos-Meslé.

Je suis, etc.

(1783)

COLONIES
DE
L'INDE.
1783

122-71. — 19 février 1783.

Cejourd'hui, dix-neuf février, mil sept cent quatre-vingt-trois. *Nous* agent des Colonies, en conséquence des ordres de *Monseigneur le Marquis de Castries* ministre et secrétaire d'État de la Marine, en date du quatorze de ce mois, nous sommes transportés en la maison du S. Glot, entrepreneur de voitures, rue St-Denis à l'effet d'examiner deux glaces destinées pour l'Empereur de la Chine, dont la fourniture a été ordonnée à MM. Sabatier et Desprez, lesquels nous ont déclaré qu'elles étaient de 85 pouces de haut sur 71 de large. Et en présence dudit sieur Desprez, ledit sieur Glot nous a présenté une grande caisse de bois de sapin de deux pouces d'épaisseur, emballée en toile grasse, paille et toile ordinaire, qui en renfermait une autre moins épaisse, lesquelles ayant été ouvertes par les emballeurs de la manufacture des glaces, mandés à cet effet, la seconde s'est trouvée contenir les deux glaces, chacune dans un parquet de bois de chêne, de 91 pouces une ligne de haut sur 77 pouces deux lignes de large, ornés d'une bordure unie de trois pouces de large avec deux moulures dorées, le plat des dites bordures en or mat et les moulures en or bruni, les dites glaces arrêtées dans la caisse par cinq barres de bois de sapin, de 6 pièces, 9 pouces de long, sur 3 pouces de large et un pouce d'épaisseur, dont deux garni de flanelles; ayant mesuré les deux glaces, elles se sont trouvées avoir chacune 83 pouces cinq lignes de haut et 69 pouces 6 lignes de large d'une bordure à l'autre non compris les recouvrements que nous n'avons pu

(1783)

mesurer parce qu'il aurait fallu démonter les glaces, ce qui n'aurait pu se faire sans danger, mais ils nous ont paru pouvoir être d'environ neuf lignes de chaque côté. Quant à l'épaisseur, nous n'avons pû non plus la mesurer par la même raison que les recouvrements, mais par les différents objets que nous avons posés dessus, elles nous ont paru avoir environ 4 lignes. Les dites glaces nous ont paru belles & de bonnes qualités.

Ce fait, les dits Emballeurs ont refermé les dites caisses avec toutes les précautions possibles, mis une bande de toile grasse sur l'endroit qu'on a été obligé de couper pour ouvrir, et refait l'emballage en paille et toile ordinaire, sur lequel a été mis la marque C. H. N°. 1, et sur chacun des deux côtés plats du dit emballage a été figuré un miroir et écrit *Glaces*, et ont été les dites Caisses, cordées et plombées sur l'emballage, de deux plombs aux armes de S. M. sur le revers duquel est l'inscription : *Effets du Roi pour les Colonies*.

Le présent procès-verbal, fait et clos, les jour & an sus dits.

SABATIER fils ET DESPREZ, BERLIZE.

123-73. — *Lettre à Mgr. le Marquis de Castries.*

COLONIES DE L'INDE.

Paris, le 21 février 1783.

MONSEIGNEUR,

J'ai en conséquence de vos ordres du 14 de ce mois, fait la visite des deux glaces destinées pour l'empereur de la Chine, j'ai l'honneur de vous adresser le procès-verbal que j'en ai dressé ; la caisse qui les contient est partie hier au soir par les voitures du S^r. Glot qui s'est obligé de la rendre à St-Malo, le 14 ou le 15 du mois prochain, au plus tard.

(1783)

La voiture est accompagnée par deux hommes pour contenir la caisse dans les chemins raboteux, et lorsqu'il se trouvera des ornières, afin d'éviter les grands cahotements et empêcher la voiture de verser.

La hauteur de la caisse avec l'emballage était telle que mise sur une voiture ordinaire, il y a des portes de ville sur la route où elle ne pourrait pas passer; pour éviter cet inconvénient le voiturier a emporté des petites roues qu'il mettra à sa voiture pour passer ces endroits.

Au moyen de ces précautions et de celles prises pour le chargement de la caisse, les glaces arriveront certainement en bon état.

Je suis avec respect, Monseigneur,
Votre très-humble et très-obéissant serviteur.
Berlize.

124-74. — 23 février 1783.

[R. le 23 Mars 1783.]

AU ROY.

Le sieur Morin, négociant à Nantes, ayant son navire le *Tigre*, du port de 1000 Tonneaux en retour du service qu'il a fait pour S. M. depuis 1780 jusqu'en 1782, ce navire est arrivé en juillet, devant Bordeaux.

Ce bâtiment étant construit pour faire les voyages de Chine et n'ayant fait que ce seul voyage.

Le suppliant l'a fait doubler en cuivre pour d'après l'arrêt du 13 août et 6 7bre. 1769, le tenir prêt pour l'envoyer en Chine sitôt la paix; ces dispositions sont

(1783)

prises et ce navire est en état de mettre à la voile le 15 mars.

Lorsqu'il se proposait de mettre sa requête pour demander une permission pour ce voyage il a été instruit que Sa Majesté a rendu un arrêt qui commet le S^r. Grandclos-Meslé pour faire l'armement de quatre bâtiments pour Chine, et entr'autres dispositions, il a vû que l'article 3 porte qu'il sera sursis à la délivrance des permissions demandées par des armateurs particuliers pour le commerce de Chine jusqu'à ce qu'il en soit autrement ordonné.

D'après cet arrêt, si S. M. ne voyait pas d'un œil favorable l'activité qu'a mis le suppliant à tenir son navire prêt pour procurer dans le royaume du thé qui y manque, le coût de son armement étant fait et ce navire ne pouvant servir qu'à ses opérations, vu son port très-considérable, ce serait lui occasionner une perte immense qu'il ne serait pas en état de supporter.

Il ose donc espérer que S. M. voudra bien avoir égard à ses représentations et lui accordera son agrément pour le voyage de Chine, ce qui ne peut qu'apporter l'abondance du thé qu'elle désire avoir dans son royaume en 1784.

Le zèle que le suppliant a mis à le servir dans la présente guerre, dans les missions où le Gouvernement a occupé ses navires, dont deux sont encore en activité, lui fait espérer que la grâce qu'il sollicite lui sera accordée pour qu'il puisse partir du 15 au 20 mars et profiter du peu de temps qu'on a pour arriver en Chine avant la mousson, ayant ses piastres à prendre en Espagne qui y sont ordonnées et dont les dispositions sont prises, ce qui démontre à Votre Majesté, le

(1783)

zèle et l'activité du suppliant à remplir ses vues bienfaisantes et espère de S. M. qu'elle ne voudra pas que les dépenses immenses qu'il a fait deviennent pour lui un objet de ruine par le défaut de cette permission.

125-75. — 27 février 1783.

Canton en Chine.

Les Européens qui vont faire le Commerce à Canton sont relégués dans un quartier situé sur le bord de la rivière, la portion de quai qui leur est affectée, est bordée de 13 maisons, dont six appartiennent aux Compagnies européennes qui les ont fait bâtir. Ce sont des édifices spacieux et commodes qu'on appelle *hangs* ou factoreries et qui sont destinés à servir de magasins et de logements aux Européens. C'est à la porte de chacun de ces hangs que s'élève un mât sur lequel est arboré le pavillon de la nation qui l'occupe. Celui que la Comp^{ie}. française des Indes avait fait bâtir, est maintenant à la disposition du Consul et il paraît résulter d'une lettre des directeurs de la Société Impériale de Trieste que le S^r. Vauquelin en a accordé la jouissance aux vaisseaux expédiés par cette Cie.

Le S^r. Grandclos-Meslé craignant que ses facteurs ne trouvent, à leur arrivée à Canton, le hang français occupé par des étrangers auxquels il suppose qu'il a été loué par le S^r. Vauquelin, demande qu'il soit donné ordre à ce Consul de le tenir libre et de le réserver pour les 4 vaisseaux qui vont être expédiés. Cet ordre convenable à tous les égards fait la matière de la lettre qu'on joint ici, et que Monseigneur est prié de signer s'il l'approuve. *Approuvé.*

(1783)

126-78. — 6 mars 1783.

Commerce de Chine.

Le sieur Morin, négociant de Nantes, demande la permission d'envoyer en Chine un vaisseau qu'il avait fait construire uniquement pour cette destination et dont l'armement était très avancé, lorsque l'arrêt du Conseil, concernant le commerce de Chine, a paru.

Ne se peut.

COLONIES
DE
L'INDE.

127-79. — A L'Orient, le 7 Mars 1783.

Le paquet pour M. de Vauquelin
sera chargé sur la MÉDUSE
ou sur la SENSIBLE.

MONSEIGNEUR,

Je reçois avec la dépêche dont vous m'avez honoré le 27 du mois dernier, un paquet à l'adresse de M. Vauquelin, Consul de la Nation française à Canton auquel vous me recommandez de donner cours par l'occasion la plus prochaine. Je n'ai pas connaissance qu'il y ait de bâtiments disposés à partir pour Chine, avant les frégates la *Méduse* et la *Sensible,* sur l'une desquelles je me propose de charger ce paquet.

J'ai l'honneur d'être avec un profond respect, Monseigneur, votre très-humble et très-obéissant serviteur.

128-80. — 7 mars 1783.

Canton.

Le Sieur Paris, chirurgien français du Consulat de Canton, fit en janvier 1779 à un Chinois, nommé Coccia une obligation de 75,000¹. remboursables, avec intérêt en décembre 1780. Mais, absent de Canton depuis l'année même de son engagement, il n'a payé ni principal, ni intérêts. Depuis son absence, le sieur Bourgogne, autre Français résidant à Canton, s'est déclaré propriétaire de l'obligation du sieur Paris. Ce nouveau Français prétend que Coccia lui a transporté son titre et sachant que le sieur Paris passait en France, il en a adressé une copie en bonne forme au S^r. Montigny du Timeur avec pouvoir d'en poursuivre le remboursement sur le débiteur assurant qu'il a déposé l'original au Consulat de Canton.

A l'arrivée du sieur Paris en France, le S^r. Montigny lui a adressé directement sa réclamation, mais il n'en a point obtenu de réponse. Il a fait assigner au Tribunal des Consuls à Paris, qui ont renvoyé les parties à plaider en Chine et il a fait appel au Parlement de la sentence consulaire.

Dans ces entrefaites, le S^r. Montigny voyant son débiteur occupé d'un armement et prêt à repasser la mer a invoqué le secours de l'autorité pour empêcher le sieur Paris d'échapper à ses poursuites ou pour en obtenir les sûretés convenables.

Cette affaire ayant paru intéresser le crédit de la Nation françoise en Chine, et, par conséquent, susceptible de l'attention du Gouvernement, on a écrit dans les ports où l'on croyait que le S^r. Paris pourrait être pour lui faire communiquer le mémoire du S^r. Montigny, mais le S^r. Paris qui étoit alors à Anvers s'étant imaginé, d'après de faux rapports qu'on vouloit attenter à sa liberté, et regardant le danger dont il se croyoit menacé comme le fruit de la calomnie, est venu lui-même demander cette communication au Bureau qui lui a remis le Mémoire présenté par le S^r. Montigny;

(1783)

les réponses qu'il y a faites contiennent l'aveu de sa dette, mais elles présentent en même temps les motifs du refus qu'il fait de la payer en France.

Ces motifs sont :

1° Que le billet qu'il a fait à Coccia n'étant point à ordre, n'est pas un effet négociable par sa nature ;

2° Que ce billet étant une simple reconnoissance de marchandises, n'est payable que dans le lieu même de l'engagement ;

3° Qu'il a des compensations à faire avec Coccia ;

4° Que le transport du billet est le fruit d'une opération louche, puisque Coccia avoit été dépouillé de ses biens et relégué en Tartarie à 400 lieues de Canton, 17 mois avant la date de cet acte ce qui doit faire suspecter et l'acte même et le dépôt prétendu fait au Consulat de Canton ;

5° Que son billet faisant partie des biens dont l'Empereur de la Chine a dépouillé Coccia, ce prince est dans le cas d'en réclamer la valeur, et que par conséquent, lui S. Paris seroit exposé à payer deux fois, s'il consentoit à payer le S^r. Montigny.

L'affaire dont il s'agit paroit en effet très louche : d'un côté l'exil de Coccia antérieur de 17 mois au transport de sa créance prête un soupçon que le titre de cette même créance pourroit ne se trouver qu'en dépôt dans les mains du S. Bourgogne qui, par la disgrâce du créancier, seroit libre de tourner à son profit la somme due. D'un autre côté, le S^r. Paris qui avoue la dette, pourroit aussi, vouloir profiter de la circonstance où se trouve Coccia et de la confiscation ordonnée de ses biens, pour se soustraire à un paiement légitime. Quoi qu'il en soit, les prétentions respectives sont du ressort des tribunaux, et une ins-

(1783)

tance est engagée au Parlement de Paris. Dans cet état des choses, on pense que l'Administration ne doit pas s'en mêler, d'autant plus que l'exil de Coccia qui étoit inconnu, dans le principe, fait disparoître le danger que le crédit de la Nation françoise ne soit compromis en Chine. Si les motifs que le S. Montigny emploie pour que le S. Paris donne des sûretés avant de partir sont de nature à faire ordonner ces sûretés, c'est au Parlement de Paris qu'il doit se pourvoir à cet égard.

La communication qu'on a donnée au S. Paris du mémoire du S. Montigny, lui a fait croire qu'il pourroit faire usage de cette pièce dans les défenses qu'il est obligé d'employer au Parlement où le procès est en instance. Il en a même demandé la permission; mais cette demande est inadmissible; l'ordre intérieur de l'administration étant intéressé dans les mémoires présentés par les particuliers, il ne seroit pas convenable de permettre que les mémoires devinssent des pièces de procédures. On joint ici, d'après les observations qu'on vient de faire, une lettre pour le S. Paris que Monseigneur est supplié de signer s'il l'approuve.

129-81. — *Lettre à Mgr. le comte de Vergennes, ministre et secrétaire d'État.*

Paris, le 8 Mars 1783.

MONSEIGNEUR,

Permettez que j'aie l'honneur de vous présenter quelques observations que j'aie crû devoir faire sur un ouvrage de M. Sonnerat qui vient de paroître, et dont certainement un exemplaire vous aura été remis. L'exposition qu'il fait dans le chapitre des Révolutions de l'Inde me fait tort; mais d'ailleurs, sans y penser, il compromet notre nation vis à vis des Anglois qu'il autorise en quelque façon à croire que nous avons été les instigateurs de tous les malheurs qu'ils ont essuyés dans le Bengale en 1756 de la part du Nabab Sourad-Jotdola. Vous aimez la vérité, Monseigneur, il est de mon intérêt qu'elle soit connue, double motif pour excuser la liberté que je prends.

Je suis avec un très-profond respect,

Monseigneur,

Votre très-humble et très-obéissant serviteur.

Law de Lauriston (1).

130-82. — *Lettre à Mgr. le marquis de Castries.*

B^{au}. des Colonies.

Paris, le 8 mars 1783.

Monseigneur,

J'ai l'honneur de vous envoyer les deux expéditions du procès-verbal de visite, emballage & chargement de la caisse contenant les deux glaces destinées pour l'Empereur de la Chine, que vous m'avez ordonné de vous adresser, par la lettre que vous m'avez fait celui de m'écrire le 5 de ce mois.

J'ai demandé à M^{rs}. les régisseurs l'état de la dépense de cette fourniture ; aussitôt qu'ils me l'au-

---

1. Commissaire du Roi et Commandant général des Établissements français dans l'Inde, en 1765. — Remplacé le 9 janvier 1777, par M. de Bellecombe.

(1783)

ront remis, je mettrai cet objet en règle, & je vous en adresserai un état par duplicata comme vous me le prescrivez.

Je suis avec respect,

Monseigneur,

Votre très-humble et très-obéissant serviteur.

BERLIZE.

131-83. — 8 mars 1783.

Observations sur un ouvrage imprimé ayant pour titre :

Voyage aux Indes-Orientales et à la Chine, fait par ordre du Roi, depuis 1774 jusqu'en 1781 : Dans lequel on traite des Mœurs, de la Religion, des Sciences et des Arts des Indiens, des Chinois, des Pégouins et des Madégasses ; suivi d'Observations sur le Cap de Bonne-Espérance, les Isles de France et de Bourbon, les Maldives, Ceylan, Malacca, les Philippines et les Moluques, et de Recherches sur l'Histoire Naturelle de ces pays. Par M. Sonnerat, naturaliste pensionnaire du Roi, Correspondant de l'Académie Royale des Sciences de Paris, Membre de celle de Lyon (1).

1. Nous croyons inutile de reproduire ces Observations qui ont paru avec de légères modifications dans les *Mémoires concernant les Chinois,* IX, Paris, 1783, pp. XII et seq. L'ouvrage de Sonnerat est trop connu pour que nous ayons besoin d'en parler ici ; il a paru à Paris en 1782 en 2 vol. in-4 ; il a été l'objet des observations non seulement de Law de Lauriston mais aussi de De Guignes, *Journal des Savants,* juillet 1783, pp. 457-468. — Consulter aussi le *Supplément au Voyage de M. Sonnerat, par un ancien Marin* (Foucher d'Obsonville) Amsterdam (Paris),

(1783)

132-84. *État du prix de deux glaces achetées à Paris pour l'Empereur de la Chine, caisses, emballage et transport au port de St-Malô, où elles ont été envoyées pour être embarquées ; — Lesdites glaces adressées au Consul de France à Canton.*

SAVOIR

Pour les deux glaces, chacune de 85 pouces de haut sur 71 de large, et le tein, cy.......	9.767 l.	10
Pour les deux parquets avec bordures dorées.....................	441	16
Pour la caisse et contre-caisse contenant lesdittes glaces, encaissement et emballage.....................	217	10
Pour le transport desdites glaces de Paris au port de St-Malô, et le salaire des hommes qui ont accompagné la voiture pendant toute la route pour contenir la caisse, afin d'éviter les cahotements dans les chemins raboteux..	990	00
	11.416	16

Certifié véritable à Paris, le 10 Mars 1783.

SABATIER fils et DESPREZ.

133-85. — *Lettre à M. Bretel.*

Paris, le 11 mars 1783.

MONSIEUR,

J'ai l'honneur de vous adresser par duplicata, l'état des prix des deux glaces destinées pour l'Empereur de la Chine, qui est je crois dans la forme que

---

1785, in-8, pp. 32. — Pierre Sonnerat, né à Lyon vers 1745, est mort à Paris le 12 avril 1814.

vous désirez. On n'y a point compris les 4 ᵈ pt. parce que je pense que cette dépense n'en est point susceptible et on n'a porté la voiture qu'à 990ˡ. au lieu de 1000ˡ. à quoi Mʳˢ. les régisseurs l'ont évaluée parce qu'ils pensent qu'elle montera au moins à cette somme; si vous jugiez à propos d'ajouter ou retrancher quelque chose à cet état, vous voudrez bien me le renvoyer avec les corrections que vous jugerez à propos qui y soient faites, je les ferai faire et vous le renvoyerai sur-le-champ.

J'ai l'honneur d'être avec un respectueux attachement,

Monsieur,

Votre très humble et très obéissant serviteur.

BERLIZE.

COLONIES.   134-86. — St-Malo, le 11 mars 1783.

MONSEIGNEUR,

J'ai vû par la lettre dont vous m'avez honoré le cinq de ce mois, qu'il a été chargé à Paris le 20 du mois dernier sur une des voitures du S. Glot une caisse contenant deux glaces destinées pour l'Empereur de la Chine et que cette voiture doit être rendue à St-Malô le 14 ou le 15 de ce mois au plus tard. J'userai de toutes les précautions nécessaires pour préserver cette caisse de tout accident à bord de la *Dryade* où elle doit être embarquée et je l'adresserai au S. Vauquelin, consul de la nation résident à Canton, ainsi que vous me le prescrivez.

Je suis avec respect,
Monseigneur,
Votre très-humble et très-obéissant serviteur.
COURADIN.

135-87. — Paris, le 12 mars 1783.
[*R. le 14 avril 1783.*]

MONSEIGNEUR,

J'avois projeté bien avant la signature des préliminaires de paix une expédition pour la Chine sous pavillon neutre. J'avois fait venir à Lorient pour cette opération un navire de mille tonneaux. La nouvelle que l'on eût vers la fin de l'année de la paix de l'Angleterre avec les Américains me fit suspendre mes démarches pour me procurer un pavillon neutre : je comptai sur la paix générale et je me flattai de pouvoir expédier sous pavillon françois. En effet la paix a eu lieu, mais la prohibition du commerce de Chine a suivi immédiatement. J'ai fait depuis, plusieurs démarches pour effectuer mon opération ; elles ont été inutiles. Enfin je reste chargé d'un navire de mille tonneaux dont l'armement coûte plus de trois cent mille livres. Ce navire parfaitement propre au commerce de Chine ne peut être employé à aucune autre destination et seroit perdu pour moi si je n'obtenais la liberté de l'expédier.

L'arrêt du Conseil étant trop positif et trop bien motivé pour espérer d'obtenir dans le premier moment une exception en ma faveur, je n'ai pas cru,

Monseigneur, devoir vous en faire la demande. Mais j'ai recours aujourd'hui à vos bontés et je vous supplie de vouloir bien me faire accorder la permission d'expédier mon navire pour le grand voyage, c'est-à-dire pour aller en Chine en touchant à l'Ile de France et à la côte Malabar pour faire le retour à Lorient en juillet 1785.

J'ai un second navire de 1500 tonneaux qui par sa grandeur ne peut convenir à aucun autre usage et pour lequel je vous demande la même faveur.

Je vous supplie d'observer, Monseigneur, que je suis le seul négociant du Royaume qui eut préparé pour le moment de la paix une expédition pour la Chine. Le vaisseau, les vivres, les fonds, tout étoit prêt. L'arrêt du conseil m'a porté un préjudice immense. C'est le seul droit que j'aie à votre protection.

Je suis avec respect, Monseigneur,
Votre très humble et très obéissant serviteur.

LAVAYSSE, de Lorient
chez M. Louis-Julien, banquier à Paris.

136-88. — ST-MALO, 15 mars 1783.

MONSEIGNEUR,

La caisse contenant les deux glaces destinées à l'Empereur de la Chine est arrivée avant-hier au soir bien conditionnée et en bon état. Je l'ai fait transporter aujourd'hui à bord de la *Dryade*. Les écoutilles s'étant trouvé trop étroites pour qu'elle put y passer on a été obligé de lever les caillebotis, et on a établi dans l'entrepont un plan bien acoré sur lequel elle sera placée. Le capitaine répond de la porter saine et sauve à Canton.

Je suis avec respect, Monseigneur,
Votre très-humble et très-obéissant serviteur,
COURADIN.

137-89. — 15 Mars 1783.

CONSULAT DE CANTON

On a pourvu aux envois de fonds nécessaires à la dépense du consulat de Canton jusqu'à la fin de l'année 1783. Les ordres expédiés à cet effet ont été adressés le 15 9bre. dernier au consul de Cadix. On n'a encore reçu de lui aucun avis concernant leur exécution, mais il y a lieu de croire que les intentions de Monseigneur ont été remplies et on s'en assurera en écrivant au S. de Mongelas. Quoi qu'il en soit cependant, il convient de profiter de l'armement confié à la direction du S. Grand Clos Meslé, pour envoyer au S. Vauquelin les fonds nécessaires à la dépense de son consulat pendant l'année 1784. Ces fonds ne devant être rendus à leur destination qu'à la fin de cette année, l'envoi que l'on propose ne peut pas paroître prématuré. Il arrivera à contraire, à propos, pour épargner des emprunts toujours onéreux au Roi par les gros intérêts qu'il faut payer en Chine. On n'a d'ailleurs à faire passer cette année en argent que les deux tiers de la somme ordinaire, l'autre tiers étant exigible à Canton sur le remboursement du prix des glaces destinées pour l'Empereur de la Chine.

(1783)

> La dépense de cette fourniture rendue à St-Malo, où elle doit être embarquée, se monte suivant l'état des fournisseurs à la somme de.... 11.416¹ 16ˢ
> Cet état sera envoyé au Consul de Canton pour en faire le recouvrement, de sorte que pour completer les 30,000¹. nécessaires aux besoins du Consulat pendant l'année 1784, il suffit d'y faire passer............ 18.583₁ 4
> 30,000¹ »

Cette disposition qu'on propose est l'objet de trois lettres ci-jointes que Monseigneur est supplié de signer s'il les approuve.

Approuvé en écrivant à M. Grand Clos de faire l'avance.

138-90. — Paris, le 18 mars 1783.

Monseigneur,

Nous nous empressons de vous rendre compte de l'avis que nous recevons de St-Malo, que les deux glaces destinées pour la Chine que vous nous avez ordonner d'y envoyer avec toutes les précautions requises, y ont été remises en bon état le 14 du courant et qu'elles ont été chargées à bord de la frégate la *Dryade*.

M. Grand Clos Meslé à qui nous avons adressé ces glaces, Monseigneur, nous observe que nous aurions dû lui marquer à qui elles doivent être délivrées à Canton en Chine. Comme nous en ignorons la destination ultérieure, nous nous bornons à vous participer cette observation.

Nous sommes avec le plus profond respect,
Monseigneur,
Vos très humbles et très obéissants serviteurs,
SABATIER fils et DESPREZ.

On a donné ordre à M. Couradin, Com^{re}. à St-Malo, de les adresser à M. Vauquelin.

COLONIES DE L'INDE. 139-91. — Paris, le 18 mars 1783.

MONSEIGNEUR,

En conséquence de la lettre que vous m'avez fait l'honneur de m'écrire le 15 de ce mois, j'ai donné ordre le 17 à M. Bondeville, chef de ma maison à l'Orient; de charger sur l'une des deux frégates la *Sensible* ou la *Méduse*, sur leur départ pour la Chine les 3449 piastres destinées aux dépenses de l'entretien du Consulat pendant l'année 1784 et à être remises à M. de Vauquelin, consul à Canton, sous facture certifiée par le capitaine du bâtiment et visée par le commissaire en chef du Port. Le capitaine sera chargé d'en rapporter un reçu afin d'en constater la remise.

Je suis avec le plus profond respect,
Monseigneur,
Votre très humble et très obéissant serviteur.
GRAND CLOS MESLÉ.
Hôtel de Russie, R. Richelieu.

COMMERCE DE CHINE
140-92. — 30 Mars 1783.

Le S. Lavaysse, armateur de Lorient, avoit formé, avant la signature des préliminaires de la paix, le projet d'un armement pour la Chine — le vaisseau, les vivres, les fonds, tout étoit prêt ; mais cette expédition ne pouvant avoir lieu depuis l'arrêt du Conseil qui interdit ce commerce aux particuliers, il exposé qu'il reste chargé d'un navire de mille tonneaux dont l'armement lui coûte plus de 300,000¹. et qui n'est propre à aucune autre destination. Il demande la permission de l'expédier, ainsi qu'un autre vaisseau de 1500 tonneaux, pour le grand voyage, c'est à dire pour aller en Chine, après avoir touché à l'Ile de France, à la côte Malabar et pour faire le retour à Lorient en Juillet 1785.

OBSERVATIONS.

Le projet d'armement du S. Lavaysse paroit ne porter aucun préjudice à ceux que le S. Grand Clos Meslé vient de faire et on peut le considérer comme une expédition de 1784. Sous ce point de vue, il n'y aurait pas d'inconvénient à accorder au S. Lavaysse la permission qu'il demande si on étoit dans l'intention de rendre la liberté au commerce de Chine en 1784 ; mais sa demande ne peut être admise si le S. Grand Clos Meslé doit être chargé des mêmes expéditions dans les années suivantes.

141-104. — *Extrait des lettres de M. de Mongelas, consul à Cadix, concernant l'envoi des fonds destinés pour le Consulat de Canton.*

N.° 191. — Lettre du 6 X^bre. 1782.

Réponse à la lettre du ministre du 15 9bre. 1782. Il annonce qu'il ne s'est point présenté de vaisseau sué-

(1783)

dois pour la Chine, mais qu'il en attend un et qu'il y fera embarquer les deux envois de piastres qui lui ont été ordonnés.

N° 11. — Lettre du 4 fév. 1783.

Réponse à une lettre du bureau des fonds du 12 janvier. Il envoie l'état du prix d'achat des 16152 piastres qui lui ont été ordonnées pour le Consulat de Canton. Ces piastres ont coûté 90097^l. 17^d. 6^s. prix d'achat et 180^l. 3^s. de courtage.

N° 31. — Lettre du 4 avril 1783.

Il rend compte des difficultés que lui a faites le Cte Oreilly pour la sortie des piastres d'Espagne et des conditions auxquelles il en a obtenu la permission.

N° 32. — Lettre du 4 avril 1783.

Réponse à la lettre du ministre expédiée du Bureau des Colonies le 15 Mars. Il rend compte des difficultés qu'il a rencontrées tant pour l'embarquement des piastres sur un vaisseau suédois, que pour la sortie de ces espèces d'Espagne. Il envoie copie de sa lettre au consul de Suède et de la réponse de ce dernier.

N° 40. — Lettre du 15 avril 1783.

La permission du ministère espagnol pour l'extraction des piastres n'étant pas arrivée, il les a fait embarquer en payant conditionnellement ces droits. Il envoie la facture de chargement avec le connoissement du capitaine du vaisseau et l'état des dépenses qu'a coûtées cet embarquement; les piastres ont été mises sur le navire de la compagnie suédoise des Indes Orientales, le *Gustave III*.

(1783)

N° 41. — Lettre du 22 avril 1783.

La permission de la cour d'Espagne pour l'extraction des piastres est arrivée.

142-106. — 30 avril 1783.

CONTESTATION

Entre le S. Montigny du Timeur, négociant et le S. Paris, chirurgien.

Un billet de 75000^l. fait en Chine par le S^r. Paris, chirurgien bréveté du Consulat de Canton et passé à l'ordre du S. Montigny du Timeur, négociant à Paris qui en réclame le payement, est devenu, entre ces deux particuliers, l'objet d'une contestation qui a été portée d'abord par devant les juges et consuls, et ensuite au Parlement de Paris ; ce dernier tribunal ayant renvoyé les parties sur le fond par devant les juges du Châtelet, le S. Montigny, à la demande de qui cette sentence a été rendue, se fait un point de délicatesse d'en poursuivre l'effet contre un homme qu'il regarde, sans doute, comme revêtu d'un caractère public et attaché au service, sans avoir déféré à Monseigneur le plan de sa conduite ultérieure qu'il soumet entièrement aux ordres qui lui seront donnés ; il annonce qu'il est disposé à se désister de ses poursuites et à se borner à exiger du S. Paris bonne et valable caution ou hypothèque pour assurer le payement du billet.

La conduite du S. Montigny à l'égard du S. Paris étant indifférente à l'administration, on joint une lettre pour lui répondre qu'il est le maître d'agir conformément à ses intérêts ou à ceux de ses commet-

(1783)

tants. Monseigneur est prié de signer cette réponse s'il l'approuve.

Approuvé.

143-107. — 11 Mai 1783.

CONSULAT DE CANTON

[*Fait extrait pour le B^{au}. des fonds et remis la facture d'embarquement des espèces le 12 mai 1783.*]

Le S. de Grand Clos Meslé a été chargé de faire embarquer sur l'un des quatre vaisseaux qu'il a expédiés pour Chine 3449 piastres pour les besoins du Consulat de Canton. Cet armateur n'ayant pu se procurer la quantité demandée de ces espèces, leur a substitué des écus de 6^l. Il assure que cette dernière monnoie est aussi bien accueillie en Chine et qu'il n'en résulte pas pour le Roi une dépense plus considérable que si on envoyait des piastres à 5^l. 10^s. prix actuel de cette monnoie.

Les connaissances que le S. de Grand Clos Meslé a sur le commerce de Chine, donnent un grand poids à son opinion. Ainsi on regarde les ordres donnés à cet armateur relativement aux besoins du Consulat de Canton, comme remplis. Il est question maintenant d'ordonner le remboursement des 18970^l. 16^s. à quoi se montent les espèces qu'il a fait embarquer sur la *Méduse* et dont il a remis la facture ci-jointe.

Approuvé.

144-198. — 16 Mai 1783.

Recommandation en faveur de M. Gourlade, négociant le plus instruit du commerce de l'Inde.

J'ai l'honneur d'envoyer à M. le Comte de Ver-

(1783)

gennes le sieur Gourlade, un des négociants du royaume qui a le plus de connoissance du commerce de l'Inde. S'il n'a pas le tems de causer avec lui, il pourrait charger M^r. de Raineval d'examiner s'il serait propre à remplir les vues qu'il peut avoir, pour instruire l'ambassadeur du roi de tous les détails qui peuvent intéresser sa négociation.

J'ai l'honneur de faire mille compliments à M. le Cte. de Vergennes.

Ce Vendredi 16 Mai 1783.

145-114. — Lorient, le 4 Juillet 1783.

MONSEIGNEUR,

La liberté donnée au commerce d'armer sur le privilége de la Compagnie des Indes, nous porte à supplier Votre Grandeur de nous accorder la permission d'armer un navire pour la Chine, dont la Société, pour un navire de 700 tonneaux, est formée et les objets de cargaison prévus et ordonnés : nous nous y sommes d'autant plus livrés que rien n'a paru s'y opposer. Si quelque ville a lieu d'attendre du Gouvernement une indemnité de ses pertes pendant la guerre dernière, c'est assurément notre ville. Et le fléau ne nous a pas épargnés : nous avons perdu un navire revenant de Chine et un autre des Iles de France et de Bourbon.

Rassurés par la légitimité de notre demande, notre confiance est dans la protection que vous avez toujours accordé, Monseigneur, au commerce.

Nous sommes avec respect, Monseigneur,
Vos très-humbles et très-obéissants serviteurs.
LAPÔTAIRE et VALLÉE.

(1783)

146-119. — Nantes, 15 Juillet 1783.

[*R. le 20 Juillet 1783.*]

MONSEIGNEUR,

L'abondance des neutres introduits dans notre colonie à la fin de la guerre, y a rendu les affaires si mauvaises et si ruineuses que déjà nombre de négociants se trouvent écrasés par leur concurrence et forcés de demander répit à leurs créanciers ; les armateurs surtout, qui en raison du besoin de l'État, avaient fait construire des navires de plus grand port se trouvent aujourd'hui dépourvus d'emploi pour des meubles d'un si grand prix. Le commerce de Chine, Monseigneur, leur offre seul une ressource, et cependant ils ne peuvent entreprendre de semblables spéculations sans être sûrs que Votre Grandeur ne les désapprouvera pas. Depuis longtems, Monseigneur, pourvus des plus grands navires de notre rivière et des plus propres pour de semblables expéditions, nous eussions songés à y en employer plusieurs, mais découragés par l'arrêt du Conseil qui autorisait seul M. Grandclos de St-Malô à armer pour le compte du Gouvernement, nous n'avons osé d'en solliciter permission à Votre Grandeur. Le dépérissement à craindre, pour notre superbe navire, le *Louis,* de 7 à 800 tonneaux, nous force, Monseigneur, à supplier Votre Grandeur de nous accorder la permission d'en faire l'armement pour Chine. Nous osons espérer, Monseigneur que les premiers de cette place à solliciter cette faveur de Votre Grandeur, n'en recevront pas un refus; il ne peut être indifférent aux vues bienfaisantes de votre justice que les places de commerce s'augmentent; la

(1783)

nôtre n'a jamais pu faire de semblables expéditions et nous serions bien satisfaits d'en pouvoir faire naître l'envie à nos concitoyens. Mais pour y parvenir, Monseigneur, il nous importe de recevoir le plus tôt possible l'adhésion de Votre Grandeur, car quoique notre navire serait au plus tard sous six semaines ou deux mois prêt à prendre la mer, il faut à peu près le double de temps pour réunir tous les objets essentiels pour semblable expédition. Nous osons donc espérer, Monseigneur, que Votre Grandeur daignera avoir égard à nos très humbles sollicitations par une prompte et favorable décision.

Nous avons l'honneur d'être avec respect,
de votre Grandeur,
Monseigneur,
Les très-humbles et très-obéissants serviteurs.
H^e. et L. Chauranc frères.

147-120. — *Arrêt du Conseil d'État du Roi concernant l'expédition de commerce à faire à la Chine de 1783 à 1784.*

Du 21 Juillet 1783.

(Extrait des registres du Conseil d'État.) (1)

Le Roi s'étant fait rendre compte des différentes demandes et propositions faites, relativement à l'expédition prochaine de la Chine; et Sa Majesté s'étant fait représenter l'arrêté de son Conseil du 2 Février dernier, par lequel il a été pourvu à la reprise de cette branche de commerce au moment de la paix, Sa Majesté a reconnu que s'il lui avoit paru nécessaire à

1. Pièce imprimée de 4 ff. in-4.

cette époque de faire faire cette expédition pour son compte, le peu de temps qui restoit alors ne permettant pas aux Négocians particuliers de remplir cet objet d'une manière suffisante et assurée, les circonstances actuelles exigeoient, de sa part, d'autres dispositions et d'autres mesures : En conséquence, et en attendant que Sa Majesté ait pris une détermination définitive, sur la forme la plus convenable et la plus utile, d'exercer le commerce de l'Inde et de la Chine, Elle a résolu que l'expédition prochaine pour la Chine, ne seroit faite ni pour son propre compte, ni pour celui d'un ou plusieurs intéressés — privilégiés ; et son intention est que les villes maritimes de son Royaume puissent en profiter, en limitant néanmoins cette opération de manière à prévenir les effets d'une trop grande concurrence, et en écartant d'un autre côté toute idée d'exclusif personnel ou de préférence particulière.

C'est pour remplir ces vues de justice et de bienfaisance, que Sa Majesté s'est décidée à former une seule et même association, à laquelle tous les Négocians des principales villes maritimes auront la faculté de s'intéresser pour les sommes que leurs moyens et leurs spéculations pourront leur permettre ; l'intention de Sa Majesté, étant de les réunir à cet effet dans les lieux de leurs assemblées ordinaires, de leur accorder la liberté absolue de choisir les Agents en qui ils auront le plus de confiance, de donner à chaque intéressé, une influence dans ce choix proportionnée à son intérêt et de leur fournir enfin les moyens d'établir la direction la plus sûre, la plus libre, la plus économe et la moins compliquée.

Pour assurer d'autant plus le succès de cette entre-

(1783)

prise, Sa Majesté s'est déterminée à fournir les Vaisseaux qui seront nécessaires, et Elle se réserve d'ailleurs d'accorder aux Agents qui seront chargés de la diriger, toutes les facilités et toute la protection dont ils pourront avoir besoin. A quoi voulant pourvoir : Ouï le rapport du sieur le Fevre d'Ormesson, conseiller d'État et ordinaire au Conseil Royal, Contrôleur général des finances ; LE ROI ÉTANT EN SON CONSEIL, a ordonné et ordonne ce qui suit :

Article Premier

Sa Majesté fournira, pour l'expédition de la Chine, qui se fera de 1783 à 1784, trois Vaisseaux du port de douze à quinze cents tonneaux, à la seule condition du remboursement des dépenses, que le département de la Marine sera dans le cas de faire pour ladite fourniture.

II

Le fonds de l'expédition sera de six millions, divisés en douze cents actions de cinq mille livres chacune lesquelles douze cents actions ne formeront qu'une seule et même association.

III

Les douze cents actions seront distribuées dans les Ports principaux du Royaume, par les Chambres de Commerce ci-après dénommées, ou par les établissements qui en tiennent lieu.

IV

La distribution sera divisée de la manière suivante :

SAVOIR :

400	Actions	à Marseille
320	»	à Bordeaux
80	»	à La Rochelle
140	»	à Nantes
90	»	à St-Malo
90	»	à l'Orient
80	»	au Hâvre
1200	Actions à 5000 livres... 6.000.000	

V

A l'instant que le présent arrêt sera connu dans les différents Ports, les Chambres de Commerce, ou les établissements qui en tiennent lieu, recevront les soumissions des Particuliers qui voudront s'intéresser à ladite expédition, et les Secrétaires ou Greffiers délivreront à chaque Actionnaire un extrait de la soumission qu'il aura passée. Lesdites soumissions spécifieront le nombre d'actions que les souscripteurs désireront acquérir, et l'obligation d'en payer le montant dès qu'ils en seront requis.

VI

Les Actionnaires choisiront, ou par eux-mêmes, ou par fondés de procuration, trois Députés ou Représentans pour diriger toutes les opérations relatives à ladite expédition.

VII

En conséquence, les Souscripteurs ou leurs fondés de procuration, s'assembleront le 1er. septembre prochain, pour procéder à l'élection des trois députés :

ceux de Marseille à la Chambre de Commerce de ladite ville; ceux de Bordeaux et de La Rochelle, à la Chambre de Commerce de Bordeaux; et ceux de Nantes, de St-Malo, de l'Orient et du Havre, à la Juridiction Consulaire de Nantes. Lesdits Souscripteurs ou leurs Procureurs fondés seront obligés de représenter à ces Assemblées l'extrait de leurs soumissions.

VIII

Il sera élu, dans chacune de ces trois Assemblées, à la pluralité des suffrages, un sujet pour être député.

IX

La Chambre de Commerce de La Rochelle remettra à celle de Bordeaux, avant le 1er. Septembre prochain, les soumissions qui lui auront été faites. Les Juridictions Consulaires de Saint-Malo et de l'Orient, et les Représentans du commerce du Havre remettront aux Juges et Consuls de Nantes, un semblable état avant ladite époque.

X

Les voix, pour la nomination des Députés, ne seront pas comptées par actions, mais par la réunion de cinq Actions, lesquelles formeront une voix : de sorte qu'un Actionnaire qui aura souscrit pour dix actions aura deux voix, et que cinq actionnaires, dont chacun n'aura souscrit que pour une action, ne formeront, entr'eux, qu'une seule voix, et ne pourront commettre qu'un Représentant, ou Procureur fondé pour voter dans les Assemblées où se fera l'élection des Députés.

(1783)

XI

Lesdites assemblées seront présidées, à Marseille, par les Echevins et Députés à la Chambre du Commerce ; à Bordeaux, par les Directeurs de la Chambre du Commerce de Guyenne ; et à Nantes, par les Juges et Consuls.

XII

Les Présidents desdites assemblées feront dresser, par leurs Greffiers ou Secrétaires, un procès-verbal de ce qui se sera passé dans lesdites assemblées.

XIII

Ledit procès-verbal contiendra le nom des souscripteurs ou de leurs procureurs fondés, qui se présenteront pour voter, le nombre d'Actions pour lesquelles chacun aura souscrit, et le nombre de voix qu'aura eu chacun de ceux qui auront été nommés pour être Député ou Représentant des actionnaires.

XIV

D'abord après l'élection, la Chambre de Commerce de Marseille, celle de Guyenne et les Juges et Consuls de Nantes, adresseront au Sieur contrôleur général des finances, la copie du procès-verbal de leur assemblée.

XV

Dans ces Assemblées, on déterminera les émoluments ou droits de commission, qui seront alloués aux trois députés, pour toutes les opérations dont ils seront chargés, et le procès-verbal en fera mention.

(1783)

XVI

Ces émoluments ou droits de commission, seront déterminés par les délibérations des trois assemblées, si elles sont unanimes ou que la fixation faite par deux desdites assemblées se trouve égale ; mais dans le cas où les trois assemblées fixeroient chacune, d'une manière différente, ces émoluments ou droits de commission, Sa Majesté en déterminera la quotité, en ayant égard aux délibérations des trois Assemblées.

XVII

Les Chambres de Commerce de Marseille, de Bordeaux, et de la Rochelle, les Juridictions Consulaires de Nantes, de St-Malo et de l'Orient, les Représentans du commerce du Havre, remettront aux Députés, les soumissions en original qui leur auront été faites, pour en être fait par eux le recouvrement.

XVIII

Les trois Députés, aussi-tôt après leur nomination et la remise des soumissions, se rendront à Paris pour prendre, avec l'Administration, les arrangements nécessaires, concerter entre eux et conjointement les différentes opérations, et déterminer la meilleure direction pour l'intérêt de l'expédition et celui des actionnaires.

XIX

Si à l'époque où les trois Députés seront réunis à Paris, le nombre des douze cents actions ne se trouvoit pas rempli, lesdits députés seront autorisés à compléter le fonds nécessaire à l'expédition, de la

(1783)

manière qu'ils estimeront la plus convenable pour l'intérêt de l'association.

XX

D'abord après le départ des trois Vaisseaux, les Députés dresseront les comptes d'armement, d'expédition et de cargaison, et afin de mettre les Actionnaires à portée d'en prendre connaissance, ils en feront faire sept copies, qu'ils signeront tous les trois, et qu'ils déposeront : savoir, une aux Archives de la Chambre du Commerce de Marseille, une à celle de la Chambre du Commerce de Guyenne, une à celle de la Rochelle, une à chacun des greffes des Juridictions consulaires de Nantes, de Saint-Malo et de L'Orient ; et une entre les mains des Représentants du Commerce du Havre.

XXI

Lors du retour en France des trois Vaisseaux, et après leur désarmement et la vente de leurs cargaisons, les Députés feront également les comptes de désarmement et de vente des cargaisons ; ils dresseront un résultat de l'expédition, ils établiront l'état de ce qui reviendra par Action, tant pour le capital que pour les profits, et ils feront faire sept copies de toutes ces pièces, qu'ils signeront et qu'ils déposeront, ainsi qu'il est dit par l'article précédent.

XXII

D'abord après le recouvrement du montant des cargaisons, les trois députés feront aux Actionnaires la répartition des sommes qui proviendront de cette expédition.

(1783)

Fait au Conseil d'État du Roi, Sa Majesté y étant, tenu à Versailles le vingt et un Juillet mil sept cent quatre-vingt-trois.

Signé : La Croix, M^{al} de Castries.

A Paris de l'Imprimerie Royale, 1783.

148-126. — Carcassonne, 11 Août 1783.

[*R. le 30 Août 1783.*]

Monseigneur,

J'ai fourni à Monsieur Grand Clos Meslé, depuis 1773 jusqu'à l'époque de la guerre, de très fortes parties de draps à raison de ses armements pour Chine ; et leur bonne qualité jointe à la modicité du prix auquel je les lui vendois, en ayant constamment fait réussir les envois, il m'en commis mille pièces, dès qu'il fut chargé d'armer quatre vaisseaux pour le compte de Sa Majesté.

Le départ de cet armement fut si précipité que je ne pus lui offrir que 400 pièces que j'avois déteinte en couleurs propres pour Chine ; elles devoient être chargées sur le vaisseau la *Chimère*, qu'il armait à Bordeaux ; mais ce vaisseau n'ayant pas été en état de faire le voyage, il fallut les transporter à Rochefort, et les désastres arrivés à Bordeaux les premiers jours du mois de Mars y mirent obstacle.

Ces 400 pièces ayant resté, pour mon compte, à Bordeaux, je les dispersai dans les différents ports du Ponent, pour y être vendues, si l'occasion s'en présentait, ou pour attendre les armements de 1783 à 1784. J'en ai 100 pièces à Lorient chez M. Bondeville

100 pièces à Bordeaux ; et le reste, à La Rochelle, à Nantes et au Havre.

J'augmentai considérablement cette fabrication pour être en état d'exécuter les ordres de M. Grand Clos Meslé pour 3 ou 4000 pièces qui sont nécessaires pour les expéditions de Chine, s'il en étoit chargé cette année; et j'avois fait des dispositions pour la teinture de bonne partie de ces draps, lorsque l'arrêt qui vient d'être rendu m'a été connu; de sorte que je me vois dans le plus grand embarras, si vous n'avez la bonté, Monseigneur, d'ordonner aux trois députés qui seront nommés à Marseille, à Bordeaux et à Nantes, de s'adresser à moi pour la fourniture qui sera déterminée. C'est le bien de la chose, puisque j'ai tout disposé pour la faire et je l'attends, Monseigneur, de votre justice.

Si vous voulez bien me le permettre, je reprendrai mes opérations pour m'assurer que les envois que je ferai seront rendus dans les différents ports que l'on m'indiquera à l'époque du départ des vaisseaux; et il n'y a pas du tems à perdre pour profiter de la belle saison, nos draps devant être expédiés d'ici, au plus tard en Novembre.

Je suis avec un très-profond respect.
Monseigneur,
Votre très-humble et très-obéissant serviteur,

Louis Pinel.

149-127.—*Lettre à Monseigneur le M^{al} de Castries.*
Paris, 21 Août 1783.

Monseigneur,

J'ai cru ne devoir prendre la liberté d'exposer ma

justification aux yeux de Votre Grandeur, sur l'imputation de la surprise faite à votre religion, dans l'affaire du S. Bourgogne, résident en Chine, contre le S. Paris, chirurgien-major à Canton, que quand un arrêt de la Grand Chambre du Parlement auroit confirmé la justice que la sagesse de vos lumières et votre prudence avoient déjà dictée en faisant suspendre l'embarquement et départ du S. Paris jusqu'au jugement de la contestation, dont le détail le plus vrai, exposé dans l'imprimé inclus et la plaidoirie des avocats en plein Parlement, ont déterminé les juges à infirmer d'une voix unanime la sentence des juges consuls en nous renvoyant à plaider contradictoirement sur le fonds, par devant les Juges du Châtelet.

L'avocat défenseur du S^r. Paris m'ayant assuré en plein parquet, Monseigneur que vous daignez vous intéresser à ce chirurgien, je m'empresse de déférer à votre Grandeur, avec le plus soumis respect le plan de ma conduite ultérieure, que je me ferai une loi de conformer à tout ce qu'il lui plaira de me prescrire et ordonner, persuadé que son équité approuvera qu'en me désistant de toutes poursuites juridiques, qui ne manqueroient pas de contraindre ce débiteur à payer ou au moins à déposer à ses frais et risques le montant de son billet et intérêts, j'exige pour la conservation des droits du S^r. Bourgogne, bonne et valable caution, ou hypothèques certaines qui puisse répondre du principal et intérêts de cette créance, jusqu'à ce que le payement exécuté en Chine, me mette dans le cas de donner main levée dès la première nouvelle qui doit arriver en France dans le cours de l'année 1785, moyen qui laisse au S^r. Paris l'avantage de la jouissance d'une

(1783)

somme considérable sur laquelle il peut faire encore de nouveaux bénéfices, et moyen qu'il eût déjà aisément obtenu de mes procédés ordinaires et de ma conciliation dans les affaires, s'il avoit voulu traiter celle-ci avec la même honnêteté que j'ai employée en lui écrivant ma lettre du 14 août, qu'il a imprimé lui-même dans sa défense, sans avoir jamais voulu y répondre, mais au contraire se targuant dans le public de l'impossibilité où il prétendoit me mettre de le faire payer avant son retour en Chine, qui commettoit aux évènements de la mer, des fonds échus depuis près de trois ans et qui par conséquent ne doivent être exposés à aucun risque.

Je serais bien flatté, Monseigneur, que ma modération envers le S^r. Paris me justifie entièrement auprès de Votre Grandeur et soit preuve de mon esprit de conciliation dans les affaires ainsi que du très profond et soumis respect avec lequel je suis,

Monseigneur, de Votre Grandeur,
Le très-humble et très-obéissant serviteur,

DE MONTIGNY DU TIMEUR,
rue des Vielles-Audriettes, au Marais.

150-128. — *MÉMOIRE pour les sieurs Le Déan et Montigny du Timeur, Appelans ;*

CONTRE le sieur Paris, intimé (1).

Un Négociant françois étant à Canton, fait un billet au profit d'un marchand chinois, il quitte la Chine

1. Pièce imprimée à 15 ff. in-4.

(1783)

Ainsi voilà le sieur Paris qui croit avoir pu, de son autorité, reporter le paiement de son billet en Chine, non au mois de décembre 1779, ou tout au plus tard au mois de décembre 1780, mais quand il aura plu aux puissances de terminer la guerre, et s'il lui convient d'y retourner.

Mais le créancier n'en a pas pensé de même.

Coccia devoit des sommes considérables au sieur Bourgogne, négociant françois, jouissant à Canton de la plus grande considération, y ayant la confiance du commerce, et l'administration de la plus grande partie des vaisseaux envoyés dans ce port, et qu'on doit regarder non comme le correspondant du sieur Paris, ni comme la personne chargée de sa confiance et de la conduite d'une maison qu'il n'a pas, mais comme son protecteur et son conseil. (Une lettre du sieur Bourgogne que nous trouvons entre les mains du sieur Paris et à lui adressée va bientôt prouver ce fait.)

Coccia se libéra d'autant envers le sieur Bourgogne en lui souscrivant en caractères chinois en bas du billet françois, le transport de sa créance sur le sieur Paris, en ces termes :

« Le trois de la dixième lune de la quarante-sixième année de l'Empereur Kienlong, M. Bourgogne m'a remis l'argent mentionné au présent billet ; c'est pourquoi j'ai remis à Bourgogne ce billet, comme propriété. Coccia. »

La date de ce transport, en style chinois, répond à la date françoise du 17 novembre 1781 ; ainsi quand il a été fait au sieur Bourgogne, il y avoit déjà près d'un an que le sieur Paris étoit en retard de payer son billet à sa plus longue échéance.

(1783)

Par cette opération, le sieur Bourgogne faisoit deux actes utiles.

En supposant que les affaires de Coccia fussent alors en danger, il sauvoit du naufrage une somme de 75,000 livres en prenant le billet du sieur Paris.

Il acquittoit le sieur Paris, qui, dans quelque main que passât le billet, étoit destiné à le payer, et devoit aimer mieux que l'opération se fit en faveur d'un François qu'en faveur d'un Chinois, fut-ce même l'Empereur.

Pour envoyer ce billet en France et le rendre exigible, il crut devoir remplir quelques formalités.

Elles consistèrent à faire traduire le transport écrit en chinois, par l'interprète de la Nation Françoise entretenu par le Roi à Canton, à faire certifier la conformité de la copie ou traduction, avec l'original, par le chancelier du Consulat et enfin à faire légaliser le tout par le Consul.

Ensuite il passa l'ordre du billet, valeur en compte, au profit des sieurs Le Déan et Montigny qui étoient alors en France, et leur envoya le tout, avec une lettre pour eux mêmes, et une autre pour le sieur Paris, qu'ils ont eu soin de lui faire remettre, en l'avertissant de la créance qu'ils avoient à recouvrer sur lui.

La lettre à eux adressée, contenoit en ce qui concerne le sieur Paris (et on peut être sûr que nous n'en omettrons, changerons ni augmenterons pas une syllable, ce qui suit :

Messieurs,

« J'ai l'honneur de vous remettre ci-joint un billet de 10,000 taëls en principal, le neuvième janvier 1779, au nommé occia, marchand chinois, par

(1783)

M. Paris, lequel billet est à mon ordre et que j'ai passé au vôtre ; vous voudrez bien en conséquence faire les diligences nécessaires pour en avoir le paiement. Je vous préviens, Messieurs, que mon intention est de traiter M. Paris avec le plus grand ménagement ; en conséquence je vous prie de garder le secret sur cette affaire, de lui présenter vous même le billet ou l'une des copies faites à la chancellerie du Consulat, qui vous parviendront avec le duplicata ou triplicata de cette lettre, et de ne pas la négocier, à moins que ce ne fut de son aveu ; cependant ayant très à cœur que vous me fassiez repasser le produit de cette obligation par la première occasion, je vous observe que M. Paris devra payer assez à temps pour que vous ayez celui de faire les arrangements nécessaires pour me faire tenir la somme qu'il rendra, avec toute autre que vous pourriez avoir à moi suivant les dispositions que je ferai ci-dessous, lesquelles sont encore plus amplement détaillées dans une lettre particulière à M. Le Déan l'un de vous. Mais j'imagine que cette obligation vous parvenant en Juin ou Juillet, il aura depuis lors, jusqu'au mois de Décembre ou Janvier, un assez long espace de temps, pour prendre les arrangements qui lui seront le plus agréable et qui lui conviendront le mieux. D'après ce détail vous serez sûrement convaincus que j'ai le désir de traiter M. Paris le plus favorablement et que vous mettiez dans cette affaire tout ce qu'ont de gracieux les procédés les plus flatteurs ; je dois vous faire encore une observation au sujet de ce billet, puis je finis sur ce chapitre. Vous verrez que cette obligation n'est pas bien conçue, et qu'il n'y est pas nettement spécifié si, dans le cas de non paiement au mois de décembre 1780, les intérêts courront ensuite jus-

(1783)

qu'à l'acquittement. Le défaut de cette clause bien exprimée, pouvant donner lieu à des difficultés, s'il était fait là-dessus des objections, je vous prie d'arranger cela à l'amiable, et de vous relâcher plutôt que d'exiger rigoureusement; car indépendamment de la volonté que j'ai de ne pas agir à la rigueur avec M. Paris, il pourroit être qu'en tenant fortement au paiement de la somme en litige, cela donnât lieu à des contestations qui retarderoient peut-être la rentrée de la totalité des fonds pour une valeur qui sûrement ne seroit jamais assez forte pour l'équivaloir aux torts et aux pertes que me feroient éprouver la privation de ces fonds, dont le défaut de rentrée dans le temps, auroit les conséquences les plus fâcheuses pour moi...

....

« J'ai oublié de vous dire à l'article du billet de M. Paris, que je pense qu'il seroit bien que le Déan ayant des liaisons plus particulières avec lui, se chargeât de traiter cette affaire et de lui présenter son obligation, je lui annonce dans la lettre que je lui ai écrit hier.

« P. S. Je vous observe que mon billet est dans la plus grande règle, et qu'il n'y a pas la plus petite difficulté à y faire, car il n'y est pas dû un sol, par aucun Chinois, à M. Paris, ainsi on ne pourroit donner cette raison pour le non acquittement; d'ailleurs, il ne porte que l'intérêt de dix pour cent, et c'est, comme vous savez, celui licite et permis par l'Ordonnance pour les billets faits outre-mer. Signé : Bourgogne. »

Quant à la lettre que les sieurs le Déan et Montigny ont été chargés de faire passer au sieur Paris, celui-ci se contente d'en parler dans son Mémoire, en en tirant des inductions défavorables au sieur Bourgogne; mais

(1783)

comme elle a fait partie des pièces que le sieur Paris nous a communiquées, nous croyons indispensable de la mettre toute entière sous les yeux de nos lecteurs.

Canton, le 6 janvier 1782.

« J'ai reçu, Monsieur et ami, les deux lettres que vous m'avez fait l'amitié de m'écrire à Déan et moi, savoir, l'une datée du Cap, le 8 novembre 1780, l'autre de Cadix, le 12 avril 1781. J'ai vu avec grand plaisir que vous jouissiez d'une bonne santé et que vous avez à vous féliciter de la tournure de vos affaires.

« J'ai remis aux personnes chargées de les retirer les lettres que vous nous avez fait passer dans la vôtre du Cap, pour MM. Mans et Desmoulins, ces deux Messieurs étant partis pour l'Europe l'an dernier.

« Je vous suis obligé, en mon particulier et pour mon ami, des précautions que vous avez prises à l'Ile de France pour l'expédition des commissions dont vous aviez eu la complaisance de vous charger pour nous ; je vous fais aussi des remerciemens pour l'intention que vous avez eu de nous envoyer des vins de Madère et de Xérès ; M. Cochel m'a dit qu'il n'avoit pu s'en charger, par les raisons qu'il vous avoit données.

« Je désire beaucoup que vos espérances se soient réalisées, et que vous ayez fait d'aussi bonnes affaires que vous vous en flattiez ; mais de la prudence et de la circonspection, mon cher Paris ; en affaires il en faut beaucoup. Que vos succès ne vous fassent pas trop entreprendre ; un malheureux évènement peut vous en ôter tout le fruit ; ainsi, pour parler le lan-

(1783)

gage des marins, allez en garant, tenez toujours en retour, et ne risquez pas le tout à la fois, je pense que vous ne me saurez pas mauvais gré de ce conseil : vous vous rappelez sûrement de ce que Le Déan et moi vous avons dit souvent dans votre dernier voyage; et vous savez bien aussi que tout cela nous était dicté par notre bonne amitié pour vous; c'est encore par le même motif que je vous le répète aujourd'hui.

« *J'ai rassuré, autant qu'il étoit en moi, les Chinois auxquels vous devez,* et je leur ai persuadé que la guerre seule vous avoit empêché d'éteindre vos engagemens, mais qu'à la paix, vous vous empresseriez de les acquitter; je n'ai craint de le leur assurer, parce que je suis bien sûr que c'est votre intention; ils sont fort tranquilles aujourd'hui. Je dois vous dire à ce propos que vous n'êtes plus le débiteur de l'un d'eux, mais le mien : celui-là est Coccia, aux droits duquel je suis pour le billet de dix mille taëls que vous lui avez consenti le 9 juillet 1779, *lequel est passé à mon ordre, et m'a été donné en paiement;* je vous préviens que je le fais passer par cette même occasion à MM. de Montigny et le Déan, auxquels je recommande le plus grand secret; ainsi il vous sera présenté par eux; je n'ai pas d'inquiétude sur son acquittement, ces Messieurs vous en donneront décharge. Je leur recommande le plus grand ménagement pour vous dans cette affaire, et de vous donner toutes les facilités que vous pourrez désirer. Vous sentez, mon ami, que sans même qu'il fut besoin de ma recommandation à ce sujet que notre ami Le Déan surtout seroit bien porté à faire tout ce qui pourroit vous être agréable, et vous arranger.

« Je vous souhaite une bonne santé et tous les succès

que vous pouvez désirer et suis votre serviteur et ami. *Signé :* BOURGOGNE. »

Nous allons voir maintenant comment le sieur Bourgogne est récompensé des ménagements qu'il a tant recommandé, et qu'on a commencé par exercer avec scrupule et exactitude vis à vis du sieur Paris.

Au mois d'Août suivant, le sieur Le Déan reçut cette lettre ; il étoit alors en Bretagne, et le sieur Paris était à Paris, où il a établi son domicile et fait des acquisitions.

Le sieur Le Déan ne put donc pas traiter personnellement avec le sieur Paris ; et comme le sieur Montigny du Timeur étoit à Paris, ce fut lui qui fut chargé du recouvrement de la créance.

Le 14 Août, il écrivit la lettre que le sieur Paris lui-même rapporte.

« Je reçois de Chine, Monsieur, un des duplicata de la lettre dont incluse copie figurée, que j'ai l'honneur de vous faire passer, en vous priant de me faire part de vos dispositions pour le paiement du montant de votre billet, afin que je puisse, de concert avec le sieur Le Déan, vous donner toute décharge valable, et suivre les instructions de M. de Bourgogne pour le prompt emploi de ses fonds. J'ai l'honneur d'être, etc. »

D'après le refus positif du sieur Paris d'acquitter son billet, les sieurs Le Déan et Montigny, comme porteurs d'ordre, se déterminèrent à faire assigner le sieur Paris comme François et pour le présent domicilié à Belleville, près Paris, dans une maison à lui appartenante, devant les Juges-Consuls de Paris.

L'assignation est du 26 septembre 1782. Le lendemain, une première sentence continua la cause, et le
(1783)

4 octobre suivant les Parties s'étant présentées contradictoirement, le sieur Paris déclina la juridiction, et prétendit que pour le paiement de son billet, il n'avoit pu être traduit qu'en Chine.

Et le même jour, il intervint la sentence dont est appel, et que nous avons déjà dit avoir renvoyé les Parties à se pourvoir devant les Juges de Chine qui doivent en connoître.

La cause sur l'appel a été portée au Parquet de MM. les Gens du Roi ; les sieurs Le Déan et Montigny y concluoient à ce que la sentence fut infirmée et les Parties renvoyées au Bailliage du Palais, pour y procéder consulairement sur la demande en paiement du billet. Le sieur Paris y concluoit au contraire à la confirmation pure et simple de la sentence, c'est-à-dire au renvoi devant les Juges de Chine.

Cela veut bien dire devant les Mandarins : ainsi deux François renvoyés par des Juges françois à plaider devant des Juges chinois : voilà l'idée singulière sous laquelle se présentoit la cause.

Puisque le sieur Paris a l'indiscrétion d'imprimer que celui de MM. les Avocats-Généraux, devant lequel la cause étoit portée, « *avoit déjà fait connoître son opinion*, mais qu'arrêté par les plaintes du sieur de Montigny qui étoit présent, ce magistrat prit *le parti de renvoyer les Parties* à l'audience... » Nous croyons encore devoir ici dire toute la vérité, et observer que M. l'Avocat général n'approuva ni la demande en renvoi ni le renvoi pur et simple devant les Juges de Chine, qu'il indiqua, il est vrai, un commencement d'intention de réformer la sentence pour renvoyer les parties à se pourvoir devant le Consul de France à Canton mais que touché des observations que lui firent, soit le

(1783)

sieur Montigny, soit son défenseur, il voulut bien renvoyer la cause à l'audience.

Averti par cette opinion qu'a déjà fait connoître M. l'avocat général, le sieur Paris ne demande plus à être renvoyé devant les Mandarins, mais bien devant le Consul de France à Canton.

Et par son mémoire imprimé, page 8, il suppose aux sieurs Le Déan et Montigny des conclusions qu'ils ne prennent pas.

« Le sieur Montigny (dit-il), demande l'infirmation de la sentence des Consuls, *et le paiement de la reconnoissance que le sieur Bourgogne* lui a transmise par la voie de l'ordre. »

Il se trompe : le sieur Montigny ne procède pas si gauchement ; il sait bien qu'il n'a pas le droit de plaider en première instance au Parlement, et qu'avant d'avoir cet honneur sur le fond, il doit parcourir le degré de Juridiction indiqué par la loi.

Il demande donc uniquement à la Cour de vouloir bien régler le Tribunal devant lequel il doit plaider ; et soutenant qu'il ne peut et ne doit plaider qu'en France, mais ne pouvant retourner devant des Juges qui lui ont déjà refusé justice, il demande à être renvoyé au Bailliage du Palais.

MOYENS

Si le principe fondamental de la procédure en matière purement personnelle surtout, porte sur ces mots *actor sequitur forum rei,* où peut être la difficulté de la cause ?

Le sieur Paris est François, il ne peut récuser les tribunaux François, quand il est traduit devant eux.

Le sieur Paris est défendeur ; c'est devant le Juge

(1783)

dans le ressort duquel il existe qu'on a dû porter la demande en paiement d'un billet qu'on avoit à former contre lui.

Le billet est fait entre deux marchands pour prix de marchandise, et par conséquent l'action étoit consulaire.

Enfin le sieur Paris avoit fixé son domicile dans l'étendue de la Juridiction consulaire de Paris et par conséquent c'étoit devant les Juges-Consuls de Paris qu'il devoit être traduit.

Le sieur Coccia, ce marchand chinois, propriétaire originaire du billet, eut-il voulu lui-même intenter son action contre le sieur Paris, il n'eut pas pu l'intenter autrement.

Voilà toute la cause, voilà la question dans toute sa simplicité ; et cependant le sieur Paris a déjà réussi aux Consuls à se faire renvoyer devant les Mandarins ; il croit avoir déjà en la Cour un préjugé pour être tout au moins renvoyé devant le Consul de France résidant en Chine.

Examinons donc et discutons en même temps ses moyens.

Mais avant tout, nous croyons devoir prévenir que nous avons cette opinion générale sur les moyens du sieur Paris, que nous ne croyons pas qu'il en ait un seul de déclinatoire, mais qu'étant tous des moyens de défense au fond, ils sont inutilement proposés.

PREMIER MOYEN DU SIEUR PARIS

« Comment des Juges François prononceroient-ils ? Ils ne connoissent pas les Lois chinoises, ils ne peuvent pas même lire la signature apposée au bas du transport. »

Réponse. D'après ce raisonnement, le S^r. Paris per-

(1783)

vous les demander n'est pas une injure; ils sont licites en matière de commerce et surtout de commerce outre-mer.

Mais réfléchissez un instant avec vous-même.

Vous êtes incertain du sort que ce billet, que vous appelez usuraire, auroit en Chine; vous êtes au contraire certain qu'il seroit proscrit en France.

Hé bien! quand nous vous traduisons en France, il y a tout à gagner pour vous. Hâtez-vous donc de reconnoître les tribunaux françois; défendez à notre demande et soutenez votre billet nul, comme contenant des intérêts usuraires.

Mais au moins faites attention que dire qu'un billet doit être proscrit comme contenant une usure révoltante (vous voulez dire doit être réduit au vrai principal pour lequel il a été fait) c'est fournir de défenses au fond, et non pas donner une raison pour être renvoyé devant le Juge du lieu dans lequel ce billet a été souscrit.

TROISIÈME MOYEN DU SIEUR PARIS.

« Le billet original repose nécessairement dans le
« Greffe du Consulat de Canton; car le chancelier a
« mis sur la copie envoyée en France ces mots: *Pour*
« *copie conforme à l'original.* Cependant lors de la
« plaidoirie de la cause au Parquet, le billet original
« étoit entre les mains du sieur Montigny.

« Ainsi, ou le billet est resté au Greffe, ou il n'y a
« jamais paru; au dernier cas, quelle confiance mé-
« rite la traduction; au premier cas, quelle main in-
« fidèle a pu l'en tirer? »

Réponse. — Quelqu'un aperçoit-il dans ce chaos
(1783)

d'idées et d'expressions, un seul moyen déclinatoire ?

Le tout ne vaudroit pas une plus longue réponse ; cependant pour plus grande édification, et pour tranquilliser le sieur Paris, nous lui ferons observer qu'il a pris l'alarme en donnant à des mots un sens qu'ils n'ont pas.

Le Chancelier, en écrivant *pour copie conforme à l'original*, n'a pas ajouté conforme à l'original déposé au greffe.

Il en est de la copie qu'on a fait certifier par ce chancelier, comme d'un acte qu'on va porter chez un notaire pour s'en faire faire une copie collationnée, qu'il délivre en rendant l'original.

De façon qu'attendu le trajet de mer, on a fait faire des copies, qui, en cas de perte de l'original, pussent servir néanmoins à recouvrer la créance.

QUATRIÈME MOYEN DU SIEUR PARIS.

« Comment Coccia avait-il pu faire ce transport le 17 novembre 1781, tandis que dès le mois de juillet 1780 ce Chinois avait été arrêté par ordre de l'Empereur, chargé de chaines et envoyé en novembre suivant dans les déserts de la Tartarie ? »

Réponse. — Supposons un instant que le transport fait au sieur Bourgogne soit nul, parce qu'il est faux, qu'en résulterait-il ? Que le sieur Bourgogne ou ceux qui ont aujourd'hui ses droits, seroient non-recevables, faute d'avoir acquis propriété du billet.

Or, une fin de non-recevoir n'est pas une fin déclinatoire, et pour juger celle-ci, il n'est pas nécessaire d'être Chinois.

Devant quelque juge qu'elle soit proposée, elle ne

(1783)

portera que sur un point de fait, auquel nous répondrons : 1° Niez-vous que la remise entre vos mains doive faire votre libération ? Niez-vous que la décharge surabondante qui vous est offerte ne soit pour vous un titre de garantie contre le sieur Bourgogne ? 2° Sans vous arrêter à des présomptions sur la possibilité du transport, niez-vous l'écriture et signature de Coccia ?

Si vous osez passer à ces dénégations, nous y répondrons, et alors les Juges de France en prononceront définitivement, ou ordonneront tels interlocutoires qu'ils aviseront.

Mais d'où tirez-vous vos présomptions contre la possibilité du transport ? Des faits et des dates que vous prenez dans des livres de particuliers.

D'abord, vous dirons-nous, quelle authenticité des lettres particulières peuvent-elles avoir en justice ?

Ensuite celles que vous nous présentez se contredisent.

En effet, les deux lettres d'un sieur Costard, datées de Macao des 28 décembre 1780 et 1ᵉʳ janvier 1782, qui ne vous sont pas adressées, mais qu'il faut croire que vous avez trouvé à emprunter tout exprès pour la cause, placent la disgrâce de Coccia, son exil, la confiscation de ses biens au profit du trésor impérial vers la fin de l'année 1780, sans préciser aucune époque ni date.

La lettre d'un sieur Terrien, qui vous est écrite de Nantes le 12 février 1783 et que vous n'avez pas osé mettre au nombre des pièces que vous avez communiquées, vous dit *qu'il croit* qu'il y a erreur dans la date de l'endossement, *qu'il croit* que l'endossement est postérieur de six mois à l'enlèvement de

(1783)

Coccia; il finit par avouer qu'il n'étoit pas alors en Chine et qu'il ne peut rien dire de positif sur les dates.

Mais l'envie d'être utile au sieur Paris lui a fait faire des recherches dont voici le fruit.

Une lettre du sieur Vieillard (précisément celui qui, comme Chancelier du Consulat, a certifié à Canton la conformité de la copie du billet et du transport avec l'original) une lettre de ce sieur Vieillard, du 12 janvier 1781, adressée à ce sieur Terrien dit bien positivement « qu'en juillet 1780, l'Empereur a fait droit sur les plaintes contre Coccia et Intkia, qu'ils ont été mis en prison, condamnés à l'exil perpétuel à Hily, dans les déserts de la Tartarie chinoise ; que leurs biens ont été confisqués au profit de l'Empereur, et leurs maisons saisies ; enfin que Coccia et Intkia sont partis pour leur exil le 21 novembre 1780. »

Mais par malheur sur toutes ces dates si positives, il faut s'en rapporter à ce qu'écrit le sieur Terrien, car la lettre qui est dite les contenir n'est pas représentée, le sieur Paris n'en est pas porteur, au moins ne l'a-t-il pas mise parmi les pièces qu'il a communiquées.

Cependant, à lire le mémoire du sieur Paris, page 16, il sembleroit qu'il seroit porteur de cette lettre, quand il dit, « *suspendons toute réflexion jusqu'à ce que nous ayons mis sous les yeux de la Cour le fragment de sa lettre.* »

On s'attend à lire la lettre écrite par le sieur Vieillard au sieur Terrien ; point du tout, le fragment qui vient ensuite, et qui se trouve pris de l'original que le sieur Paris a communiqué, est une lettre datée, non du 12 janvier 1781, mais du 25 décembre 1781, non adressée au sieur Terrien, mais au sieur de Rothe à Paris.

(1783)

Il est vrai que pour la faire cadrer avec les époques dont on a besoin, en laissant subsister la date de 1781 qu'elle porte on a mis à côté ces mots, *erreur 1780.*

Cette lettre dit que la sentence de l'Empereur est arrivée à Canton en juillet *dernier;* qu'ils ont été chargés de chaînes, confinés dans les prisons et envoyés en exil en novembre.

La lettre est datée de décembre 1781, ainsi tous les faits des mois de juillet et novembre, lors *derniers*, se reportent à 1781.

Le sieur Paris veut tirer avantage des dates, et dans les lettres qu'il rapporte, elles sont différentes d'une année complète.

A ces lettres il veut ajouter des certificats, mais il n'y est pas plus heureux, il demande des renseignements à un sieur Dusausoi, qui lui écrit d'Anvers le 8 Décembre 1782.

« Je ne puis pas *trop* vous assurer de l'époque de
« cette banqueroute, je sais seulement qu'à la fin de
« *1779* et de janvier *1880* cet homme étoit au bloc par
« la tête. »

Ainsi d'après les lettres du sieur Costard, la faillite de Coccia a été causée par son emprisonnement, et cet emprisonnement a été fait en juillet 1780.

Par la lettre du sieur Vieillard au sieur Rothe, la sentence de l'Empereur est arrivée à Canton en juillet 1781.

Mais l'un et l'autre se trompent, car d'après ce nouveau certificat, Coccia était au bloc par la tête, c'est-à-dire emprisonné, détenu dès le mois de décembre 1779.

Lequel croire ?

Mais ce que nous trouvons dans la lettre que le
(1783)

sieur Dusausoi écrit au sieur Paris, et qu'il s'est bien gardé de rapporter dans son Mémoire, est très précieux pour la cause, et nous nous empressons de le copier.

C'est un ami du sieur Paris qui lui parle.

« Je sais encore que Bourgogne m'a dit être du
« nombre des créanciers de ce Chinois, mais j'ignore
« l'importance de cette créance et fait des vœux sin-
« cères pour qu'elle soit bien foible, ou que vous
« puissiez le rendre privilégié, pour ce que vous
« pourriez devoir à cet homme. Bourgogne est votre
« ami et le mien, *il est François, vous l'êtes aussi*,
« avec ces deux titres et un cœur tel que le vôtre, il a
« droit de prétendre à toute espèce de préférence. »

Quelle leçon pour le sieur Paris, comme il l'a suivi! ou plutôt comme il avoit pris soin de nous cacher qu'elle lui avoit été donnée.

Nous ne dirons rien du certificat du sieur Fourqueux des Moulins, donné à Paris le 20 février 1783, il place indéfiniment le malheur arrivé à Coccia dans le cours de l'année 1780, sans expliquer les jours ni les mois, et ne diminue en rien l'incertitude qui résulte de ce que nous venons de discuter.

CINQUIÈME ET DERNIER MOYEN DU SIEUR PARIS.

Enfin, dit le sieur Paris « à quel danger ne m'exposez-vous pas en voulant me faire payer en France un billet, tombé dans la confiscation générale au profit de l'Empereur; à mon arrivée en Chine, on me redemandera cette somme, vous m'exposerez à la sévérité du prince, vous compromettrez ma fortune et ma liberté. »

Réponse. — Voilà bien précisément des fins de non payer, mais non pas des fins déclinatoires.

(1783)

purement personnelle, elle doit être porté devant le Juge du domicile du défendeur.

Actor sequitur forum rei.

Le sieur Paris est François, il est domicilié à Paris; ergo il a fallu l'assigner à Paris, il doit être jugé à Paris.

Il veut que la demande soit renvoyée en Chine; quels motifs peut-il en avoir?

Est-ce une compensation à offrir? Il peut l'offrir, on peut y faire droit en France comme en Chine; pour cela il ne faut que présenter des titres.

Est-ce une preuve à faire? On n'imagine pas de quel genre elle pourroit être contre le contenu en un billet; en tout cas s'il en falloit une, elle se feroit à Canton par le ministère du Consul françois, aussi bien en vertu d'une sentence émanée d'un tribunal françois, qu'en vertu du Jugement qui seroit émané du Consul lui-même.

Seroit-ce à raison du domicile? Jamais un François n'en peut acquérir en pays étranger; les emplois que le Gouvernement lui confie ne lui font jamais perdre son domicile françois, il n'en a qu'un éventuel et momentané dans l'endroit où il exerce son emploi, et ce domicile passager est absolument cessé, dès que le François est de retour en France.

Et ne seroit-il pas contre l'ordre public, qu'un François reçût en France, d'un autre François, une assignation pour aller comparoître en Chine; car enfin nous avons droit d'assigner dès à présent le sieur Paris et cependant la sentence des Consuls, même la prétention d'être renvoyé devant le Consul de France à Canton, nous force de tomber dans l'un de deux inconvénients aussi extraordinaires l'un que l'autre.

(1783)

Le premier, d'assigner le sieur Paris, étant en France, à aller comparoître dans un Tribunal quelconque en Chine.

Le second, d'attendre que le sieur Paris veuille bien partir de France pour aller se rendre à Canton, et recevoir l'assignation que nous ne pourrons lui donner que quand il y sera.

Plus la prétention du sieur Paris est singulière, erronée, plus elle nous a entraîné dans une discussion dont nous regrettons l'étendue, et cependant nous avons encore un objet à remplir, c'est la réponse aux inculpations que le sieur Paris s'est permises contre des personnes qui ne le méritoient pas.

Réponses aux injures contre le sieur Montigny.

En trois différens endroits de son Mémoire le sieur Paris se plaît à injurier le sieur Montigny en particulier.

Page 7, il dit :

« Son véritable adversaire ne tarda pas à se montrer à découvert, le sieur Montigny du Timeur ne se contenta pas de le faire assigner aux Consuls de Paris, il *inonda le public d'écrits attentatoires à son honneur; ses calomnies* pénétrèrent jusqu'au Ministre, le sieur Paris en fut instruit, éclaira sa religion, etc. »

Page 15, il dit :

« Le sieur Terrien écrivoit de Nantes au sieur Paris le 22 février 1783, et lui marquoit ; j'ai vu dans une de nos chambres de lecture un parere de la façon de Montigny, et dans lequel vous êtes nommé Rapis ; vous avez un moyen de défense excellent, si, comme je le crois, il y a erreur dans la date de l'endossement de Coccia..... si cela étoit, vous pensez quel vernis cette petite négligence jetterait sur ceux qui l'ont commise, et quel beau jeu vous auriez dans la réponse au *Mémoire diffamatoire* que vous m'apprenez avoir été répandu contre vous. »

Page 11, il dit.

« Le sieur Paris a si peu perdu de vue les engagemens qu'il a pris, qu'il sollicite en ce moment la permission de retourner en Chine; le sieur de Montigny ne l'ignore pas : *il a tenté plus d'une fois de traverser ses projets et d'arrêter le succès de ses démarches.* »

Il étoit difficile de présenter le sieur Montigny sous un aspect plus défavorable et plus malhonnête.

Et cependant qu'est-il, et quel intérêt a-t-il dans l'affaire présente? Aucun qui lui soit personnel, il est chargé de recevoir pour le sieur Bourgogne une somme de 75,000 livres, et de la lui faire repasser dès qu'il l'aura reçue.

Comment le sieur Paris peut-il l'appeler son véritable adversaire, lui qui n'a été chargé du recouvrement que par évènement, car on doit se rappeler que le sieur Bourgogne par sa lettre du 7 [*lisez* 6] janvier 1782, croyoit le sieur Paris en Bretagne, chargeoit le sieur Le Déan, qui étoit aussi en Bretagne, spécialement de la commission, et que le sieur Montigny n'a substitué le sieur Le Déan, que parce que le sieur Paris doit venir se fixer à Paris, et que le sieur Montigny s'y trouvoit aussi. Quelle raison d'inimitié personnelle ou de jalousie le sieur Montigny auroit-il pu avoir d'ailleurs contre le sieur Paris?

Le sieur Montigny, subrécargue de la Compagnie des Indes depuis 1753 jusqu'en 1769, que le commerce de cette Compagnie a été suspendu, ne connoissoit point le sieur Paris, n'avoit aucune liaison avec lui,

(1783)

lorsqu'en 1774 ce dernier commença ses spéculations de pacotilles.

Régissant en chef les opérations considérables de sa Société avec le sieur de Vigny, recevant à sa consignation presque tous les vaisseaux envoyés de tous les ports de France, il ne pouvoit envier le sort ni les succès d'un Chirurgien envoyé à Canton sans appointemens fixes, admis simplement à la table des officiers, et pouvant seulement disposer des instruments chirurgicaux que le Roi entretient à ses frais dans ses comptoirs.

Aussi le sieur de Montigny ne se rappelle-t-il point d'avoir jamais rien fait qui ait pu tendre à nuire au sieur Paris; aussi est-il extrêmement surpris de se voir accusé dans un Mémoire rendu publique par l'impression, d'avoir inondé le public d'*écrits attentatoires à l'honneur* du sieur Paris, d'avoir fait pénétrer *des calomnies* contre lui jusqu'au Ministre; d'avoir fabriqué contre lui un *mémoire diffamatoire,* et d'avoir tenté *plus d'une fois* de traverser ses projets et d'arrêter le succès de ses démarches.

Le sieur Montigny ne se reconnoit point et ne peut point se reconnoître à ces traits.

Il ne suffit pas de l'accuser publiquement d'avoir fait des écrits diffamatoires contre le sieur Paris, d'avoir fait pénétrer des calomnies contre lui jusqu'au Ministre, il falloit le prouver.

Son défenseur croyoit que la première pièce qu'il trouveroit dans le sac du sieur Paris, serait un de ces Mémoires qu'il prétend être diffamatoires et calomnieux, et précisément il ne s'y en est pas trouvé : donc le sieur Paris n'en a pas, n'en connoît pas de l'espèce de ceux qu'il impute au sieur de Montigny.

(1783)

Réponses aux imputations sur le sieur Bourgogne.

Le sieur Bourgogne qui a succédé au sieur de Montigny lors de son départ de Canton, qui y jouit du crédit et de la considération que lui ont mérité sa bonne conduite, ses connoissances, ses talents et sa grande et scrupuleuse exactitude dans les immenses et importantes affaires du commerce mises à sa consignation, l'ami, le protecteur et le conseil du sieur Paris sera un jour bien étonné quand il lira le Mémoire de celui auquel il a pris un si sensible intérêt, auquel il a préparé tant de ménagemens, et sur l'exactitude duquel il a cru pouvoir si fort compter.

Il sera bien surpris d'y lire pages 3 et 19.

« Qu'en partant de Canton, le sieur Paris laissoit le soin de sa maison au sieur Bourgogne, que jusqu'alors il avait cru son ami, et à qui il avoit accordé une confiance sans réserve.

« Qu'il lui a laissé le détail de ses affaires et confié ses intérêts. »

Sans doute le sieur Bourgogne étoit votre ami, lisez sa lettre à vous adressée le 6 janvier 1782, imprimée page 7 [voir page 224 de cet ouvrage] du présent Mémoire, lisez aussi celles qu'il a adressées aux sieurs Le Déan et Montigny, elles seules doivent vous le prouver sans réserve.

Mais a-t-il manqué à cette amitié pour avoir pris en paiement de Coccia, un billet dont vous avez reçu la valeur en marchandise de ce même Coccia?

Mais où avez-vous pris que vous eussiez une maison à Canton, dont vous ayez laissé le soin au sieur Bourgogne et quelle preuve donneriez-vous d'une mai-

(1783)

son de commerce subsistante pour vous, et pour vous à Canton ?

Et quand vous en auriez une, quand vous en auriez laissé le soin au sieur Bourgogne, pourquoi auroit-il manqué à l'amitié ou à la confiance, en prenant de Coccia un billet de vous ?

Mais lisez bien sa lettre, vous y verrez si lui qui ignore tout ce qui va se passer en France, tout ce que vous allez vous permettre d'imprimer sur son compte, vous écrit en homme chargé de votre confiance ou de vos intérêts, et s'il vous parle en associé ou en mandataire.

Il sera bien surpris encore quand il lira, page 6 du Mémoire du sieur Paris, « l'air de mystère qui régnoit dans une lettre que lui avoit écrite le sieur Bourgogne, ajoutoit à ses inquiétudes. S'il étoit porteur de bonne foi de la promesse souscrite au profit du sieur Coccia, pourquoi disoit-il *qu'il avoit recommandé le plus grand secret* aux sieurs Montigny et Le Déan, à qui il avoit fait passer sa reconnaissance » et page 19, « comme si l'on rougissoit de demander le paiement de ce qui est légitimement dû. »

C'est le fait de la perfidie et de l'ingratitude les plus marquées, que de vouloir tourner contre le sieur Bourgogne lui-même, le secret qu'il a recommandé sur le recouvrement de votre billet au profit de Coccia.

Aussi n'est-ce qu'en parlant de sa lettre sans la copier que vous avez osé prétexter des inquiétudes sur la sincérité du transport, et les faire résulter du ton mystérieux que vous supposiez à la lettre du sieur Bourgogne.

Elle est maintenant sous les yeux de nos Juges et de nos Lecteurs, et l'on y peut voir pour qui le mystère recommandé étoit officieux.

(1783)

C'étoit pour vous, sieur Paris, oui pour vous seul.

On pouvoit ne pas savoir en France que vous aviez des dettes en Chine, vous pouviez préparer de nouvelles opérations, avoir besoin de la confiance, et tout se dévoiloit par la connaissance publique qu'on auroit acquise de votre situation, par la poursuite à fin de de paiement d'un billet assez considérable.

On défie de tirer un autre sens du secret que le sieur Bourgogne recommande, et vous ne devez pas être à vous repentir du sens injurieux que vous avez osé lui prêter.

Mais c'est trop nous appesantir sur ces explications, hâtons-nous de revenir à la simplicité de notre sujet.

Les sieurs Le Déan et Montigny du Timeur sont porteurs d'un billet échu, souscrit en Chine par le sieur Paris.

Le sieur Paris est François, il demeure à Paris, donc c'est devant un Tribunal François et de Paris qu'il a dû être assigné, et non en Chine.

Monsieur SÉGUIER, *Avocat-Général*,
 Me RIMBERT, Avocat.
  HEUVRARD, Procureur.

A PARIS, chez P. G. SIMON, et N. H. NYON,
 Imprimeurs du Parlement, *rue Mignon,* 1783.

151-129. — Versailles, 30 Août 1783.

Messieurs les Députés
de l'Association pour le commerce de Chine.
 [*Minute.*]

Le sieur Pinel, fabricant de draps à Carcassonne
(1783)

demande, Messieurs, la préférence pour la fourniture des draps qui doivent faire partie des cargaisons à former pour la prochaine expédition de Chine. Je vous envoie la lettre qu'il m'a écrite à ce sujet et je laisse à votre disposition les arrangements que vous jugerez convenables de prendre avec lui.

Je suis, etc.

Le 30 Août 1783.

[*Minute d'une lettre à M. Pinel*].

J'ai reçu, Monsieur, votre lettre du 11 de ce mois par laquelle vous demandez la préférence pour la fourniture des draps qui doivent entrer dans les cargaisons des vaisseaux destinés pour la prochaine expédition de Chine. Cette expédition étant pour le compte de l'Association établie par l'arrêt du Conseil, c'est aux députés des Chambres que vous devez vous adresser.

Je suis, etc.

152-131. — 5 7bre. 1783.

ENTRE NOUS SOUSSIGNÉS souscripteurs, ou porteurs d'ordres des souscripteurs des villes de Bordeaux et de la Rochelle, dans l'association formée en exécution de l'arrêt du Conseil du 21 juillet dernier, pour l'expédition de commerce à faire à la Chine de 1783 à 1784 a été dit et expressément convenu ce qui suit :

SAVOIR :

Qu'ayant été convoqués et assemblés à la Chambre de Commerce de cette ville par Messieurs les Directeurs de ladite Chambre, le premier de ce mois de Septembre, en exécution de l'article 7e du susdit arrêt du Conseil, il fut d'abord procédé à l'élection d'un député conformément à la disposition de l'article 8ᵉ, ainsi qu'à la fixation du traitement à faire audit député.

Cela fait, et les actionnaires considérant d'un côté que le bien commun de l'association exigeant une correspondance suivie avec le député, la rédaction des instructions et éclaircissemens qu'on pourroit avoir à lui fournir, et le dépôt de toutes les notes et avis qu'on recevroit de lui, pour raison de tout quoi il n'étoit point praticable de nous assembler toujours à tous instans; considérant d'un autre côté que le Roi, dans le préambule de l'arrêt de son conseil, nous accorde la liberté indéfinie de choisir les agens en qui nous aurons le plus de confiance, ce qui ne peut être restreint au seul choix d'un député qui n'aura point une résidence fixe à Bordeaux et qui ne pourroit sans un inconvénient extrême correspondre avec chacun de nous en particulier; et qu'ainsi il convenoit que nous eussions sur les lieux un petit nombre de représentans formant un comité subsistant pour la correspondance suivie et journalière avec le Député, et pour toutes autres opérations concernant les affaires de l'association, la chose fut mise en délibération et il fut arrêté à la pluralité des suffrages recueillis aux formes ordinaires par Monsieur Acquart, juge de la Bourse, président de la Chambre du Commerce, qu'il seroit formé un comité de cinq commissaires pris d'entre nous par élection, et en effet ayant été procédé tout de suite et sans déplacer à cette élection, le choix déterminé par la pluralité des suffrages, également recueillis par Monsieur le Juge président de la Chambre, tomba sur Messieurs Letellier ainé, ancien Juge de la Bourse, Feger de Kerwel [*lisez* Kerhuel], ancien consul de la Bourse, Lavaud aîné, ancien consul de la Bourse, et

(1783)

l'un des directeurs actuels de la chambre de commerce, Pierre Sers, négociant et Dacosta de la Séronière, négociant, lesquels présents à l'Assemblée acceptèrent la commission purement et simplement de tout quoi Messieurs les directeurs de la Chambre de Commerce auront fait procès-verbal aux termes de l'article 11°. de l'arrêt du conseil.

En conséquence, nous soussignés, regardant lesdits sieurs Letellier, Feger de Kerwel [*lisez* Kerhuel], Lavaud aîné, Sers et Dacosta de la Séronière, comme nos représentans à Bordeaux, en leur qualité de commissaires, nous les autorisons à faire dans notre intérêt tout ce que nous pourrions faire nous-mêmes, soit pour donner à notre député toutes les instructions nécessaires; soit pour tenir avec lui une correspondance suivie, soit pour tous autres objets quelconques, de quelque nature qu'ils puissent être, relativement au bien commun de l'association et de l'entreprise qui en est l'objet.

Nous autorisons encore les dits sieurs commissaires à s'assembler où quand et aussi souvent que bon leur semblera, de convenir entre eux de tous arrangemens qui leur paroîtront convenables relativement à leurs délibérations ; nous les autorisons même en cas d'absence ou de maladie de quelqu'un d'entre eux à le remplacer provisoirement dans le Comité en y appelant un des actionnaires, à leur choix ; mais en cas de mort de l'un des commissaires, il sera, à la diligence des autres, convoqué une assemblée des actionnaires pour l'élection d'un commissaire, à l'effet de remplacer le défunt.

Donnons pouvoir aux commissaires de nous assembler en convocation générale dans toutes les occurences où il s'agira de choses assez importantes pour que le Comité ne croye pas en pouvoir prendre la résolution sur lui.

Une copie des présentes sera remise à notre Député, une seconde sera déposée au Secrétariat de la Chambre du commerce de Guienne, et une troisième sera envoyée à la Rochelle pour y être pareillement déposée au Secrétariat de la Chambre de commerce du pays d'Aunis, avec le consentement de Messieurs les Directeurs de ces deux Chambres, les dites trois copies seront signées par ampliation des cinq commissaires qui d'ailleurs les feront connaître tant à Monsieur le Controlleur général des finances qu'au Ministre de la Marine.

Fait à Bordeaux, le cinq du mois de septembre l'année mil sept cent quatre-vingt-trois.

Actions.	Noms des Souscripteurs.
35	Mathieu.
5	Brunaud frères et fils.
5	Peychaud.
5	L. Barthez..
5	Raby.
5	Grignet.
5	Bonafous, Fabre et Ce.
5	Tonya.
10	Feger-Delatour.
30	Bonnaffé.
5	Oursel, Lemesle et Ce.
20	Lys frères pour Garesché, de La Rochelle.
1	Alex. Nairac pour Le Grix de La Rochelle.

136 *A reporter.*

(1783)

Report 136	
12	Baux, Barde et Cie.
24	Pierre Texier.
15	Alex. Nairac.
6	Risteau père et fils.
5	Alex. Nairac (Pour J^n. B^e. Nairac, de La Rochelle.
2	Le même pour Goguet de la Rochelle.
5	Camescasse.
5	Ganseford.
10	.Weis et Emmerth pour Weis et fils de La Rochelle.)
27	Feger et Cie pour les mêmes.
5	Aquart.
1	Alex. Nairac pour de Baussay de La Rochelle.
5	Feger et Cie pour Corbun de Bordeaux.
2	Feger et Cie pour Weltner et Cie de Bordeaux.
1	Alex. Nairac pour Guibert de la Rochelle.
35	Pierre Nairac et fils aîné.
5	C'chaleh [?] et Cie pour de Stockar [?] et Débers de La Rochelle.
5	Théodore Martell pour Carayon fils aîné.
5	Lopes Dubec.
5	Letellier frères.
30	Feger et Cie.
5	Lavaud aîné.
40	Dacosta de la Séronière.
5	Pierre Sers.
396	

Certifié conforme à l'original par Nous les Commis-
(1783)

saires du Comité de Bordeaux pour le commerce de Chine.

Bordeaux, le 20 septembre 1783,

Le Tellier, Feger de Kerhuel, A. Lavaud l'ainé, P^re Sers, Dacosta de la Séronière.

153-134. — A Paris, le 12 septembre 1783.

[*R. le 21 Sept. 1783.*]

Monseigneur,

Ayant eu l'honneur de vous rendre compte du jugement de la grande Chambre en faveur de la créance du S^r. Bourgogne, subrécargue françois résident en Chine contre le S^r. Paris, chirurgien-major de S. M. à Canton, je dois vous informer qu'il vient de me faire proposer par un ami commun de me fournir des hypothèques certaines au moyen desquelles cesseront toutes procédures et empêchements à son départ pour la Chine où il assure qu'il doit se rendre et terminer cet objet de contestation dont je suis très touché d'avoir importuné Votre Grondeur.

Messieurs les actionnaires de l'expédition prochaine des trois vaisseaux accordés par S. M. au commerce de Chine, m'ayant fait l'honneur de me nommer dans leur assemblée à Nantes le premier de ce mois, pour la survivance de leur député, ce témoignage flatteur et authentique de la confiance publique m'a fait concevoir qu'il peut convenir à l'intérêt général comme au mien personnel, en ma qualité d'actionnaire majeur dans cette spéculation, d'agréer mes services pour retourner en Chine diriger moi-même cette opération, dans laquelle je me trouve avoir 42 actions pour mon compte, ce qui fait un objet très considérable dans ma fortune.

Vingt-six ans de travail dans cette partie et plusieurs longues résidences à Canton, d'où j'ai fait plusieurs heureuses expéditions de quatre et cinq grands vaisseaux chaque année m'ont acquis une expérience qui m'a procuré la confiance du commerce; elle se trouve encore plus solidement établie aujourd'hui par les talens distingués et l'extrême honnêteté de M. Bourgogne qui réside depuis 10 ans dans ma maison à Canton, à la tête de laquelle il a expédié, depuis mon absence, plusieurs cargaisons importantes avec le plus grand succès. Ces considérations, Monseigneur, peuvent être l'objet de votre protection pour tout ce qui peut assurer le succès le plus étendu d'une opération accordée par la bienfaisance du Monarque et les vues utiles du Ministère aux négociants des villes maritimes. Mon établissement solide et permanent à Canton offre encore une ressource et une sûreté que la prudence humaine ne sauroit trop multiplier à des distances aussi considérables, dans tous les cas imprévus, mais possibles, auxquels votre sagesse éclairée peut obvier, en faisant valoir auprès de M[rs] les Députés ma demande fondée sur mon intérêt majeur lié à celui de tous M[rs] les actionnaires mes co-intéressés.

Je suis avec le plus profond respect,

Monseigneur,

Votre très humble et très obéissant serviteur.

De Montigny du Timeur.

(1783)

154-136. — Commerce de Chine.

21 7bre. 1783.

Le sieur Montigny du Timeur annonce que les Actionnaires du commerce de Chine, assemblés à Nantes, l'ayant nommé survivancier de leur député, il se propose d'offrir ses services à l'association pour aller lui-même en Chine diriger les opérations, au succès desquelles il se croit en état de contribuer par son expérience dans ce commerce, par les relations et par l'établissement qu'il a à Canton. Il demande que Monseigneur lui accorde sa protection auprès des députés pour leur faire agréer sa proposition.

L'association étant autorisée à prendre les mesures qui lui paroîtront les plus avantageuses pour le succès de ses expéditions, et à choisir les personnes les plus dignes de sa confiance, il ne seroit pas convenable de gêner son choix. On joint en conséquence une réponse que Monseigneur est prié de signer s'il l'approuve.

Approuvé.

155-137. — Consulat de Canton.

21 7bre. 1783.

Le S^r. Paris, chirurgien du Consulat de Canton, demande pour son fils âgé de quinze ans la place d'enfant de langue chinoise qu'il dit être devenue vacante par la mort du S^r. Thimotée fils. Il annonce qu'il n'a rien négligé pour l'éducation de ce jeune homme, tant à la Chine où il a déjà passé six ans qu'en France où il est depuis 1779.

OBSERVATIONS.

La Compagnie des Indes avoit jugé convenable à

(1783)

l'intérêt de son commerce de former des sujets dans la connoissance de la langue, des mœurs et des usages des Chinois avec lesquels ses agents avoient à traiter. Elle donnoit en conséquence le titre d'Enfants de Langue à quelques jeunes gens qu'elle destinoit à son service. Ils étoient attachés au Conseil de Direction dont ils tenoient les écritures avec les plus foibles appointemens. Il n'y en avoit, cependant, aucun à Canton lorsque le régime de la Compagnie fut remplacé par l'Administration royale en 1775. Le sieur Thimotée dont le père étoit membre du Conseil de Direction fut nommé enfant de langue chinoise avec 800 l. d'appointemens. En 1776, l'établissement de Canton fut érigé en Consulat et le titre d'interprète fut substitué à celui d'enfant de langue. Le S^r. Vauquelin, consul, à son arrivée à Canton destina la place d'interprète au S^r. Thimotée; mais ce jeune homme manifesta tant d'insubordination et tant d'éloignement pour le travail que le S^r. Vauquelin le révoqua et le remplaça par le S^r. Galbert, disposition qui fut approuvée. Depuis ce moment, le S^r. Thimotée n'a plus été porté sur l'état des officiers. Ainsi il ne laisse, par sa mort, aucune place vacante; celle d'interprète est remplie par le S^r. Galbert. D'où il résulte que la demande du S^r. Paris reste sans objet; mais comme la qualité de chirurgien du Consulat, sans appointemens, semble lui donner quelque droit à l'espoir de voir un jour son fils admis au service, on pourroit lui donner la perspective de la place d'interprète dans le cas où la conduite et les talens de son fils justifieroient cette destination. C'est l'objet de la réponse qu'on joint ici et que Monseigneur est prié de signer, s'il l'approuve.

Approuvé.

(1783)

156-138. — *A Monseigneur le Marquis de Castries, Ministre de la Marine.*

[R. le 31 7bre. 1783.]

Monseigneur,

Le sieur Julien Paris, chirurgien-major de la nation françoise à Canton a l'honneur de vous supplier de lui accorder la place d'enfant de langue chinoise à Canton pour le S^r. Jean-Baptiste Paris, son fils, vacante par la démission du S^r. Thimotée le jeune. Le S^r. Paris a d'autant plus de confiance à solliciter cette grâce de Monseigneur, qu'en 1773, Mgr. de Boynes, alors ministre de la Marine, engagea le S^r. Paris à amener avec lui son fils âgé de 5 ans. Arrivé à Canton, le S^r. Paris n'a rien épargné pour lui donner tous les maîtres nécessaires pour apprendre cette langue pendant six années. En 1779, il le renvoya en France pour y apprendre le latin, les mathématiques, le dessin, afin de le rendre plus digne de remplir la place que le suppliant sollicite des bontés de Monseigneur et faire des progrès plus rapides dans les divers idiomes de cette langue, dont la connoissance est des plus importantes pour l'avantage de notre commerce. Les dépenses pour cette éducation et les voyages ont été faites par le suppliant qui espère que Monseigneur voudra bien prendre en considération les motifs qui le déterminent à réclamer ses bontés. Cet enfant a 15 ans. Il est présentement au collège royal de Compiègne.

Le suppliant ne cessera de faire des vœux pour la conservation de Votre Grandeur.

(1783)

157-139. — A Bordeaux, le 20 7bre. 1783.

MONSEIGNEUR,

[R. le 4 Oct. 1783.]

Les souscripteurs de Bordeaux et de La Rochelle dans l'expédition de commerce à faire à la Chine de 1783 à 1784 ayant cru devoir, pour l'avantage de l'association, nommer un Comité de cinq d'entre eux, qui puisse les représenter en tout temps, sans qu'il soit nécessaire de les assembler que pour des causes extraordinaires ; ils nous ont fait l'honneur de nous choisir à la pluralité des suffrages pour composer ce Comité.

Outre le vote qui, sauf votre bon plaisir, a donné l'existence à ce Comité, les actionnaires ont exposé, dans une délibération écrite et signée, les principaux motifs de cet établissement et en même temps les pouvoirs confiés aux Commissaires. Tel est l'objet de l'écrit dont nous avons l'honneur de vous remettre une copie ci-jointe.

Quoiqu'il ne fut pas nommément question de semblable établissement dans l'arrêt du Conseil du 21 juillet, les actionnaires ont cru voir dans l'esprit de cet arrêt que le Roi entendoit leur donner la faculté de prendre tels arrangements qui leur paroîtroient les plus convenables à leurs intérêts et à l'avantage d'une entreprise honorée de toute sa protection : aussi, Monseigneur, en nous chargeant de vous demander votre approbation, les actionnaires de Bordeaux et de la Rochelle se sont-ils d'autant plus flattés de l'obtenir qu'ils croient n'avoir fait que concourir aux vûes de Sa Majesté et aux vôtres.

Nous nous estimerions heureux, Monseigneur, si, par le zèle avec lequel nous tâcherons de remplir la mission qui nous est confiée nous pouvions mériter vos bontés : nous croirions avoir en quelque sorte le droit d'y prétendre si nos talens étoient proportionnés à notre bonne volonté.

Si notre surveillance et nos soins peuvent être utiles, nous n'aspirons qu'à une seule récompense, mais elle est d'un grand prix à nos yeux, c'est, Monseigneur, d'obtenir votre approbation et celle de nos constituants.

Nous sommes avec le plus profond respect,
 Monseigneur,
Vos très humbles et très obéissants serviteurs,

Le Tellier

A. Lavaud l'aîné   Feger de Kerhuel

P^{rre}. Sers   Dacosta de la Séronière

Membres du Comité pour le commerce de Chine.

158-140. — Consulat de Canton

[2 Oct. 1783.]

Le S^r. Vieillard a adressé le compte des dépenses du Consulat de Canton pendant l'année 1782 ; mais pour se former une idée exacte de sa situation, il est nécessaire de rappeler les comptes des années antérieures.

La caisse du Consulat étoit arriérée à la fin de 1781 de la somme de . . . . 37.244ˡ 7ˢ »

La dépense des années 1782, 1783 et 1784 à laquelle on a pourvu est de . . . 90.000 » »

Le Consulat ayant été obligé de faire des emprunts pour suppléer au défaut de

A reporter. . . . 127.244 7 »

(1783)

	Report . . .	127.244¹ 7ˢ. »
l'envoi de fonds commis au Sʳ. Percheron en 1779 il y a eu des intérêts à payer pʳ		6.480 »
On a donné ordre de rembourser aux marchands hannistes de Canton ce qui avoit été induement exigé pour le prix des gravures destinées pour l'empereur de la Chine		27.000 »
		160.724¹7ˢ. »

On a envoyé en 1782 par des vaisseaux suédois.	122.747¹ 8 ˢ	
Par les vaisseaux du Sʳ. Grand Closmeslé . .	18.970 16	
On a chargé le Consul de réclamer le remboursement du prix des glaces envoyées à l'Empereur de la Chine	11.416 16	154.635 » »
On a payé à la dame Vauquelin à valoir sur les appointements de son mari.	1.500 »	
	Différence	6.089¹7ˢ. »

Les premiers vaisseaux qui partiront pour la Chine ne devant arriver que dans le courant et peut-être vers la fin de 1784, il paroit

	A reporter.	6.089 7 »

(1783)

	Report.	6.089 ¹7ˢ »
convenable d'en profiter pour l'envoy des fonds nécessaires aux dépenses de 1785, cy.	30.000 »	
Sur quoi il faut déduire les fonds provenant de la succession du Sʳ. Vauquelin dont la caisse du Consulat a fait recette et qu'il faudra payer en France.	17.967 3	12.032 17 »
		18.122 ¹ 4 ˢ »

Ainsi en faisant passer 18.122 ¹ 4 ˢ ou 3.356 piastres, le service du Consulat sera assuré jusqu'à la fin de l'année 1785. Si Monseigneur approuve cette disposition, on donnera des ordres pour faire pourvoir à l'achat des piastres nécessaires.

Approuvé

159-141. — *MM. les Commissaires formant le comité établi par les actionnaires de Bordeaux et de la Rochelle pour le Commerce de Chine.*

[*Minute*] Versailles, le 4 8ᵇʳᵉ. 1783

J'ai reçu, Messieurs, la lettre que vous m'avez écrite en commun pour m'annoncer que les actionnaires de Bordeaux et de la Rochelle pour le Commerce de Chine vous ont choisi pour former un comité avec pouvoir de veiller aux intérêts de l'association. Je ne doute pas que vous ne répondiez aux vues de vos comettans.

Je suis, etc.

(1783)

160-143 — *MM. les députés de l'Association p^r. le commerce de Chine.*

[*Minute*]   Fontainebleau, 21 8bre. 1783.

Je vous envoie, messieurs la copie d'une lettre que je viens de recevoir de Canton. Elle contient, sur la situation du commerce de Chine des détails qui m'ont paru de nature à influer sur les opérations de l'expédition arrêtée par l'arrêt du 21 juillet dernier. Vous voudrez bien me faire part de vos observations à ce sujet.

Je suis, etc.

161-146. — *Extrait de la lettre écrite à Monseigneur par le S^r. Roze.*

1er Nov. 1783.

Il se prépare une ambassade en Russie pour Pékin, plusieurs officiers anglois doivent suivre cette ambassade, il seroit, je crois, très intéressant que quelques François les suivent pour soutenir les droits de la nation à Canton.

162-147. — A Vineuil, Parc de Chantilly, 1er 9bre. 1783.

MONSEIGNEUR,

J'apprends par les lettres de M. Steinaver, mon bon ami, que vous avez pris en considération la lettre que je vous ai remise de sa part, puisque vous lui avez répondu très favorablement, Monseigneur, que M. Le Cordier, capitaine de brûlots, parent de ma femme est premier lieutenant sur le vaisseau le *Triton*, capitaine M. Dordelin, et que je suis moi-même choisi pour chef de l'expédition de Chine actuellement en armement conjointement avec MM. Trollier et Thimotée.

Je me rendrai à Brest en Décembre prochain, Monseigneur, pour embarquer sur ce même vaisseau le *Triton* et me rendre à ma destination. A votre retour de Fontainebleau, j'aurai l'honneur de vous aller faire ma cour, prendre congé de vous et recevoir vos ordres, ce que j'aurois déjà fait, Monseigneur, si mes affaires ne m'avaient obligé à faire plusieurs voyages.

J'ai le projet de rester plusieurs années à la Chine; j'ai fait part de mes désirs à M^r. Delessart, qui a bien voulu me permettre d'espérer qu'il secondroit mes vœux; j'ai 52 ans, 32 ans de navigation, je voudrois ne plus faire qu'un voyage pour perfectionner mon instruction et me mettre dans le cas, après une résidence de quelques années, d'être encore utile à ma patrie, lorsque je me reposerai à Paris.

Permettez-moi une observation, Monseigneur; je vous la fais comme citoyen et bon François. Avant-hier j'étois à Paris, j'y dinois avec M^{rs}. Fitzhour et Anselé, subrécargues de la Cie Angloise, l'un arrivé de Canton l'année dernière, l'autre parti de Chine en janvier 1783. Je me suis informé de ces Messieurs, dont j'ai connu les père et oncle, de ce qui se passoit à la Chine. Ils m'ont donné le cours de cette place ce dont j'ai informé MM. les députés pour aviser au bien-être de l'expédition actuelle. Ils m'ont instruit de la mort de M^r. Vauquelin, évènement que vous connoissez. Mais il m'a paru qu'ils pensoient mal de M^r. Vieillard, ci-devant chancelier du Consulat; ils m'ont dit plus, que les autres nations européennes pensoient de même à son sujet et que M^r. Vauquelin n'avait que trop témoigné avant sa mort le peu d'es-

(1783)

time qu'il faisoit de ce sujet (1). Ils m'ont fait l'éloge de M. Costar, fils du secrétaire-général de la Compagnie des Indes, que je connois et qui étoit autrefois mon camarade subrécargue.

Je n'ai jamais vu M^r. Vieillard que commis particulier d'une maison de commerce ; il a été commis de M^r. de Montigny du Timeur et autres. Vous ferez l'usage que vous voudrez, Monseigneur, de l'avis que je prends la liberté de vous donner, c'est un hommage que je rends à la vérité, et à un ministre dont toutes les actions méritent mon respect et celui de la nation.

Je suis avec le plus profond respect, Monseigneur, votre très humble et très obéissant serviteur,

ROZE,

à l'hostel de Lusignan, rue des Vieilles-Etuves-Saint-Honoré, Paris.

P. S. — Il se prépare une ambassade en Russie etc.

[Voir la pièce 146]

1. La Pérouse, dans une lettre du 7 avril 1787, écrivait : « Vous m'aviez adressé avant mon départ de Brest, un mémoire de M. Veillard [sic] sur Formose ; et j'ai vu avec étonnement à Macao, que ce même Veillard n'avait aucune connaissance de ce pays, qu'il ne pouvait répondre à aucune de mes questions, et que ce mémoire était la copie d'un manuscrit qui est entre les mains de tous les Européens de Macao. Quoiqu'il soit très étranger à ma mission de vous entretenir des employés français à Canton, je croirais ne pas répondre à la confiance que vous m'avez marquée, si je vous laissais ignorer que MM. Veillard, Costar, de Guignes et Dumoulin, n'auraient jamais dû être chargés des intérêts d'une grande nation ; et c'est à M. Elstockenstrom, chef de la Compagnie de Suède, que j'ai été obligé de m'adresser pour toutes mes affaires.

J'ai l'honneur de vous écrire une lettre particulière à ce sujet. » (*Voyage de La Pérouse autour du monde*, Paris, an V, IV, p. 187.)

(1783)

163-148. — *Monseigneur le Ministre de la Marine,*

4 9bre. 1783.

[R. le *13 Novembre 1873*]

Le nommé François Joseph Baudry, natif de Saint-Malo y demeurant depuis un mois, âgé de 33 ans, supplie très humblement Monseigneur le Ministre de la Marine de lui accorder de l'emploi dans les nouveaux armements pour la Chine. Le suppliant a servi pendant 18 ans dans tous les parages de l'Inde et de la Chine en qualité d'officier volontaire. Et il y a acquis toutes les connoissances relatives à son état. Il fut fait prisonnier de guerre dans la dernière guerre de Madras et perdit dans cette circonstance tous ses biens et effets montant à 40 mille écus. Au retour de sa captivité il trouva un poste sur un vaisseau impérial. De retour de ce voyage il désire retourner à la Chine sous telle commission d'officier qu'il plaira au Ministre lui accorder, eu égards à ses services, à ses malheurs et à sa perte à la prise de Madras.

164-149. — CONSULAT DE CANTON.

16 Novembre 1783.

Le Sr. Vieillard, chancelier du Consulat de Canton, marque qu'il remplit par intérim la place du Sr. Vauquelin, consul, mort le 23 septembre 1782, ainsi qu'il y est autorisé par l'ordonnance de création. Il avoit nommé provisoirement à celle de chancelier le Sr. Galbert, interprète ; mais ce dernier ne se croyant pas en état de remplir les fonctions s'en est démis en faveur du Sr. Costard, ancien supercargue de la Compagnie des Indes et membre du Conseil de direction qui a géré les affaires de Chine après la suppression de la Compagnie. On va mettre sous les yeux de Monseigneur les titres de ces trois officiers qui occupent maintenant le Consulat et on y joindra la liste des sujets qui demandent d'y être employés.

Officiers employés au Consulat de Canton.

Le S^r. Vieillard a rempli les fonctions de chancelier depuis 1776, époque de la création du Consulat jusqu'à la mort du S^r. Vauquelin dont il a pris la place par intérim, en conservant néanmoins les appointements de chancelier. Il n'est jamais venu de plaintes contre lui ni de la part de son supérieur, ni de la part du commerce ; ses services, sa longue expérience dans les affaires de Chine lui donnent des droits à la place de Consul qu'il exerce.

Le S^r. Costard, recommandé par M. de Lessart. Ancien subrécargue de la Compagnie, remplit par intérim les fonctions de chancelier. Son père demande qu'il soit confirmé. Le S^r. Vieillard le propose comme un sujet digne de cette place par ses talents, son zèle et son activité dans les affaires. Il lui a

(1783)

alloué 1,500 ¹. d'appointements, c'est-à-dire la moitié de ceux attachés à l'office de chancelier, avec la condition de rembourser cette somme à la caisse du Roi, si Monseigneur désapprouvoit cette disposition.

LE S**r**. GALBERT, Qui a refusé, par modestie, la place de chancelier, est resté interprète avec 1,000 ¹. d'appointements et il demande une augmentation. Le S**r**. Viellard, en rendant, en faveur de ce jeune homme, les témoignages les plus avantageux sur sa conduite, sur son zèle et sur son assiduité au travail, propose de prendre sur ses propres appointements, dans le cas où il serait nommé consul, une somme de 1,000 ¹, pour porter à 2,000 ¹. le traitement du S**r**. Galbert qu'il dit être sans fortune.

Il paroit en effet que le traitement de 1,000 ¹. est modique pour un interprète. Si Monseigneur accorde la place de consul

(1783)

au Sr. Vieillard, il pourroit d'après sa proposition retrancher 1,000 ¹. sur son traitement qui ne monterait plus qu'à 15,000 ¹. tout compris et accorder ces 1,000 ¹. au sieur Galbert.

Sujets qui demandent de l'Emploi.

Le Sr. Thimotée, recommandé par Mme. la marquise de Polignac, — Supercargue de la Compagnie des Indes, et membre de l'ancien Conseil de direction de Canton, avoit été nommé en 1776, à la place de consul qu'il a refusée parce qu'il en avait trouvé les appointements trop modiques et qu'il n'a pas voulu se soumettre à la loi qui défend au consul de faire le commerce. Ces motifs seuls semblent devoir l'exclure de tout emploi dépendant du Consulat.

Le Sr. Lentier — A habité dans l'Inde pendant 25 ans au service de la Compagnie; il a fait trois voyages à Canton, mais il n'a jamais été attaché au service du Roi et il eut dans l'Inde la réputa-

(1783)

Le Sʳ. de Guignes, *mander au chef du Consulat de l'employer à ce qui sera utile au commerce, avec les appointements de 1,000 l.* [*Note du Ministre*].

tion d'un esprit souvent aliéné.

Il se dit victime des malheurs de la guerre, et il a demandé une indemnité. On a répondu négativement à ses représentations en le renvoyant à M. le Controleur général.

Fils d'un membre de l'Académie des inscriptions et belles-lettres, possède la langue chinoise et a composé le planisphère chinois. Son père ayant demandé pour lui la place de vice-consul avec le brevet de sous-commissaire, il lui a été répondu au mois de février dernier qu'il ne pouvoit y avoir à Canton ni vice-consul ni sous-secrétaire.

M. Bertin vient de demander pour ce jeune homme une place de subrécargue pour l'expédition qui se prépare dans la Chine. Elle n'est pas à la disposition de Monseigneur et il est évident que le Sʳ. de Guignes n'a point l'expérience et les connois-

(1783)

sances propres pour cet emploi. Si Monseigneur est disposé à lui donner des appointements, ce ne pourroit être que sous le titre de secrétaire du Consul ou de second interprète avec un traitement de 1,000 ¹. qu'il faudroit encore prendre sur celui du Consulat.

Le S^r. Vieillard n'aura que l'état de vice-consul, en comprenant 3,000 ¹. qu'il avait, et recevant 3,000 ¹. de plus pour frais de table.

On donnera au S^r. Costard qui remplira la fonction de chancelier 2,000 livres de traitement.

Au S^r. Galbert, interprète, 1,500 ¹.

Au S^r. de Guignes, 1,000 ¹., ainsi qu'il est porté à son article. [*Note du Ministre*].

165-154. — Paris, 7 Décembre 1783.

MONSEIGNEUR,

[*R. le 19 Décembre 1783*]

Je viens de recevoir une lettre du S^r. Vieillard, mon fils, vice-consul de la nation en Chine. Il me fait part de la mort du consul et me mande qu'il espère être continué à sa place dont il fait les fonctions. Cette faveur dépend de vous, Monseigneur, et j'aurais été la solliciter à votre audience si mon infirmité ne me réduisait à l'impossibilité de la faire. Je suis persuadée,

Monseigneur, que mon fils est digne de votre confiance par les sentiments d'honneur qui l'ont toujours animé, par sa bonne conduite et son attachement à ses devoirs dont il m'a été rendu le meilleur témoignage, pour ses longs services tant à la Compagnie des Indes qu'en Chine où il est depuis 14 ans attaché à l'administration sans qu'il y ait jamais eu aucun rapport défavorable contre lui, enfin par l'avantage qu'il a d'être né d'un père qui dans une longue et honorable carrière a acquis l'estime de tous ses concitoyens et de tenir par son père et par moi à la meilleure bourgeoisie de Paris. J'ose donc présumer, Monseigneur, que votre justice et vos bontés ont accordé à mon fils la grâce que nous en attendons. Ce sera la consolation de mes vieux jours et j'en conserverai beaucoup de reconnaissance envers vous. Je souhaite infiniment apprendre son sort et je ne puis sortir. Est-ce indiscrétion, Monseigneur, d'oser vous le demander et d'espérer un mot de réponse. Si c'en est une, pardonnez mon peu d'usage, mon infirmité et mon amour pour mon fils.

Je suis avec un profond respect, Monseigneur, votre très humble et très obéissante servante.

Vve VIEILLARD,
rue de Grammont, n°. 22, maison de M. Pierlot.

166-155. — *Copie de la lettre de M. le maréchal de Castries en date du 19 Décembre 1783.*

MONSEIGNEUR,

| Les dispositions dont | Les recherches que nous |

(1783)

je m'occupe, Messieurs, relativement à l'établissement françois de Canton, en Chine, me mettent dans la nécessité de vous demander quelques éclaircissements sur la Loge que la Compagnie des Indes y occupoit.

Il est question de savoir si cette maison communément appelée le hang françois appartenait en toute propriété à la Compagnie ou si cette dernière n'en avoit la jouissance qu'à titre de location.

Dans le premier cas, vous voudrez bien me faire connaître l'origine de cette propriété, les titres sur lesquels elle est fondée, ainsi que les charges auxquelles elle pouvoit être assujettie.

Dans le second cas, vous entrerez dans le détail de ce qui se pratiquoit sous avons été contraints de faire dans les archives de la Compagnie des Indes qui sont aux Célestins, nous ont empêchés de répondre plus promptement à la lettre que vous nous avez fait l'honneur de nous écrire le 19 décembre dernier.

Pour ne point embrouiller les éclaircissemens que vous nous demandez nous y répondons à mi-marge.

La maison appelée le hang françois n'a jamais appartenu en propriété à la Compagnie des Indes, elle n'en avait la jouissance qu'à titre de location annuelle ; elle payoit chaque année pour le loyer du hang au nommé *Chet-Koa*, marchand chinois la quantité de 1,150 taels, faisant argent de France à 7 l. 50 le tael, la somme de 8,625 l. Le propriétaire étoit chargé des grosses réparations, et la compagnie de celles locatives.

Il ne se passoit aucun bail ni aucun écrit ; on

(1783)

le régime de la Compagnie relativement à la jouissance du hang françois.

Vous aurez soin d'indiquer en même temps, si la Compagnie étoit dans l'usage d'accorder des logements dans cette maison à quelques-uns de ses employés et quels étaient ces employés.

payoit tous les ans le loyer au départ des vaisseaux; et lorsque l'on partoit pour Macao, on faisoit un inventaire de tous les meubles et effets qu'on laissoit dans le hang, le marchand chinois se chargeoit du soin et de la garde de ces effets, et s'emparoit de toutes les clefs : au retour de Macao, à l'arrivée des premiers vaisseaux d'Europe, les subrécargues de résidence se remettaient en possession du hang, des meubles et des effets qu'ils y avoient laissés.

Nota. — Ces meubles et ces effets ont été vendus lors de la suspension du commerce de la Compagnie en 1769 et 1770.

Le comptoir de Canton, sous le régime de la Compagnie des Indes étoit composé d'un chef aux appointements
de   12,000¹.
D'un second   8,000
De deux sous-

A reporter .   20,000

(1783)

Report. .	20,000
marchands aux appointem. de 4,000, ci	8,000
De deux employés de 1er. ordre à 1,500 l. chacun	3,000
De deux employés du second ordre à 1,000 l. chacun	2,000
Un chirurgien-major	2,000
Pour la table de toutes les personnes désignées ci-dessus par an	20,000
	L. 55.000

Ils avoient en outre une commission de 5 o/o sur les bénéfices de l'achat à la vente sur toutes les marchandises soit de France, soit des Indes qui étoient envoyées et vendues pour le compte de la Compagnie.

Il y avoit encore anciennement pour la garde et la sûreté du comptoir, un détachement à demeure composé de deux sergents, deux caporaux, deux appointés et dix-huit fusiliers.

Toutes ces personnes étoient logées de droit dans le hang françois, dans lequel il y avait encore quelques logements destinés aux capitaines, officiers et équipages des vaisseaux que le service amenoit à Canton.

Mais, en 1765, pour éviter la double dépense que le séjour des officiers à Canton occasionnoit, puisqu'elle étoit également payée à bord de leurs vaisseaux, et aussi pour éviter les désordres que ces officiers ou autres personnes des équipages pouvoient occasionner dans les auberges chinoises, la Compagnie prit le parti d'autoriser le Conseil de Canton à louer un autre hang particulier pour les capitaines, officiers et équipages de ses vaisseaux.

Ce hang particulier étoit loué 1,000 taels ou 7,500[1] (1783)

Je désirerois bien que vous fussiez en état de joindre à ces premiers renseignemens un plan qui présentât l'étendue et la distribution de la Loge. Mais si cette pièce vous manque, j'espère que vous y suppléerez par tous les éclaircissemens qu'il est en votre pouvoir de donner.

par an et appartenoit au nommé Pan Kekoa, marchand chinois.

De cette façon le Conseil de Canton et tous les employés destinés aux opérations du commerce, étoient séparé du corps de la Marine et tout étoit en règle.

Nous ne sommes pas en état, Monseigneur, de vous donner le plan du hang françois, n'en ayant jamais eu aucun à notre disposition. Mais à ce défaut, nous avons l'honneur de vous observer que cette maison a environ 130 à 150 pieds de long sur environ 50 à 60 de large, tenant d'un bout à la rue et de l'autre au bord de la rivière.

Qu'elle est composée de trois cours, entourées de trois corps de logis ; dans la première étoient les logements des employés du premier et du second ordre, dans la deuxième un peu plus grande, celle des sous-marchands, et dans la troisième, bien plus grande, ceux des chefs

(1783)

avec de petits jardins à la chinoise, et composés de quatre pièces assez ornées.

Que le 1er. étage dans l'intervalle de chaque cour comprenoit une très vaste et très belle salle à manger, au-dessous de laquelle sur les côtés, étoient les cuisines et les offices nécessaires, ainsi que les logements du maître d'hôtel et des gens employés aux cuisines et offices. Qu'au même 1er. étage dans l'intervalle de la 3e. cour étoit une très grande salle d'assemblée pour y recevoir les visites des Nations européennes, des Mandarins et des Chinois, ainsi que pour y prendre l'air. Au rez-de-chaussée, la largeur des passages pour aller d'une cour à une autre étoit suffisante pour y déposer pendant quelques jours à l'abri les marchandises qu'on se proposoit d'expédier successivement aux vaisseaux qui étoient à Wampou.

A la porte donnant sur la rivière étoit un corps

(1783)

de garde, à l'entrée de l'escalier fait pour la décharge et le chargement des divers bateaux dont on avoit besoin pour le service.

Au-dessus de cette porte il y avoit une terrasse découverte en forme de gallerie pour la promenade et de laquelle on découvrait tout le mouvement de la rivière, vue très agréable dans un pays surtout où presque toutes les communications se font par eau.

Le gouvernement chinois a toujours été dans l'usage de forcer les subrécargues et autres de toutes les nations européennes résidant à Canton, de sortir de cette ville aussitôt le départ des derniers vaisseaux européens et d'aller passer à Macao tout le temps qui doit s'écouler entre le départ des derniers vaisseaux et l'arrivée des premiers. Cet intervalle peut être compté depuis la fin de janvier jusqu'à la fin de juin à peu près.

Vous voudrez bien aussi entrer dans quelques détails sur l'usage où sont les François résidant à Canton, de passer tous les ans à Macao et vous indiquerez les erremens que la Compagnie suivoit par rapport à ceux de ses employés pour ce changement.

Je suis, Messieurs, entièrement à vous.

Signé : le M^{al}. DE CASTRIES.

(1783)

167-156. — N°. 1 *VOYAGE DE CANTON A MACAO*

ÉTAT DES DÉPENSES FAITES POUR CE VOYAGE PAR LES SUBRÉCARGUES
DE LA COMPAGNIE DES INDES.

	Taels	Mace	Condorins
Dix champans pour le transport du comptoir Ensemble.	132	»	9
Pour viser la chape au *Naud hày*.	»	3	7
A la grande douane de Canton	12	2	1
A la douane de l'Ouest	33	3	»
A la douane sur la route	8	8	8
A la ville d'*Hyan-Chane* sur la route	6	2	9
A Casa Branca.	18	5	»
A Porta Serca *Quand-Tcha*.	5	7	4
Aux vigies sur la route	1	»	5
A la douane de l'escalier au débarquement à Macao.	9	4	5
Droits et payement au hopou de Macao.	112	7	4
Aux coulis pour transporter les effets des 10 champans.	92	5	»
Montant des frais de voyage de Canton à Macao.	433	1	2

En argent de France   3,248¹ 8s

Le loyer de trois maisons à Macao
En argent de France à la

RÉCAPITU

Voyage de Canton à Macao.
Loyer de 3 maisons à Macao
Voyage de Macao à Canton.

(1783)

N° 2   *VOYAGE DE MACAO A CANTON*

ÉTAT DES DÉPENSES FAITES POUR CE VOYAGE PAR LES SUBRÉCARGUES DE LA COMPAGNIE DES INDES.

	Taels	Mace	Condorins
Interprète pour faire viser la chape	1	4	8
…its et paiement au hopou de Macao	55	7	»
…lis pour l'embarquement ª	83	6	2
… douanier de l'escalier	7	2	»
Porta Serca	5	9	2
Casa Branca	22	2	»
Yan Chan	5	7	4
…ampan d'avis	1	1	»
Si Naye	8	5	2
…a douane de l'Ouest à Canton	35	5	2
… champans pour le comptoir	130	2	4
Naud Haye pour viser la chape	»	3	7
…it champ d'avis	1	8	»
Montant des frais de voyage de Macao à Canton	359	4	1
— En argent de France 2,695ˡ 11ˢ 6ᵈ			

… se monte à 366 taels 1 mace 8 condorins.
… somme de 2,746ˡ 7ˢ.

… LATION.

3248	1	8 ˢ	» ᵈ
2746		7	»
2695		11	6
L. 8690		6	6

(1783).

Les François y sont assujettis comme toutes les autres nations.

Le détail particulier et exact des frais d'aller et retour de cette transmigration vous instruira de ce qui se passoit alors. Vous le trouverez ci-joint sous les n°s. 1 et 2.

Voyage de Canton à Macao, détaillé dans l'état n° 1. monte à. . . . . 433ᵗ 1ᵐ 2°.
Loyers de 3 maisons à Macao . . 366ᵗ 1ᵐ 8ᶜ.
Retour de Macao à Canton détaillé dans l'état numéro 2 monte à . . . 359ᵗ 4ᵐ 1ᶜ.
                                                    1.158ᵗ 7ᵐ 1ᶜ.
faisant argent de France 8,690ˡ 6ˢ 6.

Nous avons trouvé, Monseigneur, joint à votre lettre, un état des dépenses à Canton relativement à l'établissement d'un vice-consul, d'un chancelier et de deux interprètes montant à la somme de 20.500 ¹. Nous n'avons aucune réflexion à faire sur cet article, la lettre à laquelle nous avons l'honneur de répondre ne nous y autorisant pas.

Nous sommes avec respect, Monseigneur, vos très humbles et très obéissants serviteurs,

Les Directeurs de la Compagnie des Indes,

Derabec,
Sainte-Catherine,
De Méry-Darcy.

A Paris, le 6 janvier 1783.

168-157. — Consulat de Canton.

20 Décembre 1783.

Lorsqu'on a rendu compte par le rapport ci-joint du 2 Octobre dernier, des dépenses du Consulat de

Canton et des moyens d'y pourvoir on les a calculées sur l'ancien pied qui étoit de 30,000 ˡ. et Monseigneur avoit en conséquence ordonné l'envoi d'une somme de 18,122ˡ. 4ˢ nécessaire pour assurer les besoins de l'établissement jusqu'à la fin de l'année 1785, mais d'après les dernières dispositions de Monseigneur, ces menues dépenses se trouvent réduites à 20,500ˡ. et cette réduction devant avoir naturellement son effet et compter du 1ᵉʳ janvier 1785, il y a 9,500ˡ à déduire sur l'envoi de fonds proposé, ainsi au lieu de 18,122ˡ. 4ˢ il n'y a plus à faire passer à Canton que 8,622ˡ. 4ˢ ou environ 1,500 piastres qui peuvent être embarquées sur l'un des vaisseaux en armement pour la Chine. Si Monseigneur l'approuve on en remettra la note au Bureau des fonds qui y fera pourvoir. On prévient le S. Vieillard de cet envoi par la lettre ci-jointe que Monseigneur est prié de signer.

Approuvé.

169-158. — 20 Décembre 1783.

Le sieur Roze, négociant employé sur les vaisseaux destinés pour Canton, donne avis qu'il se prépare en Russie une ambassade pour Pékin, à la suite de laquelle doivent se trouver plusieurs officiers anglois. Il pense qu'il seroit très important de la faire suivre aussi par quelques François pour soutenir les droits de la nation à Canton.

Cet avis peut être intéressant. C'est à Monseigneur de l'apprécier. Il ne serait pas facile au surplus de mêler des François à la suite d'une ambassade étrangère.

Rien à faire.

(1783)

170-159. — Consulat de Canton.

20 Déc. 1783.

[Ecrit à M. Dordelin, le 26 Déc. 1783.]

D'après les décisions données par Monseigneur concernant les officiers du Consulat de Canton on joint ici les lettres relatives à cet établissement ; mais en les présentant à la signature, on ne doit pas laisser ignorer à Monseigneur l'avis particulier qui a été donné au sujet du S. Vieillard, Vice-Consul.

Le S. Roze, négociant, qui va passer à Canton sur les vaisseaux de la présente expédition, écrit que deux Anglois arrivés récemment de Chine avoient manifesté une opinion trèsdésavantageuse du S. Vieillard, qu'ils en ont parlé comme d'un homme généralement mal établi dans l'esprit des Européens résidant à Canton, et que le S. Vauquelin même avait témoigné, avant sa mort le peu d'estime qu'il avoit pour ce sujet.

Cet avis paroit suspect à beaucoup d'égards ; il n'est fondé que sur le rapport de deux étrangers sans caractère. Il ne porte sur aucun fait et l'auteur laisse apercevoir, à travers les motifs de zèle dont il se couvre, les vues secrètes qui le font parler. Il est d'ailleurs constant, qu'il n'est jamais arrivé aucune plainte contre le S. Vieillard, ni de la part du commerce, ni même du S. Vauquelin, son supérieur.

Monseigneur jugera sans doute qu'un pareil avis ne mérite pas assez de confiance pour changer les dispositions qu'il a ordonnées.

On chargera M^r. Dordelin de vérifier la plainte portée contre le S. Vieillard. [Note du Ministre.]

(1783)

171-160. — Paris, le 25 Décembre 1783.

Monseigneur,

[R. le 9 janvier 1784. — Ecrit le dit jour à M. Vieillard, N°. 5. — Idem MM. de Souillac et Chevreau, N°. 169.]

Vous avez eu la bonté de nous promettre dans la lettre que vous nous avez fait l'honneur de nous écrire le 21 Octobre que vous nous feriez remettre une copie des instructions du Consul de la Nation française en Chine ainsi qu'un ordre pour faire jouir les supercargues de notre expédition du ham de Canton. Nous vous supplions de vouloir bien nous faire expédier incessamment ces pièces par duplicata afin que chaque vaisseau puisse avoir les siennes. Nous vous suplions aussi de nous faire adresser vos lettres de protection pour les Gouverneurs et Administrateurs de l'Isle de France et d'ordonner que le *Sagittaire* y soit déchargé très promptement et y reçoive tous les secours dont il aura besoin, pour éviter des retardements nuisibles à son voyage.

Nous sommes avec un très profond respect, Monseigneur, vos très humbles et très obéissants serviteurs.

NAIRAC L'AÎNÉ.

MIRAILLET, député à Marseille.

172-165. — Canton, 31 Décembre 1783.

CONSULAT DE CHINE

CESSION DU HANG

Du S. Vieillard aux Impériaux.

Monseigneur,

J'ai reçu la lettre que vous m'avez fait l'honneur de

(1783)

m'écrire par laquelle vous m'ordonnez de céder le hang françois aux Agents du sieur Grandclosmeslé.

J'ose protester à Monseigneur que jamais le Français, ni aucune autre nation Européenne, les Portugais excepté, n'ont eu de propriété à la Chine, les lois de cet Empire s'y opposent. Le hang occupé jadis par la Compagnie des Indes a été cédé au Chevalier de Robien en 1772 par les Agents de Sa Majesté et la vente des effets de la Compagnie a été faite d'après les ordres positifs des directeurs de Paris, ordres revêtus de l'autorité du Ministre. A cette époque le Chevalier de Robien devint locataire principal du hang français et propriétaire des effets qui lui avaient été adjugés lors de la vente publique :

Le Chevalier de Robien lors de son retour en Europe sur le vaisseau le *Maréchal de Broglie* en 1774 remit le Hang aux sieurs Vieillard, Sebire et Lourme qui l'ont sousloué au commerce particulier et les ont laissé jouir sans aucun intérêt des meubles et ustensiles de commerce dont les négociants particuliers ont été constamment dénués.

En 1777 les sieurs Sebire et de Lourme sont partis de la Chine et le sieur Vieillard à cette époque resta seul locataire du Hang et a continué d'en faire jouir les particuliers comme ils l'avaient antécédemment et proposa aux supercargues particuliers de concourir avec lui aux réparations locatives qui devenaient urgentes, ses propositions furent rejetées.

En 1779, époque de la cessation du commerce français je me suis trouvé grevé d'un loyer de dix mille francs et les réparations locatives qu'il fallait faire annuellement, seulement déchargé d'une somme de trois mille trois cents livres que feu M. Vauquelin

(1783)

payait pour la partie que je lui avais déléguée les Impériaux parurent à la Chine munis des lettres de recommandation de Monseigneur de Sartine qui enjoignait à feu M. Vauquelin de rendre tous les services qui dépenderaient de lui à cette Société naissante. Il crut qu'il ne pouvait faire mieux que de me demander qu'ils fussent logés dans le Hang que nous occupions, et cela fut. Je me réservai un corps de logis que je donnai aux prisonniers français que les Anglais avaient mené à Canton et auxquels ils refusèrent le logement. L'année suivant je suivis la même méthode.

En 1781, le Hang resta sans autre locataire que M. Vauquelin et moi. M. Vauquelin se trouvait à cette époque sans fonds. Je payai la totalité et fus remboursé de trois mille trois cents livres seulement. Je restai grevé à cette époque de six mille quatre cent livres pour réparations locatives. Je n'ai eu d'autre récompense du sacrifice que je faisais que la satisfaction de loger et même d'aider de ma bourse tous les prisonniers français que les vaisseaux anglais amenèrent à Canton. Ils étaient 6 d'état-major et 45 tant matelots que soldats. Je procurai à force d'argent évasion à 32 sur les vaisseaux neutres.

En 1782, nous avons eu le malheur de perdre M. Vauquelin. La caisse du Consulat se trouvait sans fonds par le défaut de remise de 30,000 l. confiées à M. Percheron, et le Consulat grevé d'un emprunt de 27,000 l. à l'intérêt de douze pour cent. Pour rendre ma situation encore plus difficile, je recevais la nouvelle d'une perte de 75.000 l. chez les sieurs Bouffé père et fils. J'avais à monter une maison, point de vaisseaux français, obligé de m'approvisionner chez

(1783)

les étrangers à des prix excessifs, mon Hang menaçait ruine et la réédification d'une partie exécutée depuis par les Impériaux et la réparation de l'autre étaient évaluées 30,000 livres. Dans cette triste alternative je n'eus d'autre parti à prendre que de remettre mon Hang au propriétaire, de le prier de le donner aux Impériaux auxquels j'en faisais cession, préférant de le voir passer plutôt dans leurs mains que dans celles des Anglais qui voulaient se l'approprier. J'avais prié M. Sebire de faire des démarches en France pour engager Monseigneur à prendre ce loyer pour compte de Sa Majesté. Ses demandes ayant été sans effet, la perspective d'une guerre que je croyais plus longue qu'elle n'a été, voilà les motifs qui m'ont déterminé à faire un sacrifice qui m'a coûté, mais que ma position et les circonstances ont rendu nécessaire.

Je suis avec respect, Monseigneur,
Votre très humble et très obéissant serviteur,

Vieillard.

173-167. — CANTON.

ÉTAT DE LA DÉPENSE ANNUELLE DU CONSULAT.

Appointements du Consul.	6000 l.	
Supplément pour sa table	8000 »	
Id. pour les repas extraordinaires	2000 »	16000 l.
Appointements du Chancelier		3000 »
Appointements de l'Interprète		1000 »
Loyer de la maison à Canton		3750 »
Voyage de Canton à Macao et retour		1950 »
Loyer de la maison à Macao		1890 »
Frais de luminaire et gages de domestiques		1810 »
Dépenses imprévues		600 »
		30000 l.

(1783)

174-168. — Le Commerce de la Chine donne lieu à des comptes courants entre les marchands chinois et les négociants européens. Il paroit que la masse des dettes passives des Chinois est sans proportion plus considérable que celle de leurs créances ou dettes actives, ce qui provient sans doute des facilités qu'ils ont pour exiger le paiement de ce qui leur est dû et pour éluder le paiement de ce qu'ils doivent.

En 1779, une frégate (on la désigne comme petite) angloise qui escortoit une flotte riche et nombreuse arriva à Canton. Le S. Panthon ou Peinton [*lisez* Panton] qui la commandoit réclamoit au nom du gouvernement anglois, le paiement des sommes dues aux négociants de sa Nation. Le fouyen ou gouverneur de Canton, surpris de l'énormité des dettes réclamées, ordonna aux Cohannistes, marchands qui commercent exclusivement avec les Européens, de les liquider. On prétend qu'elles montèrent à 2 millions de piastres ou 10,800,000 [1]. tournois. Il fut stipulé que le paiement en seroit fait en 10 ans et que le premier terme seroit acquitté en 1780 (1).

---

1. ... « We find that in 1779, this instrument of extortion (co hong) was in full operation under a new name, *Consoo Fund*, the history and origin of which are as follows : —

The enormous sum of 3,808,076 Spanish dollars, became due in a comparatively short time to British subjects, without any hopes of being able to recover the same.

All efforts failing to recover any portion of this just debt, the case was laid before the Madras government, who dispatched Captain Panton, in one of his Majesty's ships, to urge payment. The Captain had instructions from Admiral Sir E. Vernon, to insist on an audience with the viceroy of Canton.

It was not without threats from the British Commander, that the audience was granted. The arrangement entered into, was an

(1783)

Cette opération fut faite secrètement entre les subrécargues anglois et les Cohannistes. Il paroit que pour effectuer les paiements il fut convenu que les droits d'entrée et de sortie sur les marchandises seraient augmentés de 5 o/o et que le produit de cette augmentation seroit versé chaque année dans la caisse des Anglois. Ainsi les nations étrangères qui font la moitié du commerce de Chine (les Anglois faisant seuls le surplus) paient dans le fait la moitié des 2 millions de piastres dûes à la nation angloise. On prétend même que les nations étrangères paient la totalité, en ce que chaque année on restitue aux subrécargues anglois ce qu'ils n'ont payé que fictivement pour les 5 pour cent d'augmentation, manœuvre secrète que M. Haumont du Tertre assure avoir été découverte par le S. Febvre, négociant françois.

Dans le compte que le sieur Vieillard a rendu par une lettre du 20 janvier 1785 de la situation du commerce des Européens en Chine, ce vice-consul a fait mention des exactions des mandarins qui vont toujours en augmentant. Toutes les nations s'étaient réunies pour faire en corps au Quanpou de Canton des représentations pour lesquelles on remit au S. Galbert, premier interprète françois des instructions contenues en 10 articles. Après bien des sollicitations,

---

acceptance of ten shillings in the pound (*without interest*), as a composition to be paid within ten years.

Captain Panton had no sooner departed, than the Consoo Fund was established. And thus this lawful debt having been first reduced one half, was then to be discharged by a fresh impost on European commerce, which was continued up to a recent period. » (R. Montgomery Martin, *China; political, commercial and social.* London, 1847, II, p. 15.)

(1783)

on a obtenu de ce mandarin une espèce de mandement par lequel il exhorte les marchands et les petits mandarins à ne pas vexer des étrangers que l'Empereur protége, et néanmoins les vols et les exactions ont redoublé.

L'article six de ces instructions auxquelles les négociants anglois avoient concouru étoit conçu en ces termes :

« 6°. Il représentera que chaque année les mar-
« chands paient aux Anglois un dixième des dettes
« des marchands *banqueroutiers*. Il les citera par leurs
« noms et le tout par ordre des Mandarins en vertu
« des plaintes portées par M. Panthon. Que pour
« subvenir à ce paiement les Hannistes chargent à
« toutes les nations commerçantes un droit sur les
« marchandises d'entrée et de sortie, de façon que
« les autres nations qui sont légalement créancières
« des Chinois, non seulement ne sont pas parées, mais
« encore se trouvent contribuer à parer les créances
« angloises au prorata de leur commerce. »

De la réquisition des négociants anglois, l'interprète qui adressoit la parole au Quampou déclara que cet article ne les concernoit en aucune façon, qu'ils étaient satisfaits par le Gouvernement au sujet de leurs créances, qu'ainsi cet article ne concernoit que les François, Suédois, Danois et Hollandois. Le Quampou répondit : « Je vous ai compris. » Et néanmoins, rien n'a été décidé.

Cet article des créances des différentes nations est resté en *statu quo*. Le S. Vieillard a joint à sa lettre l'état de ce qui est dû aux François, on y trouve en 101 articles, 617,480 piastres qui a 5 l. 8 font la somme de 3.334.362 l.

Dans cet état des choses, le S. Haumont du Tertre propose d'envoyer une frégate de moyenne force à Canton pour y réclamer à l'exemple des Anglois le paiement de plus de 600.000 piastres dûes aux négociants françois, sur lesquelles on pourroit faire déduction de 4 à 500.000 livres tournois que le commerce de France doit à la Chine ; il entre dans des détails sur les qualités que doit avoir le commandant de la frégate, le mandarin militaire, qui pour se conformer aux usages des Orientaux, doit montrer beaucoup d'ostentation. Il veut qu'on envoie de France une autre personne qui put aider le chef militaire de ses conseils et de son expérience, après le départ duquel il resteroit consul à Macao, subrécargue à Canton le tepanne [tai pan?] des François.

L'auteur propose ensuite des opérations nautiques dont l'objet seroit de mieux connoître des parages qu'on ne peut actuellement parcourir grâce à des craintes continuelles. Un observateur à qui le Mémoire du sieur du Haumont a été communiqué, croit que dans les créances des négociants françois il entre des intérêts à 20 pour o/o par an et qu'on trouvera dans la correspondance du Consul des renseignements utiles.... Il ne pense pas que le gouvernement de Canton veuille se rendre responsable des dettes de ses marchands contre lesquels on aura d'ailleurs peu de moyens coërcitifs. Les Cohannistes ne sont pas toujours solidaires et la plupart des débiteurs seront morts ou en banqueroute. La compensation des dettes des négociants françois avec une portion des créances d'autres négociants françois ne lui paraît pas juste.... L'expédition du capitaine Panton en 1779 a été une démarche hardie dont le succès peut être attribué

(1783)

à l'avantage de la surprise et au concours favorable des nations européennes. Ces deux moyens manqueroient dans l'expédition proposée et il est très douteux que la présence d'une frégate du Roi fut décisive pour le paiement de ce qui est dû aux François.

L'observateur ajoute qu'il est néanmoins intéressant de faire paroître le pavillon du Roi à la Chine et de chercher à augmenter nos connoissances géographiques et nautiques en Asie, mais il propose de faire remplir cet objet par les vaisseaux de la station, ce qui diminueroit la dépense en évitant l'éclat. Le commandant se présenteroit lui-même, comme visitant les lieux de sa station, et tireroit parti des circonstances. Mais cette expédition seroit-elle une ambassade ? L'Empereur de la Chine n'en reçoit pas des puissances européennes et il serait peu digne de la majesté du Roi de ne traiter qu'avec le gouverneur de Canton. La considérera-t-on comme un acte de force et de menace? Il pourroit s'en suivre une cessation de commerce préjudiciable au royaume et qui pouroit autoriser la nouvelle compagnie des Indes à réclamer des indemnités.

On doit prévoir, continue l'observateur, que les Anglois dont l'influence est très grande à la Chine contrarieront nos démarches par intérêt et par jalousie. Ils brûlent depuis longtemps du désir d'asservir cette riche contrée, comme ils asservissent l'Inde. Cette nouvelle révolution accroîtroit infiniment la puissance de nos rivaux. Il est, par conséquent de la sagesse du Gouvernement de prévenir cette révolution et même de s'occuper des moyens de soustraire la nation françoise aux humiliations qu'elle éprouve à Canton, soit de la part des Chinois, soit par les prospérités des Anglais. L'observateur pense que les voies de la

(1783)

négociation seroient pour cela inutiles, même impossibles et que ce n'est que par la force qu'on opérera ce changement.

OBSERVATIONS.

M. Vauquelin, consul, a adressé en 1781 copie d'un état par lequel le fouyen *Lhy* de Canton avoit rendu compte à l'Empereur de l'affaire des dettes. Il paroit qu'en 1779, le S. Pinton [*lisez* Panton], commandant de la frégate angloise avait demandé en général que les dettes des Hannistes Chinois envers les Européens fussent acquittées. Alors le fouyen *Lhy* assembla les négociants et les hannistes. Les Hollandois, les Suédois, les Danois et les Impériaux (il n'est fait aucune mention des François) assurèrent qu'ils s'étaient conformés aux ordres de l'Empereur qui en 1759 avoit défendu de prêter ou d'emprunter à intérêt, que chaque année, ils avoient soldé avec les Hannistes et qu'il ne leur étoit rien dû. Le chef de la Compagnie angloise fit la même déclaration, mais il ajouta qu'il étoit possible que les Anglois qui faisaient le commerce d'Inde en Inde eussent placé des fonds chez les Hannistes. Le S. Pinton [*lisez* Panton], retourna à Madras et promit d'en rapporter un état qui contiendroit les noms des créanciers et des débiteurs, mais il ne put se procurer ces éclaircissements et à son retour à Canton il fallut appeler trois Anglois de Macao pour arranger les comptes. Onze Anglois prétendirent qu'il leur étoit dû en capital et intérêts, savoir :

Par Intchia. . .	1.354.000
Et par Coccia. .	438.000
Total en piastres.	1.792.000 piastres.

(1783)

Pendant le voyage du S. Pinton [Panton], Intchia avoit déclaré au fouyen *Lhy* que pour des comptes antérieurs à 1759 il devoit seulement 165.000 piastres et que depuis on avoit toujours ajouté les intérêts au capital. D'après ce fait qui parut certain, le fouyen *Lhy* ordonna que les Hannistes paieroient seulement à leurs créanciers le double du premier capital, ce qui faisoit

```
Pour Intchia . . . . . .      330.000 P.
Et pour Coccia par une ré-
   duction proportionnelle .   107.000
                              ─────────
            Total . . .       437.000 P.
```

Les tribunaux de Pékin confirmèrent son jugement et le chargèrent de notifier aux Européens que s'il leur arrivait encore de placer des fonds à intérêts, ces fonds seroient confisqués et le créancier européen renvoyé pour toujours de l'Empire. Par la même décision du mois de juin 1780 le fouyen *Lhy* étoit chargé d'indiquer un autre moyen que celui qu'il avoit proposé pour consommer l'affaire.

Il est malheureux qu'on ne puisse ajouter foi à des faits annoncés d'une manière aussi authentique. M. Vauquelin assure dans sa lettre d'envoi que le mémoire du fouyen *Lhy* était un tissu de faussetés ; de ses négociants hannistes contre lesquels la requête des Européens pour le paiement des dettes étoit dirigée, Intchia et Coccia, seules victimes, ont perdu leurs biens confisqués au profit de l'Empereur, ont été plongés dans les prisons et finalement exilés. Les autres étoient morts ou s'étoient ruinés par les sacrifices qu'ils avoient fait pour n'être pas compris dans le mémoire du fouyen *Lhy*. M. Vauquelin prétend que les dettes des Chinois envers les Européens seulement, montoient à plus de 6 millions de piastres dont 4 millions pour les Anglois, que Intchia et Coccia devoient des sommes immenses non seulement aux Européens, mais encore à leurs fournisseurs chinois.

Il est certainement intéressant que M. d'Entrecasteaux se porte à Canton avec ses vaisseaux et une corvette, mais il semble que ses instructions ne peuvent être qu'hypothétiques. Il faut qu'arrivé à Canton avec toutes les pièces énoncées dans ce rapport et jointes à ses instructions, il prenne le temps de vérifier les faits, en consultant les employés et les négociants françois, ainsi que les étrangers qui lui paraîtroient dignes de confiance il devra ne rien omettre pour être bien instruit des circonstances de la mission et des démarches du S. Pinton [Panton], commandant la frégate angloise qui, probablement, a parlé dans le principe pour tous les Européens et a fini par n'arranger que les affaires de sa nation d'une manière qui n'est pas encore bien connue. Il examinera particulièrement les titres des dettes que réclament les François et qu'on porte dans l'état de 1783 à 3.334.362^l. pour juger si en effet elles sont bien exigibles, et si elles ne sont pas formées par une accumulation d'intérêts sans mesure. Il consultera les personnes désintéressées sur le plus ou le moins de possibilité d'amener le Gouvernement de Canton à donner des ordres efficaces pour la liquidation et le paiement de ces dettes, ainsi que sur les moyens les plus convenables pour remplir cet objet. Il ne fera surtout aucunes démarches d'éclat sans une sorte de certitude de succès, et il évitera particulièrement ce qui pourrait compromettre les Nations en général, ou mener à une interruption de commerce

(1783)

dont les inconvénients ne pouroient pas être balancés par le recouvrement des dettes qui, par une liquidation raisonnable, éprouveroient probablement une grande réduction. S'il obtient qu'on fasse quelques paiements, il jugera si quelques-uns des créanciers françois ont des droits à une préférence ou s'il ne sera pas plus juste d'en ordonner la répartition au marc la livre. Dans tous les cas, il n'en retiendra aucune portion pour le prix ou les frais de la protection que le Roi doit à ses sujets dans toutes les parties du monde.

175-169. — MÉMOIRE.

Il seroit de la plus grande prudence que chaque vaisseau du Roi qui fut en Chine, eut un détachement à bord, qui en mer feroit le service des matelots et à terre celui de la garde du Bancassal. Voici les motifs qui déterminent cette proposition.

Du moment que les vaisseaux arrivent à Wampou, on fait sur l'île du même nom, un Bancassal à chaque vaisseau (qui est une espèce de magasin), où on y enferme la garniture, la tonnellerie, la voilerie, le poste des malades et généralement tout ce qui a besoin d'être recouru en tout genre.

Quoiqu'il y ait le jour et la nuit une sentinelle devant et derrière desdits bancassaux et qu'un officier de chaque vaisseau y fasse la garde, je ne regarde pas cet établissement à l'abri d'être incendié, ne jugeant pas la consigne parmi les matelots aussi exacte que parmi les troupes : or si par quelque événement imprévu, le feu prenait à un des bancassaux, il seroit fort à craindre que les autres ne fussent consumés, n'étant faits que de bambous et de nattes. Le pays n'offrant aucune ressource pour réparer ces pertes,

(1783)

ce qui porterait un préjudice considérable aux vaisseaux si leurs effets y étoient enfermés.

Ce même détachement veilleroit aussi à empêcher que les nations étrangères ne viennent sur ladite île sous prétexte de se promener ; les matelots françois n'ont garde de s'y opposer puisque c'est dans ces circonstances que les complots de désertion se font. En évitant que les étrangers ne vinssent sur ladite île on préviendroit également des querelles entre les matelots françois et anglois qui arrivent assez communément chaque année. Malgré les ordres que je donnai aux officiers des bancassaux françois et malgré leur vigilance à prévenir tous ces événements, voulant conserver la bonne intelligence qui règne entre les deux nations, il s'y éleva un jour une dispute parmi les matelots, qui seroit devenue très sérieuse si les officiers françois ne s'y étoient transportés tout de suite pour en arrêter le cours et renvoyer chacun à leur vaisseau, ce qui me détermina à ne point laisser descendre le dimanche aucun équipage, leur accordant un autre jour de la semaine pour se reposer. Depuis ce moment tout a été tranquille.

Pour conserver de plus en plus les équipages, éviter la grande désertion, il me paroit qu'un des moyens assurés, seroit de prendre l'équipage dans le département qu'on armeroit, ces gens tenant à leur famille n'aspireroient qu'à les revoir et les propositions de désertion feroit peu d'impression chez eux. L'exemple de celui de M. Desmoulins en est une preuve, tandis que l'équipage de *La Méduse* étoit composé de toutes sortes de nations, à la vérité pris dans un temps de détresse à Lorient, aussi est-ce la frégate qui a eu le plus de désertion.

(1783)

176-170.—*Liste des Français résidant à la Chine en 1783.*

CONSULAT
DE CHINE
1783
N°. 14.

M. Philippe Vieillard, *vice-consul*, âgé de 38 ans, fils de feu M^re. Louis Alexandre Vieillard, Docteur Régent de la Faculté de Médecine, en l'Université de Paris.

Paul-François Costar, *vice-chancelier*, âgé de 39 ans, fils de M. Costar, Secrétaire-général de la Compagnie des Indes.

Jean-Charles-François Galbert, *interprète* de Sa Majesté en langue chinoise, âgé de 26 ans, fils de M. Galbert, ancien subrécargue des vaisseaux de la Compagnie des Indes.

Julien Bourgogne, âgé de 33 ans, passé au service des Impériaux en qualité de 1er. *supercargue* au second rang.

Le nommé Jacques Jacquet, *domestique* au service du S. Roback, supercargue anglais.

Le nommé Mathurin Bagot, *maître d'hôtel* de feu M. Vauquelin devant faire son retour en Europe sur le vaisseau la *Ville de Vienne*.

177-171.—*Inventaire des pièces contenues dans ce paquet expédié par le vaisseau suédois* le Prince Gustave.

CONSULAT
DE CHINE
1783
N°. 16.

N°. 1. — Une lettre concernant la mort de M. Vauquelin.

2. — Une id. concernant la nomination de M. Galbert à la place de chancelier et son désistement en faveur de M. Costar.

(1783)

3. — Une idem. pour la reddition des comptes.
4. — Une idem concernant le commerce de la Chine.
5. — Inventaire des biens de feu M. Vauquelin.
6. — Compte-courant de feu M. Vauquelin avec le Consulat.
7. — Compte-courant du Consulat pour l'année 1782.
8. — Compte-courant de feu M. Vauquelin avec M. Vieillard.
9. — Nomination de M. Galbert à la place de Chancelier.
10. — Désistement de M. Galbert de la place de Chancelier en faveur de M. Costar.
11. — Lettre de M. Vieillard à M. Percheron, agent du Roi au Cap de Bonne-Espérance à l'occasion des 30 mille livres à lui remises par Monseigneur de Sartine pour faire passer au Consulat de Chine.
12. — Liste des vaisseaux venus tant à Canton qu'à Macao pendant le cours de l'année 1782.
13. — Reçu de M. Descourvières, Procureur des Missions à Macao à l'égard de ce qui lui était dû par feu M. Vauquelin.
14. — Liste des français résidant à Canton.
15. — Une lettre à l'occasion du remboursement fait à la caisse du Roi par le nommé Léonchanne pour le compte de la succession de feu M. Vauquelin.
16. — Le présent inventaire.

FIN DU PREMIER VOLUME.

(1783)

SAINT-QUENTIN. — IMPRIMERIE, J. MOUREAU ET FILS,

ERNEST LEROUX, ÉDITEUR

28, RUE BONAPARTE, 28

BIBLIOTHECA SINICA. Dictionnaire bibliographique des ouvrages relatifs à l'empire chinois, par Henri Cordier. 2 vol. gr. in-8 à 2 colonnes . . . . 60 fr.

> Le tome I est en vente. — Le tome II paraîtra sous peu.

RECHERCHES SUR LA NUMISMATIQUE et la sigillographie des Normands de Sicile et d'Italie, par A. Engel. In-4 avec 7 planches de médailles et de sceaux. . . . . 25 fr.

UN AMBASSADEUR LIBÉRAL SOUS CHARLES IX ET HENRI III, par E. Frémy. In-8, caractères elzéviriens. 10 fr.

HISTOIRE GRECQUE, par Ernest Curtius. Traduite en français sous la direction de A. Bouché-Leclercq. 5 vol. in-8. 37 fr. 50

ATLAS POUR L'HISTOIRE GRECQUE, par A. Bouché-Leclercq. 25 cartes coloriées, plans de villes et de batailles, listes généalogiques, olympiades, tableaux chronologiques, métrologiques, etc. Un vol. in-8, du même format que les volumes de l'*Histoire Grecque* . . . . 10 fr.

HISTOIRE DE L'HELLÉNISME, par J.-G. Droysen. Traduite de l'allemand sous la direction de A. Bouché-Leclercq. 3 forts volumes in-8. . . . . 30 fr.

> Tome I. — Histoire d'Alexandre le Grand.
> Tomes II et III. — Les successeurs d'Alexandre.

HISTOIRE DE LA DIVINATION DANS L'ANTIQUITÉ, par A. Bouché-Leclercq. 4 volumes in-8. . . . . 40 fr.

> Tome I. — Introduction. — Divination hellénique (Méthodes).
> Tome II. — Les Sacerdoces divinatoires. — Devins, Chresmologues, Sybilles. — Oracles des dieux.
> Tome III. — Oracles des dieux (suite). — Oracles des héros et des morts. — Oracles exotiques hellénisés.
> Tome IV. — Divination italique. — (Etrusque — Latine — Romaine). — Appendice. — Index général.

HISTOIRE GÉNÉRALE DE LA LITTÉRATURE DU MOYEN AGE EN OCCIDENT, par A. Ebert. Traduite de l'allemand par le Dr Joseph Aymeric et le Dr James Condamin. 3 forts volumes in-8. 30 fr.

SAINT-QUENTIN. — IMPRIMERIE JULES MOUREAU ET FILS.

www.ingramcontent.com/pod-product-compliance
Lightning Source LLC
Chambersburg PA
CBHW070452170426
43201CB00010B/1305